Secretariat Commentary on the 1978 Draft Convention on Contracts
for the International Sale of Goods

# 注釈 ウィーン売買条約
# 最終草案

著 UNCITRAL 事務局
訳 吉川吉樹
補訳 曽野裕夫

商事法務

# はしがき
――本書解題を兼ねて――

「国際物品売買契約に関する国際連合条約」(United Nations Convention on Contracts for the International Sale of Goods)（ウィーン売買条約又はCISGと略称される）が採択されたのは、1980年にウィーンで開催された国連外交会議（1980年3月10日～同年4月11日）においてである。その外交会議で審議の叩き台となった最終草案は、国連国際商取引法委員会（United Nations Commission on International Trade Law；UNCITRAL）が1970年から1978年にわたる作業を通じて作成した「国際物品売買契約に関する条約草案」(Draft Convention on Contracts for the International Sale of Goods)（以下、「1978年草案」）であるが、UNCITRAL事務局（Secretariat）は、同委員会（Commission）の求めに応じて、1978年草案を逐条的に解説する注釈"Commentary on the Draft Convention on Contracts for the International Sale of Goods, Prepared by the Secretariat"を作成し、これを外交会議に先立って参加国に対して1978年草案とともに送付した（国連文書A/CONF.97/5；1979年3月14日の日付がある）。

本書は、UNCITRAL事務局が作成したこの1978年草案の注釈の翻訳である。

外交会議では1978年草案に修正を加えたうえでCISGが採択されているため、CISGの解釈にあたってこの注釈を用いる際には条文の相違に留意する必要があるものの、CISGに関する公式の注釈が作成されなかったこともあり、この事務局注釈はCISGの立案担当者の考えを知るための重要な資料として位置づけられる。また、外交会議で加えられた修正の大部分は形式的なものであって、CISGについての解説としてそのまま通用するところが多い（ただし、CISGの「前文」及び「第4部　最終規定」は1978年草案には含まれておらず、注釈の対象外である[1]。また、当然ながら、外交会議で新たに追加等された条文（CISG 5条・13条・43条・44条・78条・80条）も注釈の対象外である）。

そこで、本書では、本書をCISGの解釈により適切に活用することができるように、1978年草案とCISGの相違点とそのインパクトを明らかにするための

工夫をいくつか施している。すなわち、1978 年草案と CISG の条文番号の対応表の作成、逐条的な条文（英語正文・日本語）の比較対照、逐条的な変更点の解説（【CISG における変更点】）の追加などである。その詳細については、「凡例」をご参照願いたい。

　本書出版の経緯についても触れておきたい。本書は、日本政府が CISG の加入に向けた検討を行なっていた 2006 年秋に、法務省が、その検討に資するために吉川吉樹さん（当時、北海道大学大学院法学研究科助教授）に依頼した翻訳がもとになっている。吉川さんは、当時、CISG の起草過程の分析を含む浩瀚な博士論文で博士号を取得され（法学協会雑誌 124 巻 10 号～12 号（2007 年）、125 巻 1 号、2 号（2008 年）に連載後、『履行請求権と損害軽減義務——履行期前の履行拒絶に関する考察』（東京大学出版会、2010 年）として出版されている）、また、CISG に関する資料の翻訳（「CISG-AC 意見第 4 号『製造または生産される物品の売買契約および混合契約（CISG 第 3 条）』」民商法雑誌 135 巻 1 号（2006 年）（曽野裕夫＝吉川吉樹訳））も発表されていたことから、当時、法務省民事局参事官室で CISG の加入に向けた準備を担当していた私は、吉川さんが最適任の翻訳者であると考え、北海道大学での若き同僚であった吉川さんに翻訳を依頼したのである。吉川さんは、驚くべき早さと熱意でこの期待に応えてくださった。2007 年 3 月に届けられたその翻訳は、以後、法務省内の検討における利用に供された。

　しかし、この翻訳の資料的価値は高く、これは内部資料にとどめておくのではなく、広く実務界・学界で共有すべきものであると考えられたことから出版が計画され、株式会社商事法務が出版をお引き受けくださることになった。ただ、その時点では、CISG の公定訳が完成しておらず、翻訳は公定訳によったものではなかったから、公定訳の確定を待って訳文を見直して出版することとされた。

---

1　「前文」は外交会議で起草された。「最終規定」の草案は、UNCITRAL 事務局が作成して 1978 年草案とは別に外交会議に提出している（国連文書 A/CONF.97/6；1979 年 10 月 31 日の日付がある）。ただし、CISG 95 条の原案（C 条 bis）及び CISG 98 条の原案（Y 条）は外交会議で提案されたものである。また、CISG 96 条は、1977 年・78 年の UNCITRAL 総会で原案（(X) 条）が作成されており、1978 年草案 11 条［CISG 12 条］の条文及び注釈において (X) 条への言及があるものの、(X) 条自体は、最終規定の草案の一部として外交会議に提出された。

公定訳は2008年2月に確定して公表された。しかし、吉川さんによる訳文の見直し作業も本格化しようとしていたその矢先の4月、全く不意に吉川さんは逝ってしまわれた。博士論文と本翻訳を完成させ、さらには2008年夏からの在外研究をひかえ、新進気鋭の研究者として、これから大きな活躍をされようとしていた吉川さんにとっては無念のことであったに違いないし、私たちにとっても誠に痛恨のことであった。いまでも、CISGの有力な研究者になったであろう吉川さんがそばに居てくれたならどれほど心強かったかと思うことが少なくない。

　その後、吉川さんの東京大学における指導教授であった内田貴先生（当時、法務省経済関係民刑基本法整備推進本部参与、現在東京大学名誉教授）と吉川さんの御尊父の吉川吉衞先生（当時、国士舘大学教授、現在同大学客員教授、大阪市立大学名誉教授）とご相談のうえ、本書の出版計画を進めることとなった。訳文を公定訳にあわせて改訂する面倒な作業をお引き受けくださったのは吉川吉衞先生である。吉衞先生は、さらに、原典にも当たられながら、吉川さんがご存命であれば加えたであろう修正について大変に丁寧な提案をしてくださった。私は、それを受けて吉衞先生と何度も相談を重ねながら翻訳の調整を行なうとともに、条文ごとにCISGにおける変更点に関する解説と、若干の訳注を付す作業を行なった。大変に長い時間がかかってしまったが、ようやく出版にいたることができ、安堵している。

　また、本書の出版にあたっては、中條信義氏（前株式会社商事法務編集部）に格別のご配慮をいただき、中條氏のご異動後は、株式会社商事法務編集部の岩佐智樹氏と水石曜一郎氏に大変なご尽力をいただいた。厚く御礼申し上げたい。

　本書が、日本語によるCISGに関する基本資料として、CISGの理解を広め、深める一助となって、吉川吉樹さんの貢献が生かされることを祈りたい。

2015年5月20日

曽野裕夫

# 凡　例

## 1．原典

翻訳の原典としては、外交会議の公式記録集（英語版）である United Nations Conference on Contracts for the International Sale of Goods, Vienna, 10 March – 11 April 1980, Official Records, Documents of the Conference and Summary Records of the Plenary Meetings and of the Meetings of the Main Committees, A/CONF.97/19, pp. 14-66 に収録されている事務局注釈を用いた[1]。事務局注釈は、起草資料を整理して編纂された John O. Honnold ed., Documentary History of the Uniform Law for International Sales：The Studies, Deliberations and Decisions that led to the 1980 United Nations Convention with Introductions and Explanations（Deventer：Kluwer Law and Taxation Publishers, 1989）, pp. 404-456 にも収録されている。

## 2．訳注

文中、〔　〕でかこったのは訳注である。

## 3．1978年草案とCISGの相違点について

（1）　条文番号の対応関係について

1978年草案と CISG における条文の対応関係を示すため、条文番号の対応表を本文の前に置いた（vii頁）。本書は、CISG の解釈の参考として利用されることが多いであろうから、この表は、CISG の条文の順序を基準としている。

また、文中で1978年草案の条文に言及がある箇所では、〔　〕で CISG における対応条文の条文番号を示した（例、23条〔CISG 25条〕）。なお、文中、条文番号だけで言及されているのは1978年草案の条文番号である。

（2）　対照条文について

各条文の注釈において、1978年草案と CISG の条文（英語正文と日本語訳）を

---

[1] 公式記録集は、UNCITRAL のウェブサイトで全文が公開されている。http://www.uncitral.org/pdf/english/texts/sales/cisg/a-conf-97-19-ocred-e.pdf（英語版）。また、公式記録集のうち、事務局注釈を抜粋したものとして http://www.uncitral.org/pdf/a_conf.97_5-ocred.pdf がある。

比較できるよう、対照条文の形式で英語正文と日本語訳を示した。日本語訳は、CISG については公定訳を用い、1978 年草案は、CISG の公定訳を参考に訳出した。

また、条文の変更箇所は下線を引いて明示した。ただし、英文に変更箇所があっても、日本語訳には影響しない形式的な変更であることもある。

(3) 条文の変更点の解説

1978 年草案と CISG の相違点について、逐条的に【CISG における変更点】として簡単な解説をおいた。この解説の執筆にあたっては、外交会議における審議過程を精査したが、米国ペース大学ロースクールのウェブサイト Albert H. Kritzer CISG Database〈http://www.cisg.law.pace.edu/〉が逐条的に起草過程の情報を整理しており、参考にした。

(4) 外交会議で追加された条文について

外交会議で新たに追加等された条約第 1 部～第 3 部の条文（CISG 5 条・13 条・43 条・44 条・78 条・80 条）については、関連箇所に、訳注のかたちで紹介を挿入した（CISG の「第 4 部 最終規定」の規定である CISG 96 条についても、1978 年草案 11 条の注釈の注 (1) に訳注を付した）。

(5) 条文見出しについて

1978 年草案と CISG の条文には条文見出しはついていない。事務局注釈では、1978 年草案の各条文に見出しがついているが、これは UNCITRAL 事務局の責任で付されたものである。本書では、CISG の条文の日本語訳についても（条文番号対応表や対照条文の箇所で）、NBL 866 号（2007 年）に掲載されているウィーン売買条約研究会の条文試訳を参考に【　】で見出しを付した。これは公定訳の見出しではなく、あくまでも便宜のために付したものである。

### 4. 略語表

頻出する略語について、以下に略語表を示す。

| | |
|---|---|
| 1978 年草案<br>又は　最終草案 | 国際物品売買契約に関する条約草案（Draft Convention on Contracts for the International Sale of Goods）（1978 年） |
| CISG | 国際物品売買契約に関する国際連合条約（United Nations Convention on Contracts for the International Sale of Goods）（1980 年） |

| | |
|---|---|
| Docy. Hist. | John O. Honnold ed., Documentary History of the Uniform Law for International Sales : The studies, deliberations and decisions that led to the 1980 United Nations Convention with introductions and explanations (Deventer : Kluwer Law and Taxation Publishers, 1989) |
| O.R. | 国際物品売買契約に関する国際連合会議公式記録集 (United Nations Conference on Contracts for the International Sale of Goods, Vienna, 10 March – 11 April 1980, Official Records, Documents of the Conference and Summary Records of the Plenary Meetings and of the Meetings of the Main Committees, A/CONF.97/19 (United Nations publication, Sales No. E.81.IV.3)) |
| ULF | 国際物品売買契約の成立についての統一法 (Uniform Law on the Formation of Contracts for the International Sale of Goods) (1964年) |
| ULIS | 国際物品売買についての統一法 (Uniform Law on the International Sale of Goods) (1964年) |
| U.N. Doc. | 国連文書 (United Nations Document) |
| 時効条約 | 国際物品売買に関する時効期間に関する条約 (Convention on the Limitation Period in the International Sale of Goods) (1974年) |

## 条文番号対応表

| 1978年草案 | CISG |
|---|---|
| 第1条 | 第1条【適用基準】 |
| 第2条 | 第2条【適用除外】 |
| 第3条(2) | 第3条【製作物供給契約、役務提供契約】(1) |
| 第3条(1) | 第3条【製作物供給契約、役務提供契約】(2) |
| 第4条 | 第4条【条約の規律する事項】 |
| — | 第5条【人身損害についての適用除外】 |
| 第5条 | 第6条【条約の適用排除、任意規定性】 |
| 第6条 | 第7条【条約の解釈及補充】 |
| 第7条 | 第8条【当事者の行為の解釈】 |
| 第8条 | 第9条【慣習及び慣行】 |
| 第9条 | 第10条【営業所】 |
| 第10条 | 第11条【方式の自由】 |
| 第11条 | 第12条【第96条に基づく留保宣言の効果】 |
| — | 第13条【書面の定義】 |
| 第12条 | 第14条【申込み】 |
| 第13条 | 第15条【申込みの効力発生時期、申込みの取りやめ】 |
| 第14条 | 第16条【申込みの撤回】 |
| 第15条 | 第17条【拒絶による申込みの失効】 |
| 第16条 | 第18条【承諾の方法、承諾の効力発生時期、承諾期間】 |
| 第17条 | 第19条【変更を加えた承諾】 |
| 第18条 | 第20条【承諾期間の計算】 |
| 第19条 | 第21条【遅延した承諾、通信の遅延】 |
| 第20条 | 第22条【承諾の取りやめ】 |
| 第21条 | 第23条【契約の成立時期】 |
| 第22条 | 第24条【到達の定義】 |
| 第23条 | 第25条【重大な契約違反】 |
| 第24条 | 第26条【解除の方法】 |

| | |
|---|---|
| 第25条 | 第27条【通信の遅延、誤り又は不到達】 |
| 第26条 | 第28条【現実の履行を命ずる裁判】 |
| 第27条 | 第29条【契約の変更又は終了】 |
| 第28条 | 第30条【売主の義務】 |
| 第29条 | 第31条【引渡しの場所及び引渡義務の内容】 |
| 第30条 | 第32条【運送に関連する義務】 |
| 第31条 | 第33条【引渡しの時期】 |
| 第32条 | 第34条【書類の交付】 |
| 第33条 | 第35条【物品の適合性】 |
| 第34条 | 第36条【不適合についての売主の責任】 |
| 第35条 | 第37条【引渡し期日前の追完】 |
| 第36条 | 第38条【買主による物品の検査】 |
| 第37条 | 第39条【買主による不適合の通知】 |
| 第38条 | 第40条【売主の知っていた不適合】 |
| 第39条(1) | 第41条【第三者の権利又は請求】 |
| 第40条 | 第42条【知的財産権に基づく第三者の権利又は請求】 |
| 第39条(2) | 第43条【買主による第三者の権利又は請求の通知、売主の知っていた第三者の権利又は請求】(1) |
| — | 第43条【買主による第三者の権利又は請求の通知、売主の知っていた第三者の権利又は請求】(2) |
| — | 第44条【買主が通知をしなかった場合の例外的救済】 |
| 第41条 | 第45条【買主の救済方法】 |
| 第42条 | 第46条【履行請求権】 |
| 第43条 | 第47条【履行のための付加期間の付与】 |
| 第44条 | 第48条【売主の追完権】 |
| 第45条 | 第49条【契約解除権】 |
| 第46条 | 第50条【代金の減額】 |
| 第47条 | 第51条【一部不履行】 |
| 第48条 | 第52条【引渡履行期前の引渡し、数量超過の引渡し】 |
| 第49条 | 第53条【買主の義務】 |

| | |
|---|---|
| 第 50 条 | 第 54 条【代金支払義務】 |
| 第 51 条 | 第 55 条【代金の不確定】 |
| 第 52 条 | 第 56 条【重量に基づいた代金】 |
| 第 53 条 | 第 57 条【支払の場所】 |
| 第 54 条 | 第 58 条【支払の時期、交付の条件としての支払、支払前の検査】 |
| 第 55 条 | 第 59 条【催告の不要性】 |
| 第 56 条 | 第 60 条【引渡受領義務】 |
| 第 57 条 | 第 61 条【売主の救済方法】 |
| 第 58 条 | 第 62 条【履行請求権】 |
| 第 59 条 | 第 63 条【履行のための付加期間の付与】 |
| 第 60 条 | 第 64 条【契約解除権】 |
| 第 61 条 | 第 65 条【売主による仕様の指定】 |
| 第 78 条 | 第 66 条【危険移転の効果】 |
| 第 79 条 | 第 67 条【運送を伴う売買契約における危険の移転】 |
| 第 80 条 | 第 68 条【運送中の物品の売買契約における危険の移転】 |
| 第 81 条 | 第 69 条【その他の場合における危険の移転】 |
| 第 82 条 | 第 70 条【売主による重大な契約違反と危険移転の関係】 |
| 第 62 条 | 第 71 条【履行の停止】 |
| 第 63 条 | 第 72 条【履行期前の契約解除】 |
| 第 64 条 | 第 73 条【分割履行契約の解除】 |
| 第 70 条 | 第 74 条【損害賠償の範囲】 |
| 第 71 条 | 第 75 条【契約解除後に代替取引が行われた場合の損害賠償額】 |
| 第 72 条 | 第 76 条【契約解除後に代替取引が行われなかった場合の損害賠償額】 |
| 第 73 条 | 第 77 条【損害の軽減】 |
| — | 第 78 条【利息】 |
| 第 65 条 | 第 79 条【債務者の支配を越えた障害による不履行】 |
| — | 第 80 条【債権者の作為、不作為によって生じた不履行】 |

| | |
|---|---|
| 第66条 | 第81条【解除の効果】 |
| 第67条 | 第82条【物品の返還不能による解除権及び代替品引渡請求権の喪失】 |
| 第68条 | 第83条【前条の場合におけるその他の救済方法】 |
| 第69条 | 第84条【売主による利息の支払、買主による利益の返還】 |
| 第74条 | 第85条【売主の物品保存義務】 |
| 第75条 | 第86条【買主の物品保存義務】 |
| 第76条 | 第87条【第三者への寄託】 |
| 第77条 | 第88条【保存物品の売却】 |
| ― | 第89条【条約の寄託者】 |
| ― | 第90条【他の国際取極との関係】 |
| ― | 第91条【署名、批准・受諾・承認、加入】 |
| ― | 第92条【第2部又は第3部に拘束されない旨の留保宣言】 |
| ― | 第93条【不統一法国による適用領域に関する留保宣言】 |
| ― | 第94条【密接に関連する法規を有する二以上の国による適用制限に関する留保宣言】 |
| ― | 第95条【第1条(1)(b)に拘束されない旨の留保宣言】 |
| 最終規定に関する事務局草案(A/CONF.97/6)第(X)条(1978年草案11条の注釈の注(1)に言及がある。) | 第96条【書面を不要とする規定を適用しない旨の留保宣言】 |
| ― | 第97条【留保宣言及びその撤回】 |
| ― | 第98条【他の留保の禁止】 |
| ― | 第99条【条約の発効時期、1964年ハーグ条約との関係】 |
| ― | 第100条【時間的適用範囲】 |
| ― | 第101条【条約の廃棄】 |

# 目　次

## 第1部　適用範囲及び総則 ……………………………………………………… 1

### 第1章　適用範囲 ——————————————————————— 2

第1条【適用範囲】　2
第2条【適用除外】　7
第3条【役務提供契約、製作物供給契約】　11
第4条【条約の規律する実体的事項】　14
【1980年外交会議で追加されたCISG 5条についての訳注】　16
第5条【当事者による適用排除、効力変更、適用制限】　17

### 第2章　総則 ————————————————————————— 19

第6条【条約の解釈】　19
第7条【当事者の行為の解釈】　22
第8条【慣習及び確立した慣行】　25
第9条【営業所】　28
第10条【契約の方式】　31
第11条【方式に関する宣言の効果】　33
【1980年外交会議で追加されたCISG13条についての訳注】　36

## 第2部　契約の成立 ……………………………………………………………… 37

第12条【申込み】　38
第13条【申込みの効力発生時期、申込みの取りやめ】　44
第14条【申込みの撤回可能性】　46
第15条【拒絶による申込みの失効】　49
第16条【承諾、承諾の効力発生時期】　51
第17条【申込みへの追加又は変更】　56
第18条【承諾のために定められた期間】　61

第 19 条【遅延した承諾】　63
　第 20 条【承諾の取りやめ】　66
　第 21 条【契約の成立時期】　67
　第 22 条【「到達」の定義】　68

## 第 3 部　物品の売買　71

## 第 1 章　総則　72

　第 23 条【重大な違反】　72
　第 24 条【解除の意思表示】　74
　第 25 条【通信の遅延又は誤り】　76
　第 26 条【現実の履行を命ずる裁判】　78
　第 27 条【契約の変更又は破棄】　80

## 第 2 章　売主の義務　84

　第 28 条【売主の一般的義務】　84
　第 1 節　物品の引渡し及び書類の交付　86
　　第 29 条【引渡場所の特定の欠如】　86
　　第 30 条【運送に関連する義務】　92
　　第 31 条【引渡しの時期】　96
　　第 32 条【書類の交付】　99
　第 2 節　物品の適合性及び第三者の権利又は請求　101
　　第 33 条【物品の適合性】　101
　　第 34 条【不適合についての売主の責任】　107
　　第 35 条【引渡期日前の不適合の追完】　110
　　第 36 条【物品の検査】　113
　　第 37 条【不適合の通知】　116
　　第 38 条【売主の知っていた不適合】　120
　　第 39 条【第三者の請求に関する原則】　121
　　第 40 条【工業所有権又は知的財産権に基づく第三者の請求】　127
　　【1980 年外交会議で追加された CISG 43 条についての訳注】　133
　　【1980 年外交会議で追加された CISG 44 条についての訳注】　134
　第 3 節　売主による契約違反についての救済　135

目次　xiii

　　第 41 条【買主の救済方法一般、損害賠償の請求、猶予期間の不許】　135
　　第 42 条【買主の履行請求権】　138
　　第 43 条【履行のための付加期間の付与】　143
　　第 44 条【不履行を追完する売主の権利】　147
　　第 45 条【買主の契約解除権】　153
　　第 46 条【代金の減額】　159
　　第 47 条【一部不履行】　166
　　第 48 条【引渡履行期前の引渡し，数量超過の引渡し】　168

# 第 3 章　買主の義務 ─────────────────── 171

　　第 49 条【買主の一般的義務】　171
　第 1 節　代金の支払　172
　　第 50 条【代金支払義務】　172
　　第 51 条【代金の決定】　174
　　第 52 条【重量に基づいた代金の決定】　176
　　第 53 条【支払の場所】　177
　　第 54 条【支払の時期、交付の条件としての支払、支払前の検査】　180
　　第 55 条【催告の不要性】　185
　第 2 節　引渡しの受領　186
　　第 56 条【引渡受領義務】　186
　第 3 節　買主による契約違反についての救済　188
　　第 57 条【売主の救済方法一般、損害賠償の請求、猶予期間の不許】　188
　　第 58 条【売主の履行請求権】　191
　　第 59 条【履行のための付加期間の付与】　194
　　第 60 条【売主の契約解除権】　199
　　第 61 条【売主による仕様の指定】　205

# 第 4 章　売主及び買主の義務に共通する規定 ─────── 209

　第 1 節　履行期前の違反及び分割履行契約　209
　　第 62 条【履行の停止】　209
　　第 63 条【履行期前の契約解除】　217
　　第 64 条【分割履行契約の解除】　219
　第 2 節　免責　224

第 65 条【免責】 224
【1980 年外交会議で追加された CISG 80 条についての訳注】 233
第 3 節 解除の効果 234
第 66 条【義務からの解放、紛争解決条項、原状回復】 234
第 67 条【買主の解除権及び代替品引渡請求権の喪失】 238
第 68 条【前条の場合における買主のその他の救済方法の保持】 241
第 69 条【原状回復における利益の返還】 242
第 4 節 損害賠償 244
第 70 条【損害賠償額算定の原則】 244
第 71 条【契約解除後に代替取引が行われた場合の損害賠償額】 250
第 72 条【契約解除後に代替取引が行われなかった場合の損害賠償額】 253
第 73 条【損害の軽減】 257
【1980 年外交会議で追加された CISG78 条についての訳注】 260
第 5 節 物品の保存 261
第 74 条【売主の物品保存義務】 261
第 75 条【買主の物品保存義務】 263
第 76 条【第三者への寄託】 267
第 77 条【保存物品の売却】 268

# 第 5 章 危険の移転 ― 272

第 78 条【危険移転後の損失】 272
第 79 条【運送を伴う売買契約における危険の移転】 275
第 80 条【運送中に売却された物品の危険の移転】 280
第 81 条【その他の場合における危険の移転】 283
第 82 条【危険移転に対する重大な契約違反の影響】 287

あとがき 291
事項索引 293
条文索引 298

# 第 1 部

# 適用範囲及び総則

## 第1章 適用範囲

### 第1条【適用範囲】[1]

| 1978年草案 | CISG |
|---|---|
| **Article 1** [Sphere of application]<br>(1) This Convention applies to contracts of sale of goods between parties whose places of business are in different States :<br>　(a) when the States are Contracting States ; or<br>　(b) when the rules of private international law lead to the application of the law of a Contracting State.<br>(2) The fact that the parties have their places of business in different States is to be disregarded whenever this fact does not appear either from the contract or from any dealings between, or from information disclosed by, the parties at any time before or at the conclusion of the contract.<br>(3) Neither the nationality of the parties nor the civil or commercial character of the parties or of the contract is to be taken into consideration. | **Article 1**<br>(1) This Convention applies to contracts of sale of goods between parties whose places of business are in different States :<br>　(a) when the States are Contracting States ; or<br>　(b) when the rules of private international law lead to the application of the law of a Contracting State.<br>(2) The fact that the parties have their places of business in different States is to be disregarded whenever this fact does not appear either from the contract or from any dealings between, or from information disclosed by, the parties at any time before or at the conclusion of the contract.<br>(3) Neither the nationality of the parties nor the civil or commercial character of the parties or of the contract is to be taken into consideration in determining the application of this Convention. |
| 第1条【適用範囲】<br>(1) この条約は、営業所が異なる国に所在する当事者間の物品売買契約について、次のいずれかの場合に適用する。<br>　(a) これらの国がいずれも締約国である場合<br>　(b) 国際私法の準則によれば締約国の法の適用が導かれる場合 | 第1条【適用基準】<br>(1) この条約は、営業所が異なる国に所在する当事者間の物品売買契約について、次のいずれかの場合に適用する。<br>　(a) これらの国がいずれも締約国である場合<br>　(b) 国際私法の準則によれば締約国の法の適用が導かれる場合 |

---

(1) 条文に付した見出しは、国連国際商取引法委員会（ＵＮＣＩＴＲＡＬ）の要請により事務局が立案したものだが、同委員会の承認を受けたものではない（United Nations Commission on International Trade Law, summary record of the 208th meeting, A/CN.9/SR.208, para 47）。

| (2) 当事者の営業所が異なる国に所在するという事実は、その事実が、契約から認められない場合又は契約の締結時以前における当事者間のあらゆる取引関係から若しくは契約の締結時以前に当事者によって明らかにされた情報から認められない場合には、考慮しない。<br>(3) 当事者の国籍及び当事者又は契約の民事的又は商事的な性質は、考慮しない。 | (2) 当事者の営業所が異なる国に所在するという事実は、その事実が、契約から認められない場合又は契約の締結時以前における当事者間のあらゆる取引関係から若しくは契約の締結時以前に当事者によって明らかにされた情報から認められない場合には、考慮しない。<br>(3) 当事者の国籍及び当事者又は契約の民事的又は商事的な性質は、<u>この条約の適用を決定するに当たって</u>考慮しない。 |
| --- | --- |

## 【CISG における変更点】

① (3)において、CISG では、当事者の国籍及び当事者又は契約の民事的又は商事的な性質を考慮しないのは、「この条約の適用を決定するに当たって」のことであることを明確にする文言が追加されている。

② なお、CISG 1 条(1)(b)の解釈にあたっては、CISG 95 条（1 条(1)(b)に拘束されない旨の留保宣言）もあわせてみる必要があるが、CISG 95 条は 1980 年ウィーン外交会議で追加された最終規定の 1 つであり、1978 年草案に対応する規定はない。

## 先行条文

ULIS 1 条、2 条及び 7 条
ULF 1 条
時効条約 2 条及び 3 条

## 注釈

1．本条は、この条約が物品売買契約及びその成立に適用されるか否かを決定するための原則を定める。

## 基本となる基準（1 条(1)）

2．1 条(1)［CISG 1 条(1)］は、この条約が物品売買契約及びその成立に適用されるための基本となる基準は、当事者の営業所が異なる国に所在することであると定める[2]。

3．この条約は、当事者がその営業所を同じ国に有する場合における売買契約又はその成立を規律する法には関与しない。これらの事項は通常、その国の国内法によって規律される。

4．この条約は、異なる国に営業所を有する当事者間の物品売買に焦点をあてることによって、次の3つの主たる目的に資するものとなっている。
　① 最も有利な法を有する法廷地の探索を減らすこと。
　② 国際私法の準則を用いる必要性を減らすこと。
　③ 国際的性質を有する取引にふさわしい現代的な売買法を定めること。

## 追加的な基準（1条(1)(a)及び(b)［CISG 1条(1)(a)及び(b)］）

5．当事者が異なる国に営業所を有していても、この条約が適用されるのは、次のいずれかの場合のみである。
　① 当事者がその営業所を有する国がいずれも締約国である場合
　② 国際私法の準則によれば締約国の法の適用が導かれる場合

6．当事者がその営業所を有する2つの国が締約国であれば、法廷地の国際私法の準則によれば、契約が締結された国の法など第三国の法が指定される場合であっても、この条約が適用される。そうならないのは、訴訟が非締約国である第三国において提起され、かつ、その国の国際私法の準則により法廷地の法、すなわち自国の法又は別の非締約国の法が準拠法となる場合だけである。

7．契約当事者の一方又は双方が非締約国に営業所を有している場合であっても、法廷地の国際私法の準則によれば締約国の法の適用が導かれるときは、この条約が適用される。このようなときにおいては、準拠法国とされた締約国のどの売買法が適用されるのかが問題となろう。契約当事者の国が異なるのであれば、適切な売買法は、この条約である。〔上記【変更点】②参照〕

8．この原則の応用として、異なる国に所在する二当事者が、契約に適用される法として締約国の法を指定した場合にも、当事者が特にこの条約に言及していなかったとしても、この条約が適用される。

## 国際性の認識可能性（1条(2)［CISG 1条(2)］）

9．1条(2)［CISG 1条(2)］に基づき、この条約は、「当事者の営業所が異なる

---

(2) ある当事者が営業所を二以上の国に有している場合に基準となる営業所は、9条(a)［CISG 10条(a)］によって決定されることになる。

国に所在するという……事実が、契約からも、契約締結時以前の当事者間でのいかなる取引又は当事者によって開示されていた情報からも判明しない」場合には、適用されない。このような場合の1つの例として、一見すると当事者双方がその営業所を同じ国に有するのであるが、実は当事者の一方が、異なる国に営業所を有する隠れた本人 (undisclosed principal) の代理人として行動していたという場合があろう。このような場合につき、1条(2)は、一見すると同じ国に営業所を有する当事者間の売買にみえるこの売買は、この条約によって規律されないと定めるのである。

### 当事者の国籍、取引の民事的又は商事的な性質（1条(3)［CISG 1 条(3)］）

10．私人の権利に影響を与える国際条約においては、多くの場合、他の締約国の国内での、又は他の締結国との取引関係における、締約国の国民の権利を保護することが意図されている。それゆえ、こうした条約は、締約国の「国民」間の関係にのみ適用されるのが通例である。

11．しかしながら、この条約が、ある物品売買契約に適用されるか否かという問題は、なによりもまず、当事者の「営業所」が異なる締約国に所在するかどうかによって決定される。そして、どの「営業所」に着目すべきかは、当事者の国籍、法人の設立地又は本店の所在地を問題とすることなく、9条(a)［CISG 10 条(a)］の適用によって決定される。1条(3)［CISG 1 条(3)］は、こうした準則を、当事者の国籍は考慮しないことを明確にすることによって補強するものである。

12．幾つかの法体系においては、当事者又は契約の性質が、民事的であるか、あるいは商事的であるかによって、物品売買契約に関する法が異なってくる。他方、こうした区別のされない法体系もある。1条(3)［CISG 1 条(3)］は、この条約の適用範囲に関する諸規定が、締約国の法に基づきその性質が「商事的」とされた売買契約、又は「商事的」とされた当事者間にのみ適用されると解釈されないようにするために、当事者又は契約の民事的又は商事的な性質は考慮しないと定めているのである。

13．しかしながら、注意を要するのは、2条［CISG 2 条］が、民事的契約と商事的契約の違いを認める法体系においては、「民事的」契約とされるであろう一定の物品売買契約について、この条約の適用範囲から除外している点である。とりわけ注目されるのは、2条(a)［CISG 2 条(a)］によって、「個人用、家族用又は家庭用に購入された物品の」売買が、この条約の適用範囲から除外されて

いることである。

**14．**1条(3)［CISG 1条(3)］は、この条約の適用範囲に関する規定についてのみ適用される〔CISG 1条(3)の文言では、このことがより明確になっている。上記【変更点】①参照］。同条は、例えば37条(1)［CISG 39条(1)］において、物品の不適合の通知を行うための合理的な期間を決定するために、当事者の民事的又は商事的な性質を考慮に入れてはならないことを意味するものではない。

## 第 2 条【適用除外】

| 1978 年草案 | CISG |
|---|---|
| Article 2 [Exclusions from Convention]<br>This Convention does not apply to sales：<br>(a) of goods bought for personal, family or household use, unless the seller, at any time before or at the conclusion of the contract, neither knew nor ought to have known that the goods were bought for any such use；<br>(b) by auction；<br>(c) on execution or otherwise by authority of law；<br>(d) of stocks, shares, investment securities, negotiable instruments or money；<br>(e) of ships, vessels or aircraft；<br>(f) of electricity. | Article 2<br>This Convention does not apply to sales：<br>(a) of goods bought for personal, family or household use, unless the seller, at any time before or at the conclusion of the contract, neither knew nor ought to have known that the goods were bought for any such use；<br>(b) by auction；<br>(c) on execution or otherwise by authority of law；<br>(d) of stocks, shares, investment securities, negotiable instruments or money；<br>(e) of ships, vessels, <u>hovercraft</u> or aircraft；<br>(f) of electricity. |
| 第 2 条【適用除外】<br>この条約は、次の売買については、適用しない。<br>(a) 個人用、家族用又は家庭用に購入された物品の売買。ただし、売主が契約の締結時以前に当該物品がそのような使用のために購入されたことを知らず、かつ、知っているべきでもなかった場合は、この限りでない。<br>(b) 競り売買<br>(c) 強制執行その他法令に基づく売買<br>(d) 有価証券、商業証券又は通貨の売買<br>(e) 船、船舶又は航空機の売買<br>(f) 電気の売買 | 第 2 条【適用除外】<br>この条約は、次の売買については、適用しない。<br>(a) 個人用、家族用又は家庭用に購入された物品の売買。ただし、売主が契約の締結時以前に当該物品がそのような使用のために購入されたことを知らず、かつ、知っているべきでもなかった場合は、この限りでない。<br>(b) 競り売買<br>(c) 強制執行その他法令に基づく売買<br>(d) 有価証券、商業証券又は通貨の売買<br>(e) 船、船舶、<u>エアクッション船</u>又は航空機の売買<br>(f) 電気の売買 |

【CISG における変更点】

CISG 2 条(e)に、「エアクッション船」(hovercraft)の売買を適用除外とする文言が追加されている。

8　第1部　適用範囲及び総則

## 先行条文
ULIS 5条
ULF 1条(6)
時効条約4条

## 注釈
1．2条［CISG 2条］は、この条約の適用から除外される売買を列挙する。適用の除外には、物品が購入される目的に基づくものと、取引類型に基づくもの、売却された物品の種類に基づくものの3類型がある。

## 消費者売買の除外（2条(a)［CISG 2条(a)］）
2．2条(a)［CISG 2条(a)］は、消費者売買を、この条約の適用範囲から除外する。物品が「個人用、家族用又は家庭用」に購入されたのであれば、当該売買はこの条約の適用範囲外となる。これに対して、物品が個人によって商事目的のために購入されたのであれば、当該売買は、この条約によって規律される。したがって、例えば、次の場合はこの条約の適用範囲内である。すなわち、プロのカメラマンが自己の仕事のためにカメラを購入した場合、企業が従業員の個人的使用のために石鹸その他の洗面用品を購入した場合、そして、ディーラーが販売目的で自動車を1台購入した場合である。

3．この条約から消費者売買を除外する理由は、多くの国で、こうした契約が消費者保護を目的とした様々な国内法に服していることにある。こうした国内法の実効性を損なう危険を回避するためには、消費者売買をこの条約から除外することが賢明であると考えられたのである。それに加えて、消費者売買のほとんどは国内取引であり、例えば、買主が旅行者で常居所が他国にある場合[1]、あるいは物品が通信販売によって注文された場合など、消費者売買が国際的取引となる比較的少数の事例にこの条約が適用されるべきではないとも考えられたのである。

4．この条約は、物品が個人用、家族用又は家庭用に購入された場合であっても、「売主が契約の締結時以前に当該物品がそのような使用のために購入されたことを知らず、かつ、知っているべきでもなかった場合」には、適用される。購入された物品の量や送り先その他の面で、その取引が、消費者売買では通常

---

[1]　9条(b)［CISG 10条(b)］参照。

第 2 条【適用除外】　9

みられないものであった場合には、売主において、物品が上記のような使用目的で購入されたことを知るべき理由がなかったというときがあろう。こうした情報は、売主において、当該売買に関する自己の権利及び義務が、この条約に基づくものとなるのか、又は準拠国内法に基づくものとなるのかを知ることができるよう、少なくとも契約の締結時までに入手可能でなければならない。

## 競り売買の除外（2条(b)［CISG 2条(b)］）

5．2条(b)［CISG 2条(b)］は、競り売買を、この条約の適用範囲から除外する。競り売買はたいがい、準拠国内法の特別な準則の対象となっており、落札者の営業所が異なる国に所在する場合であっても、これらの準則の対象にしておくのが望ましいと考えられたのである。

## 強制執行その他法令に基づく売買の除外（2条(c)［CISG 2条(c)］）

6．2条(c)［CISG 2条(c)］は、裁判上又は行政上の強制執行その他法令に基づく売買について、こうした売買は、通常その権限に基づき強制執行による売買が行われた国において、特別な準則によって規律されていることから、この条約の適用範囲から除外している。その上、こうした売買は、国際取引において重要なものではなく、純粋な国内取引と言っても差し支えないだろう。

## 有価証券、商業証券又は通貨の売買の除外（2条(d)［CISG 2条(d)］）

7．2条(d)［CISG 2条(d)］は、有価証券、商業証券又は通貨の売買を除外する。こうした取引は、通常の国際物品売買とは異なる点が問題となり、加えて多くの国では、特別な強行規定に服している。また、幾つかの法体系においては、このような有価証券等は「物品」とはみなされていない。したがって、こうした証券の売買が適用除外とならなければ、この条約の適用において大きな差異が生ずる可能性があるのである。〔訳注：1978年草案2条(d)及びCISG 2条(d)の英文テキストでは、適用除外とされているのは"stocks, shares, investment securities, negotiable instruments or money"の売買であるが、仏文テキストでは"valeurs mobilières, effets de commerce et monnaies"の売買が適用除外とされている。この部分は、CISGの日本語公定訳に従い、フランス語版によって訳出した。〕

8．物品の荷為替売買（documentary sales of goods）は、幾つかの法体系においては有価証券等の売買と性質決定されているのであるが、2条(d)［CISG 2条(d)］は、こうした売買をこの条約の適用範囲から除外するものではない。

### 舶、船舶又は航空機の売買の除外（2条(e)［CISG 2条(e)］）

**9．**2条(e)［CISG 2条(e)］は、舶、船舶及び航空機のすべての売買を、この条約の適用範囲から除外する。幾つかの法体系においては、舶、船舶及び航空機の売買は「物品」売買とされているが、他の法体系においては、舶、船舶及び航空機の一部の売買は、不動産売買と同一視されている。その上、たいがいの法体系においては、少なくとも一部の船、船舶及び航空機は、特別な登録要件の対象とされている。何が登録の対象となると定められているかは、国によって大きく異なっている。特に、関係する登録地そして登録を規律する法が、売買の時には明らかではないことがあり得るという事実に照らして、どの船、船舶又は航空機が、この条約の適用対象となるのかに関する解釈上の問題を生じさせないために、すべての船、船舶及び航空機の売買が、この条約の適用から除外されたのである。〔上記【変更点】参照。〕

### 電気の売買の除外（2条(f)［CISG 2条(f)］）

**10．**多くの法体系において電気は物品と考えられておらず、そしていずれにせよ、電気の国際取引においては、通常の国際物品売買によって提起される問題とは異なる固有の問題が生ずることから、2条(f)［CISG 2条(f)］は、電気の売買を、この条約の適用範囲から除外している。

第3条【役務提供契約、製作物供給契約】

## 第3条【役務提供契約、製作物供給契約】

| 1978年草案 | CISG |
|---|---|
| Article 3 [Contracts for services or for goods to be manufactured]<br>(1) This Convention does not apply to contracts in which the preponderant part of the obligations of the <u>seller</u> consists in the supply of labour or other services.<br><br>(2) Contracts for the supply of goods to be manufactured or produced are to be considered sales unless the party who orders the goods undertakes to supply a substantial part of the materials necessary for such manufacture or production. | Article 3<br>(1) Contracts for the supply of goods to be manufactured or produced are to be considered sales unless the party who orders the goods undertakes to supply a substantial part of the materials necessary for such manufacture or production.<br><br>(2) This Convention does not apply to contracts in which the preponderant part of the obligations of the <u>party who furnishes the goods</u> consists in the supply of labour or other services. |
| 第3条【役務提供契約、製作物供給契約】<br>(1) この条約は、<u>売主</u>の義務の主要な部分が労働その他の役務の提供から成る契約については、適用しない。<br><br><br><br><br><br><br>(2) 物品を製造し、又は生産して供給する契約は、売買とする。ただし、物品を注文した当事者がそのような製造又は生産に必要な材料の実質的な部分を供給することを引き受ける場合は、この限りでない。 | 第3条【製作物供給契約、役務提供契約】<br>(1) 物品を製造し、又は生産して供給する契約は、売買とする。ただし、物品を注文した当事者がそのような製造又は生産に必要な材料の実質的な部分を供給することを引き受ける場合は、この限りでない。<br><br>(2) この条約は、<u>物品を供給する当事者</u>の義務の主要な部分が労働その他の役務の提供から成る契約については、適用しない。 |

【CISGにおける変更点】
① CISGでは、1978年草案3条の(1)と(2)の順序が入れ替わっている。
② 1978年草案3条(1)にあった「売主」の文言が、CISG 3条(2)では「物品を供給する当事者」に変更され、正確化が図られるとともに、CISG 3条(1)における「物品を注文した当事者」との文言との平仄が合わされている。O.R. 245, para 5 [Docy. Hist. 466].

## 先行条文
ULIS 6 条
ULF 1 条(7)
時効条約 6 条

## 注釈
1．3条［CISG 3 条］は、契約に、物品の供給に加えてそれ以外の何らかの行為が含まれている、2つの異なる場合について規定する。

### 売主による物品の売買と労働その他の役務の提供（3条(1)［CISG 3 条(2)］）
2．3条(1)［CISG 3 条(2)］は、売主〔上記【変更点】②参照〕が、物品の売却に加え、労働その他の役務の提供を引き受ける契約を対象とする。このような契約の例として、売主が機械の売却を合意するとともに、その機械を工場で稼働できる状態で設置することやその据付けの監督を引き受ける場合が挙げられる。このような場合について、3条(1)［CISG 3 条(2)］は、売主の義務の「主要な部分」が労働その他の役務の提供から成る場合には、当該契約にはこの条約が適用されないと規定する。
3．3条(1)［CISG 3 条(2)］が、1つの文書又は取引から生ずる義務が、本質的に1つの契約を構成するのか、あるいは2つの契約を構成するのかを決定しようとするものではないことには注意を要する。したがって、物品売買に関する売主の義務と、労働その他の役務の提供に関する売主の義務とが、（いわゆる契約の「可分性」の法理に基づき）2つの独立した契約とされるか否かという問題は、準拠国内法に従って解決されることになる。

### 買主による材料の供給（3条(2)［CISG 3 条(1)］）
4．3条(2)［CISG 3 条(1)］はその冒頭で、買主の注文に従って、売主が製造し又は生産する物品の売買には、既製品の売買に対するのと同様に、この条約の規定が適用されると規定する。
5．しかしながら、3条(2)［CISG 3 条(1)］の最後の部分、すなわち「ただし、物品を注文した当事者がそのような製造又は生産に必要な材料の実質的な部分を供給することを引き受ける場合は、この限りでない」という部分においては、物品の製造又は生産に必要な材料の実質的な部分について、買主が売主（製造者）に供給することを引き受ける契約を、この条約の適用範囲から除外するこ

とが意図されている。このような契約は、物品売買契約というより、役務又は労働を供給する契約に近いことから、3条(1)［CISG 3条(2)］の基本準則と平仄を合わせる形で、この条約の適用範囲から除外されたのである。

## 第 4 条【条約の規律する実体的事項】

| 1978 年草案 | CISG |
|---|---|
| Article 4 [Substantive coverage of Convention] <br><br> This Convention governs only the formation of the contract of sale and the rights and obligations of the seller and the buyer arising from such a contract. In particular, except as otherwise expressly provided <u>therein, this Convention</u> is not concerned with： <br> (a) the validity of the contract or of any of its provisions or of any usage； <br> (b) the effect which the contract may have on the property in the goods sold. | Article 4 <br><br> This Convention governs only the formation of the contract of sale and the rights and obligations of the seller and the buyer arising from such a contract. In particular, except as otherwise expressly provided <u>in this Convention,</u> <u>it</u> is not concerned with： <br> (a) the validity of the contract or of any of its provisions or of any usage； <br> (b) the effect which the contract may have on the property in the goods sold. |
| 第 4 条【条約の規律する実体的事項】<br><br> この条約は、売買契約の成立並びに売買契約から生ずる売主及び買主の権利及び義務についてのみ規律する。この条約は、この条約に別段の明文の規定がある場合を除くほか、特に次の事項については、規律しない。<br> (a) 契約若しくはその条項又は慣習の有効性<br> (b) 売却された物品の所有権について契約が有し得る効果 | 第 4 条【条約の規律する事項】<br><br> この条約は、売買契約の成立並びに売買契約から生ずる売主及び買主の権利及び義務についてのみ規律する。この条約は、この条約に別段の明文の規定がある場合を除くほか、特に次の事項については、規律しない。<br> (a) 契約若しくはその条項又は慣習の有効性<br> (b) 売却された物品の所有権について契約が有し得る効果 |

## 【CISG における変更点】

形式的な文言修正のみ。

## 先行条文

ULIS 4 条、5 条(2)及び 8 条

## 注釈

1. 4 条［CISG 4 条］は、この条約の適用範囲を、この条約に別段の明文の規定がある場合を除くほか、売買契約の成立並びに売買契約から生ずる売主及び買主の権利及び義務についてのみ規律することに限定している。

## 有効性（4条(a)［CISG 4条(a)］）

2．この条約中に契約又は慣習の有効性を規律する明文の規定はないが、この条約の規定のなかには、契約の有効性に関する国内法上の準則と相反する可能性のあることを定めるものもある。両者が抵触する場合は、この条約の準則が適用される。

3．このような抵触の可能性が明らかな唯一の規定は、10条［CISG 11条］であり、そこでは、売買契約は、書面によって締結し、又は証明することを要しないものとし、方式について他のいかなる要件にも服さないと規定されている。これに対して、幾つかの法体系においては、一定の物品売買契約については、書面要件は、契約の有効性に関する問題だと考えられている。注意を要するのは、売買契約が書面によって締結され、又は証明されるべきことを自国の法令に定めている締約国は、11条及びX条［CISG 12条及び96条］によって、当事者のいずれかがX条［CISG 96条］に基づく宣言を行った締約国に自己の営業所を有する場合には、とりわけ、10条［CISG 11条］を適用しない旨の宣言を行うことができるということである。

## 所有権の移転（4条(b)［CISG 4条(b)］）

4．4条(b)［CISG 4条(b)］は、この条約は売買の対象となった物品の所有権の移転を規律するものではないことを明らかにする。幾つかの法体系においては、所有権は契約の成立時に移転する。他の法体系においては、所有権は、物品が買主に引き渡された時点など、より後の時点で移転するものとされている。この点に関する準則を統一することが可能であるとは考えられていなかったし、そうすることが必要であるとも考えられていなかったのである。なぜなら、少なくとも幾つかの法体系においては所有権の移転と連動するものとされている種々の問題、すなわち、第三者の権利又は請求の対象となっていない物品を移転する売主の義務[1]、買主の代金を支払う義務[2]、物品の滅失又は損傷の危険の移転[3]、そして物品保存義務[4]について、この条約は準則を規定しているからである。

---

(1) 39条及び40条［CISG 41条及び42条］。
(2) 49条［CISG 53条］。
(3) 78条から82条まで［CISG 66条から70条まで］。
(4) 74条から77条まで［CISG 85条から88条まで］。

【1980 年外交会議で追加された CISG 5 条についての訳注】
　CISG 5 条は 1980 年外交会議において追加された条文であり、1978 年草案にはそれに対応する条文は存在しない。

| 1978 年草案 | CISG |
|---|---|
| なし | **Article 5**<br>This Convention does not apply to the liability of the seller for death or personal injury caused by the goods to any person. |
| なし | **第 5 条【人身損害についての適用除外】**<br>　この条約は、物品によって生じたあらゆる人の死亡又は身体の傷害に関する売主の責任については、適用しない。 |

## 第 5 条【当事者による適用排除、効力変更、適用制限】

| 1978 年草案 | CISG |
|---|---|
| Article 5 [Exclusion, variation or derogation by the parties] <br> The parties may exclude the application of this Convention or, subject to article 11, derogate from or vary the effect of any of its provisions. | Article 6 <br><br> The parties may exclude the application of this Convention or, subject to article 12, derogate from or vary the effect of any of its provisions. |
| 第5条【当事者による適用排除、効力変更、適用制限】<br>　当事者は、この条約の適用を排除することができるものとし、第 11 条の規定に従うことを条件として、この条約のいかなる規定も、その適用を制限し、又はその効力を変更することができる。 | 第6条【条約の適用排除、任意規定性】<br>　当事者は、この条約の適用を排除することができるものとし、第 12 条の規定に従うことを条件として、この条約のいかなる規定も、その適用を制限し、又はその効力を変更することができる。 |

【CISG における変更点】
　形式的な文言修正のみ。

先行条文
ULIS 3 条
ULF 2 条
時効条約 3 条(3)

注釈
1．この条約の任意規定性は、5 条［CISG 6 条］に明示的に定められている。当事者は契約の準拠法として、この条約以外の法を選択することで、この条約の適用を完全に排除することができる。当事者は、契約にこの条約の規定とは異なる解決を定める条項を採用することによって、この条約の適用を一部排除し、また、この条約のいかなる規定もその適用を制限し、もしくはその効力を変更することができる。
2．ULIS 3 条第 2 文は「〔適用〕排除は、明示又は黙示であり得る」と規定していたが、この部分は削除された。「黙示」の排除が特に言及されていると、裁判所が十分な理由がないのに、この条約が完全に排除されているとの結論を

導くことが懸念されたからである。

## 第2章　総則

### 第6条【条約の解釈】

| 1978年草案 | CISG |
|---|---|
| **Article 6** [Interpretation of Convention]<br>　In the interpretation <u>and application</u> of <u>the provisions of</u> this Convention, regard is to be had to its international character and to the need to promote uniformity and the observance of good faith in international trade. | **Article 7**<br>(1)　In the interpretation of this Convention, regard is to be had to its international character and to the need to promote uniformity <u>in its application</u> and the observance of good faith in international trade.<br>(2)　<u>Questions concerning matters governed by this Convention which are not expressly settled in it are to be settled in conformity with the general principles on which it is based or, in the absence of such principles, in conformity with the law applicable by virtue of the rules of private international law.</u> |
| **第6条【条約の解釈】**<br>　この条約の<u>規定の</u>解釈<u>及び適用</u>に当たっては、その国際的な性質並びにその統一及び国際取引における信義の遵守を促進する必要性を考慮する。 | **第7条【条約の解釈及び補充】**<br>(1)　この条約の解釈に当たっては、その国際的な性質並びにその<u>適用における</u>統一及び国際取引における信義の遵守を促進する必要性を考慮する。<br>(2)　<u>この条約が規律する事項に関する問題であって、この条約において明示的に解決されていないものについては、この条約の基礎を成す一般原則に従い、又はこのような原則がない場合には国際私法の準則により適用される法に従って解決する。</u> |

【CISGにおける変更点】

①　1978年草案6条は、文言の修正を加えたうえでCISG 7条(1)となった。1980年外交会議では、この文言の修正は実質に関わるものではないとされていた。O.R. 255, para 5 [Docy. Hist. 476].

②　CISG 7条(2)は、1980年外交会議で追加された規定であり、1978年草案にはこれ

に対応する規定はない。

## 先行条文
ULIS 17 条
時効条約 7 条

## 注釈
### 条約の国際的な性質
1．物品売買法に関する各国の国内法の準則は、その枠組み及び概念において、顕著な相違を見せている。したがって、この条約の規定について、国内裁判所がそれぞれ法廷地の法体系において用いられている概念に依拠して異なった解釈を行うことを回避するということが、極めて重要である。この目的を達成するために、6条［CISG 7 条(1)］は、この条約の規定の解釈及び適用に当たって、その国際的な性質並びにその統一を促進する必要性を、十分に考慮することの重要性を強調している。〔上記【変更点】①参照〕

### 国際取引における信義の遵守
2．6条［CISG 7 条(1)］は、この条約の規定が、国際取引における信義の遵守を促進する仕方で、解釈及び適用されることを求めている。
3．この条約の個々の規定には、この原則の適用例が多く見られる。信義の遵守が求められることを明らかにしている例としては、以下の条文で規定されている準則がある。

—— 14条(2)(b)［CISG 16 条(2)(b)］（申込みの相手方が申込みを撤回できないものであると信頼したことが合理的であり、かつ、当該相手方が当該申込みを信頼して行動した場合には、申込みは、撤回不能であると規定する。）

—— 19条(2)［CISG 21 条(2)］（通信状態が通常であったとしたならば期限までに申込者に到達したであろう状況の下で発送された、遅延した承諾の効力を規定する。）

—— 27条(2)［CISG 29 条(2)］（契約の変更又は破棄（abrogation）〔CISG 29 条(2)では「合意による変更又は終了」という文言修正が加えられていることにつき、1978 年草案 27 条の注釈に付した【変更点】①参照〕は書面によって行うことを必要とする旨を定めた契約の条項について、当事者がこの

条項に依拠することができない場合があり得ることを規定する。)

—— 35条及び44条［CISG 37条及び48条］(物品の不適合を追完する売主の権利を規定する。)

—— 38条［CISG 40条］(物品の不適合が、売主が知り、又は知らないことはあり得なかった事実であって、売主が買主に対して明らかにしなかったものに関するものである場合には、売主は、買主が36条及び37条［CISG 38条及び39条］に従って不適合の通知を行わなかったという事実を援用することができないと規定する。)

—— 45条(2)、60条(2)及び67条［CISG 49条(2)、64条(2)及び82条］(契約解除権の喪失を規定する。)

—— 74条から77条まで［CISG 85条から88条まで］(物品保存のための措置をとる義務を契約当事者に課す。)

4．しかしながら、信義則は、これらの例よりも広いものであり、この条約の規定の解釈及び適用におけるすべての局面に適用される。

## 第7条【当事者の行為の解釈】

| 1978年草案 | CISG |
|---|---|
| Article 7 [Interpretation of conduct of a party]<br>(1) For the purposes of this Convention statements made by and other conduct of a party are to be interpreted according to his intent where the other party knew or could not have been unaware what that intent was.<br>(2) If the preceding paragraph is not applicable, statements made by and other conduct of a party are to be interpreted according to the understanding that a reasonable person would have had in the same circumstances.<br>(3) In determining the intent of a party or the understanding a reasonable person would have had <u>in the same circumstances</u>, due consideration is to be given to all relevant circumstances of the case including the negotiations, any practices which the parties have established between themselves, usages and any subsequent conduct of the parties. | Article 8<br>(1) For the purposes of this Convention statements made by and other conduct of a party are to be interpreted according to his intent where the other party knew or could not have been unaware what that intent was.<br>(2) If the preceding paragraph is not applicable, statements made by and other conduct of a party are to be interpreted according to the understanding that a reasonable person <u>of the same kind as the other party</u> would have had in the same circumstances.<br>(3) In determining the intent of a party or the understanding a reasonable person would have had, due consideration is to be given to all relevant circumstances of the case including the negotiations, any practices which the parties have established between themselves, usages and any subsequent conduct of the parties. |
| <u>第7条【当事者の行為の解釈】</u><br>(1) この条約の適用上、当事者の一方が行った言明その他の行為は、相手方が当該当事者の一方の意図を知り、又は知らないことはあり得なかった場合には、その意図に従って解釈する。<br>(2) (1)の規定を適用することができない場合には、当事者の一方が行った言明その他の行為は、合理的な者が同様の状況の下で有したであろう理解に従って解釈する。<br>(3) 当事者の意図又は合理的な者が<u>同様の状況の下で</u>有したであろう理解を決定するに当たっては、関連するすべての状況（交渉、当事者間で確立した慣行、慣習及び当事者の事後の行為を含 | <u>第8条【当事者の行為の解釈】</u><br>(1) この条約の適用上、当事者の一方が行った言明その他の行為は、相手方が当該当事者の一方の意図を知り、又は知らないことはあり得なかった場合には、その意図に従って解釈する。<br>(2) (1)の規定を適用することができない場合には、当事者の一方が行った言明その他の行為は、<u>相手方と同種の</u>合理的な者が同様の状況の下で有したであろう理解に従って解釈する。<br>(3) 当事者の意図又は合理的な者が有したであろう理解を決定するに当たっては、関連するすべての状況（交渉、当事者間で確立した慣行、慣習及び当事者の事後の行為を含む。）に妥当な考 |

| む。）に妥当な考慮を払う。 | 慮を払う。 |

## 【CISG における変更点】

① 1978年草案7条(2)の英文テキストの「合理的な者」という文言が、CISG 8条(2)では「相手方と同種の合理的な者」に変更されている。これは、1978年草案7条(2)の仏文テキストにあった de même qualité の文言に揃えたものである。O.R. 261、para 31 [Docy. Hist. 482].

② また、1978年草案7条(3)にあった「同様の状況の下で」という文言が、CISG 8条(3)では削除されている。これは、文言の重複を避けるためではないかと思われる。

## 先行条文

ULIS 9条(3)
ULF 4条(2)、5条(3)、12条及び13条(2)
国際物品売買契約の有効性についてのある規則の統一に関する法律 UNIDROIT 草案3条、4条及び5条

## 注釈

1．解釈に関する7条［CISG 8条］は、この条約の適用範囲に含まれる、当事者の言明その他の行為の意味を解釈する際に依拠されるべき準則を提供する。当事者の言明や行為の解釈は、契約が締結されたか否か、その契約の意味、当事者が契約の履行の際に又は終了に関して行った通知その他の行為の意義を決定するために、必要となることがあろう。

2．7条［CISG 8条］は、各当事者の一方的行為、すなわち、契約締結に向けてなされる種々の通信、申込み、承諾、通知などの解釈に関して適用されるべき準則を規定する。もっとも、契約が1つの文書に体現されている場合には、7条［CISG 8条］は「契約」の解釈にも同様に適用される。分析的に見るならば、この条約は、こうした1つにまとめられた契約を、申込みと承諾の表示とみるのである。したがって、契約が締結されたか否かを決定する際と同様に、契約を解釈する際にも、契約は2つの一方的行為から成るものとされる。

### 解釈準則の内容

3．7条［CISG 8条］は、各当事者の一方的行為を解釈する準則を定めているのであるから、当事者の共通意図は、各当事者の一方的行為を解釈する際の拠り所とされていない。しかしながら、7条(1)［CISG 8条(1)］は、問題となっている言明又は行為を行った当事者の意図を、相手方が知り、又は知らないことはあり得なかったことが多いことを認めている。これが当てはまる場合には、当該の言明や行為は、そのような意図に基づくものであるとされる。

4．7条(1)［CISG 8条(1)］は、言明又は行為を行った当事者の一方が、問題となっている点につき何らの意図も有していなかった場合、又は相手方がそのような意図を知らず、また知るべき理由もなかった場合には、適用され得ない。このような場合には、7条(2)［CISG 8条(2)］が、当事者の一方が行った言明や行為は、合理的な者〔上記【変更点】①参照〕が同様の状況の下で有したであろう理解に従って解釈すると規定している。

5．当事者の意図、又は合理的な者〔上記【変更点】①参照〕が同様の状況の下で有したであろう意図を判断するに当たっては、まず、現実に用いられた言葉や行われた行為に着目することが必要である。しかしながら、たとえこうした言葉や行為によって、問題に対する明白な答えが与えられたように思われる場合であっても、検討はこれらのものに限定されるべきではない。人が本心と異なる表示をしたり、誤りを犯したりするということは日常的に起こることであり、本条で規定されている解釈方法は、コミュニケーションの本当の内容を確定するために用いられるべきものである。例えば、ある当事者が、多量の物品を 50,000 スイスフランで売却する申込みをしたが、申込者が 500,000 スイスフランを意図していたことが明らかであり、かつ、申込みの相手方がそのことを知り、又は知らないことはあり得なかった場合には、申込みの価格条件は 500,000 スイスフランとして解釈されるべきなのである。

6．当事者による言葉や行為の表面上の意味を越えた解釈をするために、7条(3)［CISG 8条(3)］は「関連するすべての状況に妥当な考慮を払う」と規定している。(3)はさらに、考慮を払うべき状況を幾つか列挙しているが、考慮を払うべき状況は必ずしもこれらに限定されるものではない。こうした状況には、交渉、当事者間で確立した慣行、慣習及び当事者の事後の行為が含まれている。

## 第 8 条【慣習及び確立した慣行】

| 1978 年草案 | CISG |
|---|---|
| Article 8 [Usages and established practices]<br>(1) The parties are bound by any usage to which they have agreed and by any practices which they have established between themselves.<br>(2) The parties are considered, unless otherwise agreed, to have impliedly made applicable to their contract a usage of which the parties knew or ought to have known and which in international trade is widely known to, and regularly observed by, parties to contracts of the type involved in the particular trade concerned. | Article 9<br>(1) The parties are bound by any usage to which they have agreed and by any practices which they have established between themselves.<br>(2) The parties are considered, unless otherwise agreed, to have impliedly made applicable to their contract or its formation a usage of which the parties knew or ought to have known and which in international trade is widely known to, and regularly observed by, parties to contracts of the type involved in the particular trade concerned. |
| 第 8 条【慣習及び確立した慣行】<br>(1) 当事者は、合意した慣習及び当事者間で確立した慣行に拘束される。<br>(2) 当事者は、別段の合意がない限り、当事者双方が知り、又は知っているべきであった慣習であって、国際取引において、関係する特定の取引分野において同種の契約をする者に広く知られ、かつ、それらの者により通常遵守されているものが、黙示的に当事者間の契約に適用されることとしたものとする。 | 第 9 条【慣習及び慣行】<br>(1) 当事者は、合意した慣習及び当事者間で確立した慣行に拘束される。<br>(2) 当事者は、別段の合意がない限り、当事者双方が知り、又は知っているべきであった慣習であって、国際取引において、関係する特定の取引分野において同種の契約をする者に広く知られ、かつ、それらの者により通常遵守されているものが、黙示的に当事者間の契約又はその成立に適用されることとしたものとする。 |

## 【CISG における変更点】

(2)について、CISG 9 条(2)には、「又はその成立」の文言が加えられている。このことによって、契約の成立に関する慣習もあり得ることが明確になっている。O.R. 264-265, paras 88-96 [Docy. Hist. 485-486].

## 先行条文

ULIS 9 条
ULF 13 条

## 注釈

**1.** 本条は、契約に関して、慣習及び当事者間の慣行が当事者を拘束する範囲を規定する。

**2.** 本条(1)と(2)の効果が結び付くことによって、当事者は、自らが合意した慣習に拘束されることになる。合意は明示のものであっても、黙示のものであってもかまわない。

**3.** 慣習が当事者を拘束するとの黙示の合意が存在するとされるためには、当該慣習が次の2つの要件を満たすものである必要がある。すなわち、「当事者双方が知り、又は知っているべきであった」ものであること、そして「国際取引において、関係する特定の取引分野において同種の契約をする者に広く知られ、かつ、それらの者により通常遵守されているもの」であることである。ここにいう取引分野は、特定の製品、地域又は取引相手についてのものであってもかまわない。

**4.** 特定の慣習が当該契約に黙示的に適用されるものとされていたか否かを判断する際の決め手となるのは、多くの場合、当該慣習が「関係する特定の取引分野において同種の契約をする者に広く知られ、かつ、それらの者により通常遵守されているもの」であったか否かということになろう。そして、そのような場合に当たれば、当事者は当該慣習を「知っているべきであった」とも判断され得るのである。

**5.** 当事者が慣習に拘束されるのは、まさに当事者が明示的又は黙示的に慣習を契約に組み込んだことによるものとされたため、当事者自治の原則[1]に基づいて、慣習と異なるこの条約の規定ではなく、慣習が適用されることになる。それゆえ、適用される慣習と統一法の規定とが抵触する場合には、当事者間に別段の合意がない限り、慣習が優先すると規定するULIS 9条(2)――それを憲法上の原則と抵触するものとする国や、公序に反するものとする国もあった――は、不要な規定であるとして削除された。

**6.** 本条は、国際取引において広く用いられる契約の表現、条項又は書式であって、当事者が解釈を示していないものの解釈に関する明示的な準則を定めるものではない[2]。他方、そのような、契約で用いられる表現、条項又は書式が、慣習又は当事者間の慣行であるとされることがあろう。こうした場合には、

---

(1) 5条［CISG 6条］。
(2) 7条［CISG 8条］が、当事者の一方が行った言明その他の行為を解釈するための準則を定めている。

本条が適用される。

## 第 9 条【営業所】

| 1978 年草案 | CISG |
|---|---|
| Article 9 [Place of business]<br>For the purposes of this Convention：<br>(a) if a party has more than one place of business, the place of business is that which has the closest relationship to the contract and its performance, having regard to the circumstances known to or contemplated by the parties at any time before or at the conclusion of the contract；<br>(b) if a party does not have a place of business, reference is to be made to his habitual residence. | Article 10<br>For the purposes of this Convention：<br>(a) if a party has more than one place of business, the place of business is that which has the closest relationship to the contract and its performance, having regard to the circumstances known to or contemplated by the parties at any time before or at the conclusion of the contract；<br>(b) if a party does not have a place of business, reference is to be made to his habitual residence. |
| 第9条【営業所】<br>この条約の適用上、<br>(a) 営業所とは、当事者が二以上の営業所を有する場合には、契約の締結時以前に当事者双方が知り、又は想定していた事情を考慮して、契約及びその履行に最も密接な関係を有する営業所をいう。<br>(b) 当事者が営業所を有しない場合には、その常居所を基準とする。 | 第10条【営業所】<br>この条約の適用上、<br>(a) 営業所とは、当事者が二以上の営業所を有する場合には、契約の締結時以前に当事者双方が知り、又は想定していた事情を考慮して、契約及びその履行に最も密接な関係を有する営業所をいう。<br>(b) 当事者が営業所を有しない場合には、その常居所を基準とする。 |

## 【CISG における変更点】

変更点はない。

## 先行条文

ULIS 1 条(2)
ULF 1 条(2)
時効条約 2 条(c)及び(d)

## 注釈

1．本条は、基準となる「営業所」の決定に関するものである。

## 営業所（本条(a)）

2．本条(a)は、契約当事者が二以上の営業所を有する場合を対象とする。この問題は、この条約上、いくつかの事項に関して生ずる。

3．第1に、基準となる営業所の決定は、この条約が契約に適用されるか否かを決定するに当たって重要となり得る。この条約が適用されるためには、契約は、営業所が異なる国に所在する当事者間で締結されたものでなければならない[1]。さらに、たいていの場合に、これらの国が、いずれも締約国でなければならない[2]。当事者の一方（X）のすべての営業所が、相手方（Y）が営業所を有する締約国以外の締約国に所在する場合には、この条約の適用の有無を判断するに当たって、何も問題は生じない。Xについてどの営業所を基準としたとしても、XとYの営業所は異なる締約国に所在するからである。問題が生ずるのは、Xの営業所の1つが、Yの営業所と同じ国か、又は非締約国に所在する場合だけである。このような場合には、Xの複数の営業所のうち、いずれが1条［CISG 1条］において基準となる営業所であるかを決定することが、重大な問題となってくる。

4．基準となる営業所の決定は、11条、18条(2)、22条、29条(c)、40条(1)(b)、53条(1)(a)及びX条［CISG 12条、20条(2)、24条、31条(c)、42条(1)(b)、57条(1)(a)及び96条］の適用についても、必要となってくる。18条(2)、22条、29条(c)及び53条(1)(a)［CISG 20条(2)、24条、31条(c)及び57条(1)(a)］の場合には、2つの異なる国に所在する営業所のいずれかを選択するだけではなく、ある1つの国に所在する2つの営業所のいずれかを選択することが必要となることがあり得る。

5．この他、81条(2)［CISG 69条(2)］は、「買主が売主の営業所以外の場所において物品を受け取る義務を負う」場合における、危険の移転に関する準則を規定している。しかし、この場合には、9条［CISG 10条］に基づいて基準となる営業所を決定する必要はない。

6．本条(a)は、基準となる営業所を決定する基準について、「契約及びその履行に最も密接な関係を有する」営業所であると定めている。「契約及びその履行」という文言は、申込みと承諾と契約の履行の両方を含む、取引全体に言及するものである。本店や主たる営業所の所在地は、本店やそうした営業所が、

---

(1) 1条(1)［CISG 1条(1)］。ただし、5条［CISG 6条］参照。
(2) 1条(1)(a)［CISG 1条(1)(a)］。

「契約及びその履行に最も密接な関係を有する」営業所となり、当該取引に関係してくるのでない限り、9条［CISG 10条］の適用上、問題とされない。

7．「最も密接な関係」を有する営業所の決定に当たっては、本条(a)が「契約の締結時以前に当事者双方が知り、又は想定していた事情」が考慮されるべきことを規定する。それゆえ、本条(a)が言及する契約の履行とは、当事者が契約を締結するに際して想定していた履行を指している。売主がA国に所在する自己の営業所で契約を履行することが想定されていたのであれば、本条(a)にいう売主の「営業所」がA国に所在するものであるとの決定は、契約締結後に売主がB国に所在する自己の営業所で契約を履行することにしたからといって変わることはない。

8．当事者の一方が契約の締結時に知り得ない要素としては、他国に所在する本店による契約締結についての監督、又は物品が外国産であること若しくは物品の最終仕向地が含まれるだろう。これらを、契約の締結時に当事者双方が知らず、又は想定していなかった場合には、こうした要素は考慮されない。

### 常居所（本条(b)）

9．本条(b)は、当事者が営業所を有さない場合を対象とする。たいがいの国際契約は、世間に知られた営業所を有する事業者によって締結される。しかしながら、時折、常設の「営業所」を有さない者が、この条約2条(a)［CISG 2条(a)］の意味での「個人用、家族用又は家庭用」のためではなく、商事目的のために物品売買契約を締結することがある。本条は、このような場合においては、その常居所を基準とする、と規定している。

# 第10条【契約の方式】

| 1978年草案 | CISG |
|---|---|
| <u>Article 10</u> [Form of contract]<br>　A contract of sale need not be concluded in or evidenced by writing and is not subject to any other requirement<u>s</u> as to form. It may be proved by any means, including witnesses. | <u>Article 11</u><br>　A contract of sale need not be concluded in or evidenced by writing and is not subject to any other requirement as to form. It may be proved by any means, including witnesses. |
| 第10条【契約の方式】<br>　売買契約は、書面によって締結し、又は証明することを要しないものとし、方式について他のいかなる要件にも服さない。売買契約は、あらゆる方法（証人を含む。）によって証明することができる。 | 第11条【方式の自由】<br>　売買契約は、書面によって締結し、又は証明することを要しないものとし、方式について他のいかなる要件にも服さない。売買契約は、あらゆる方法（証人を含む。）によって証明することができる。 |

## 【CISGにおける変更点】
　形式的な文言修正のみ。

## 先行条文
ULIS 15条
ULF 3条

## 注釈

**1．** 10条［CISG 11条］は、売買契約は、書面によって証明することを要しないものとし、方式について他のいかなる要件にも服さないと規定する[1]。

**2．** この条約に10条［CISG 11条］が設けられたのは、国際物品売買契約の多くは現代的な通信手段を用いて締結されており、常に書面による契約を伴うとは限らないからである。それにもかかわらず、国際物品売買契約が書面によることを要求する国内法の違反に対する行政上又は刑事上の制裁については、その制裁の目的が、買主又は売主を行政上管理することにあるにせよ、外国為替管理に関する法制を実効あらしめることにあるにせよ、あるいはその他のことにあるにせよ、書面によらない契約を締結した当事者に適用されるのであり、当該契約自体が当事者間で拘束力を有することによって左右されない。

---

(1)　4条に関する注釈のパラグラフ3及び11条［CISG 12条］に関する注釈も参照。

**3**．幾つかの国においては、国際物品売買契約が書面によってなされるという要件が、重要な公序に関わる事項だと考えられている。そこで、11 条［CISG 12 条］が、締約国に対して、当事者のいずれかが自国に営業所を有する取引に 10 条［CISG 11 条］の準則を適用しないでよいとする仕組みを用意している。

第 11 条【方式に関する宣言の効果】　33

# 第 11 条【方式に関する宣言の効果】

| 1978 年草案 | CISG |
|---|---|
| Article 11 [Effect of declarations relating to form]<br><br>　Any provision of <u>article 10</u>, <u>article 27</u> or Part II of this Convention that allows a contract of sale or its modification or <u>abrogation</u> or any offer, acceptance, or other indication of intention to be made in any form other than in writing does not apply where any party has his place of business in a Contracting State which has made a declaration under <u>article (X)</u> of this Convention. The parties may not derogate from or vary the effect of this article. | Article 12<br><br>　Any provision of <u>article 11</u>, <u>article 29</u> or Part II of this Convention that allows a contract of sale or its modification or <u>termination by agreement</u> or any offer, acceptance or other indication of intention to be made in any form other than in writing does not apply where any party has his place of business in a Contracting State which has made a declaration under <u>article 96</u> of this Convention. The parties may not derogate from or vary the effect of this article. |
| 第 11 条【方式に関する宣言の効果】<br><br>　売買契約、その<u>変更若しくは破棄</u>又は申込み、承諾その他の意思表示を書面による方法以外の方法で行うことを認める<u>前条、第 27 条</u>又は第 2 部のいかなる規定も、当事者のいずれかが<u>第 (X) 条</u>の規定に基づく宣言を行った締約国に営業所を有する場合には、適用しない。当事者は、この条の規定の適用を制限し、又はその効力を変更することができない。 | 第 12 条【第 96 条に基づく宣言の効果】<br><br>　売買契約、<u>合意によるその変更若しくは終了</u>又は申込み、承諾その他の意思表示を書面による方法以外の方法で行うことを認める<u>前条、第 29 条</u>又は第 2 部のいかなる規定も、当事者のいずれかが<u>第 96 条</u>の規定に基づく宣言を行った締約国に営業所を有する場合には、適用しない。当事者は、この条の規定の適用を制限し、又はその効力を変更することができない。 |

【CISG における変更点】
① 1978 年草案 11 条で "modification or abrogation"（変更若しくは破棄）とされていた文言が、CISG 12 条では、"modification or termination by agreement"（合意による変更若しくは終了）に変更されている。これは、"abrogation" の意味が不明確であったために加えられた変更である。O.R. 272-273, paras 25-38 [Docy. Hist. 493-494].
② その他の変更点は形式的なものである。

# 先行条文
無し

## 注釈

**1．**11条［CISG 12条］は、幾つかの国において、売買契約又はその変更若しくは破棄（abrogation）〔上記【変更点】①参照〕には書面を要するということが、公序の重要な要素だと考えられていることを認めるものである。それゆえ、11条［CISG 12条］は、締約国において、売買契約、その変更若しくは破棄〔上記【変更点】①参照〕又は申込み、承諾その他の意思表示を書面による方法以外の方法で行うことを認める10条、27条［CISG 11条、29条］又は第2部のいかなる規定も、締約国が（X）条［CISG 96条］[(1)]に基づく宣言を行うことによって、当事者のいずれかが当該締約国に営業所を有する場合には、その適用を妨げることができると規定しているのである。

---

(1)　（X）条の条文は、その他の最終規定の草案とともに、U.N. DOC. A/CONF. 97/6 に収録されている。〔U.N. Doc. A/CONF.97/6 は、O.R. 66 et seq. に収められている（Docy. Hist. には収録されていない）。（X）条と CISG 96 条の対照表を示せば次のとおりである。〕

| 最終規定に関する事務局草案(A/CONF. 97/6) | CISG |
|---|---|
| **Article (X). Declarations relating to contracts in writing**<br><br>A Contracting State whose legislation requires <u>a contract of sale</u> to be concluded in or evidenced by writing may at any time <u>of signature, ratification or accession</u> make a declaration in accordance with <u>article 11</u> that any provision of <u>article 10</u>, <u>article 27</u>, or Part II of this Convention, which allows a contract of sale or its <u>modification or abrogation</u> or any offer, acceptance, or other indication of intention to be made in any form other than in writing <u>shall not</u> apply where any party has his place of business in <u>a Contracting State which has made such declarations</u>. | **Article 96**<br><br>A Contracting State whose legislation requires <u>contracts of sale</u> to be concluded in or evidenced by writing may at any time make a declaration in accordance with <u>article 12</u> that any provision of <u>article 11</u>, <u>article 29</u>, or Part II of this Convention, that allows a contract of sale or its <u>modification or termination by agreement</u> or any offer, acceptance, or other indication of intention to be made in any form other than in writing, <u>does not</u> apply where any party has his place of business in <u>that State</u>. |
| **第(X)条【書面による契約に関する宣言】**<br><br>　売買契約が書面によって締結され、又は証明されるべきことを自国の法令に定めている締約国は、売買契約、<u>その変更若しくは破棄</u>又は申込み、承諾その他の意思表示を書面による方法以外の方法で行うことを認める<u>第10条、第27条</u>又は第2部のいかなる規定も、当事者のいずれかが<u>そのような宣言を行った締約国</u>に営業所を有する場合には<u>第11条</u>の規定に従って適用しないことを、<u>署名、批准又は加入のいつの時点でも</u>宣言することができる。 | **第96条【書面を不要とする規定を適用しない旨の留保宣言】**<br><br>　売買契約が書面によって締結され、又は証明されるべきことを自国の法令に定めている締約国は、売買契約、<u>合意によるその変更若しくは終了</u>又は申込み、承諾その他の意思表示を書面による方法以外の方法で行うことを認める<u>第11条、第29条</u>又は第2部のいかなる規定も、当事者のいずれかが<u>当該締約国に営業所を有する場合には第12条</u>の規定に従って適用しないことを、<u>いつでも</u>宣言することができる。 |

**2**．11条［CISG 12条］によって影響を受けるのは、10条、27条［CISG 11条、29条］及び第2部（すなわち、12条から22条まで［CISG 14条から24条まで］）に限定されているため、同条は、この条約に基づくすべての通知又は意思表示ではなく、契約の成立、その変更及び破棄〔上記【変更点】①参照〕に関するもののみを対象とする。その他の通知は、状況に応じて適切な方法によりなし得る[2]。

**3**．11条［CISG 12条］において言及されている事項に関する書面要件は、幾つかの国において公序の問題だと考えられているので、当事者自治の一般原則は本条には適用されない。したがって、11条［CISG 12条］について、当事者は規定の効力を変更し、又はその適用を制限することができない。

---

(2) 24条及び25条［CISG 26条及び27条］とその注釈参照。

【1980年外交会議で追加された CISG 13 条についての訳注】
　CISG 13 条は 1980 年外交会議で追加された条文であり、1978 年草案にはそれに対応する条文は存在しない。

| 1978年草案 | CISG |
| --- | --- |
| なし | **Article 13**<br>For the purposes of this Convention "writing" includes telegram and telex. |
| なし | 第13条【書面の定義】<br>　この条約の適用上、「書面」には、電報及びテレックスを含む。 |

# 第2部

# 契約の成立

## 第12条【申込み】

| 1978年草案 | CISG |
|---|---|
| **Article 12** [Offer]<br>(1)　A proposal for concluding a contract addressed to one or more specific persons constitutes an offer if it is sufficiently definite and indicates the intention of the offeror to be bound in case of acceptance. A proposal is sufficiently definite if it indicates the goods and expressly or implicitly fixes or makes provision for determining the quantity and the price.<br>(2)　A proposal other than one addressed to one or more specific persons is to be considered merely as an invitation to make offers、unless the contrary is clearly indicated by the person making the proposal. | **Article 14**<br>(1)　A proposal for concluding a contract addressed to one or more specific persons constitutes an offer if it is sufficiently definite and indicates the intention of the offeror to be bound in case of acceptance. A proposal is sufficiently definite if it indicates the goods and expressly or implicitly fixes or makes provision for determining the quantity and the price.<br>(2)　A proposal other than one addressed to one or more specific persons is to be considered merely as an invitation to make offers、unless the contrary is clearly indicated by the person making the proposal. |
| **第12条【申込み】**<br>(1)　一人又は二人以上の特定の者に対してした契約を締結するための申入れは、それが十分に確定し、かつ、承諾があるときは拘束されるとの申入れをした者の意思が示されている場合には、申込みとなる。申入れは、物品を示し、並びに明示的又は黙示的に、その数量及び代金を定め、又はそれらの決定方法について規定している場合には、十分に確定しているものとする。<br>(2)　一人又は二人以上の特定の者に対してした申入れ以外の申入れは、申入れをした者が反対の意思を明確に示す場合を除くほか、単に申込みの誘引とする。 | **第14条【申込み】**<br>(1)　一人又は二人以上の特定の者に対してした契約を締結するための申入れは、それが十分に確定し、かつ、承諾があるときは拘束されるとの申入れをした者の意思が示されている場合には、申込みとなる。申入れは、物品を示し、並びに明示的又は黙示的に、その数量及び代金を定め、又はそれらの決定方法について規定している場合には、十分に確定しているものとする。<br>(2)　一人又は二人以上の特定の者に対してした申入れ以外の申入れは、申入れをした者が反対の意思を明確に示す場合を除くほか、単に申込みの誘引とする。 |

第 12 条【申込み】　39

【CISG における変更点】
　変更点はない。

先行条文
ULF 4 条

注釈
1．12 条［CISG 14 条］は、契約を締結するための申入れが申込みとなるための要件を規定する。

一人又は二人以上の特定の者に対してした申入れ
2．ある者が申込みを承諾するためには、申込みはその者に対してしたものでなければならない。通常の場合、物品を購入し又は売却する旨の申込みは、一人の特定の者に対してされるし、物品を二人以上が共同で購入し又は売却する場合でも、申込みはそれら特定の者に対してされるから、この要件はなんら困難を生じさせない。名宛人の特定は、通常は名前によることになろうが、「〜の所有者」といったその他の方法によることも可能である。
3．購入し又は売却する旨の申込みを、特定多数の者に同時に行うことも可能である。販売可能な物品の広告やカタログを、複数の名宛人に直接郵送した場合には、「特定の者」に対してしたものとなろうが、同様の広告やカタログが公衆一般に配布されたのであれば、「特定の者」に対してしたものとはならないだろう。「特定の者」に送られた広告やカタログにおいて、承諾があるときは拘束されるとの意思が示されており、かつ、それが「十分に確定」している場合には、それは 12 条(1)［CISG 14 条(1)］によれば、申込みとなる。

一人又は二人以上の特定の者に対してした申入れ以外の申入れ（本条(2)）
4．幾つかの法体系においては、申込みの概念は、一人又は二人以上の特定の者に対してした通知に限定されているが、他の法体系においては、「不特定多数への申込み（public offer）」もあり得ることが認められている。不特定多数への申込みには、店頭のショーウィンドー、自動販売機その他類似のもので物品の展示がなされ、いかなる人にもその展示品又はそれと同一の物を販売するとの継続的申込みといわれるものと、公衆一般に向けられた広告との、2 種類のものがある。不特定多数への申込みがあり得ることを認める法体系においては、

法的な意味での申込みが行われたか否かの決定は、当該事案におけるあらゆる状況の評価に依存することになるが、申込みを行うとの具体的な意思表示は必ずしも必要ではない。物品が販売のために展示されているという事実、あるいは広告の文言から、裁判所が法的な意味での申込みがあると判断するには十分であるとされる場合があろう。

5．この条約は、12条(2)［CISG 14条(2)］において、不特定多数への申込みに関して中間的な立場をとっている。そこでは、一人又は二人以上の特定の者に対してしたもの以外の申入れは通常、それを受け取った者に対する単なる申込みの誘引にすぎないと規定されている。しかしながら、それが申込みとなるためのその他の要件を満たし、かつ、それは申込みであるとの意思が明確に示されている場合には、申込みとなる。こうした意思の表示には、「この広告は申込みである」といったような明示の言明は必要でないが、例えば「これらの物品を、現金又は適正な銀行引受手形を呈示した最初の者に売却する」といった言明によって、申込みを行うとの意思が明確に示されていなければならない。

### 拘束されるとの意思（本条(1)）

6．契約を締結するための申入れが申込みとなるためには、「承諾があるときは拘束されるとの申入れをした者の意思」が示されていなければならない。このような意思を示すために用いられるべき特定の文言は存在しないことから、このような意思が存在するか否かを決定するためには、しばしば「申込み」〔と称する意思表示〕についての慎重な検討が必要となろう。このことは、当事者の一方が、長時間にわたる交渉のなかで契約が締結されたことを主張しているが、当事者によって「申込み」又は「承諾」と銘打たれた通知は1つもなされなかった場合に、特に当てはまる。要件とされている、承諾があるときは拘束されるとの意思が存在したか否かは、7条［CISG 8条］に規定されている解釈準則に従って、確定される。

7．申込者が拘束されるとの意思を表示していたという要件は、承諾があれば成立することになる契約に拘束されるという申込者の意思を指すものである。申込みに拘束されるとの意思、つまり申込みは撤回不能であるとの意思は必要ない。申込みの撤回可能性については、14条［CISG 16条］参照。

### 申込みは十分に確定していなければならない（本条(1)）

8．本条(1)は、契約を締結するための申入れが申込みとなるためには、それが

「十分に確定」していなければならないと定める。同項は続けて、申込み〔訳注：正しくは、「申入れ」〕は、
　——物品を示し、かつ
　——明示的又は黙示的に、その数量を定め、又はその決定方法について規定し、かつ
　——明示的又は黙示的に、その代金を定め、又はその決定方法について規定している場合
　に、十分に確定しているものとすると規定している。

9．物品を示し、かつその数量及び代金を定め、又はそれらの決定方法について規定しているだけの申込みが承諾され、契約が締結された場合には、契約のそれ以外の内容は、慣習又は実体売買法に関するこの条約第3部の規定によって補充されることになる。例えば、申込みにおいて、代金支払の時期と方法について何ら定められていなかったという場合には、53条(1)〔CISG 57条(1)〕は、買主は代金を売主の営業所で支払わなければならないと規定し、54条(1)〔CISG 58条(1)〕は、売主が物品又はその処分を支配する書類を買主の処分にゆだねた時に、買主は代金を支払わなければならないと規定する。同様に、引渡条件が特に定められていない場合には、29条〔CISG 31条〕が、引渡しの方法と場所を規定し、31条〔CISG 33条〕が、引渡しの時期を規定している。

10．上記にもかかわらず、申入れに、申込みが十分に確定しているとされるための3つの要件しか含まれていない場合には、そのことから、承諾があったときは拘束されるとの申込者の意思がないことが示されていることがあり得る。例えば、ある装置を製造して販売すると売主が申し入れた場合において、物品の種類と数量、及び1,000万スイスフランという代金だけが指定されているときには、承諾があるときは拘束されるとの意思があるか否かを決定するために、7条〔CISG 8条〕に照らして、申入れを解釈する必要があることになろう。通常の場合、引渡期日や品質基準などについての指定がなければ、売主は、このような大規模な売買を締結することはないであろう。それゆえ、これらの事項に関する指定が何もなされていないということから、承諾があった場合に契約に拘束されるとの意思は存在しないことが示唆されるのである。もっとも、こうした大規模かつ複雑な売買であっても、契約を締結する意思が存在したことが明らかとなった場合には、適用される売買法によって、欠缺する条項のすべてが補充され得る。

### 物品の数量（本条(1)）

11．12条［CISG 14条］によれば、申入れが明示的又は黙示的に、物品の数量を定め、又はその決定のための条項を規定している場合には、契約を締結するための申入れは、申込みとなるに十分に確定していることになるが、数量を決定する方法は、完全に当事者の裁量にゆだねられている。当事者が用いる決定方法が、履行段階になって初めて、契約に基づき引き渡されるべき正確な数量を決定することができるものであることさえ、可能である。

12．例えば、一定の期間内の「供給可能分」を買主に売却するという申込みや、一定の期間内の「必要量」を売主から購入するという申込みは、引き渡されるべき物品の数量を決定するに十分である。このような決定方法は、信義に従って、売主が現実に供給可能な数量、又は買主が現実に必要とする数量を意味するものと理解されるべきである。

13．すべてではないにせよ、ほとんどの法体系において、例えば、当事者の一方が、ある鉱山から採掘される鉱石すべてを購入することを合意する契約、あるいは例えば、ガソリンスタンドで再販売するために必要となる石油製品の補給分すべてを供給することを合意する契約について、その法的効力が認められているようである。幾つかの国においては、このような契約は売買契約と解されている。他の国においては、このような契約はコンセッション協定その他の名称で呼ばれており、物品の供給に関する条項は付随的なものにとどまると解されている。12条［CISG 14条］は、こうした契約が、法体系により、コンセッション協定ではなく売買契約であるとされている場合であっても、強制可能であることを明確にしている。

### 代金（本条(1)）

14．12条［CISG 14条］は、代金に関して、数量に関するのと同じ準則を定めている。したがって、申入れが申込みとなるためには、明示的又は黙示的に、代金を定め、又はその決定のための条項を規定していなければならない。代金が、契約締結の時点で確定し得るものであることは必要ない。例えば、申込みと、その結果として生ずる契約において、代金は引渡期日における特定の市場の実勢価格とされていても構わないのであり、その期日が数ヵ月、あるいは数年先であってもよい。このような場合、申込みは、明示的に代金の決定方法について規定していることになる。

15．買主は、売主のカタログに記載されていた物品を注文する場合、あるい

はスペア・パーツを注文する場合に、注文時に代金について何らの指定を行わないでおくことがある。このようなことは、買主が売主の価格表を持っていないか、手元にある価格表が最新のものかどうか分からない場合に起こり得る。もっとも、注文を行うという行為から、買主は黙示的に、その物品に売主が現在付けている価格を支払うとの申込みを行っているのだとされることがあろう。こうした場合には、買主は、黙示的に代金の決定方法について規定しているのであり、買主による物品の注文は、申込みとなる。

**16.** 同様に、将来の引渡しを受けるために、買主がカタログから物品を注文する場合には、その注文とその他の関連する状況から、買主は黙示的に、売主が注文時に付けている価格を、引渡しの時点で支払うとの申込みを行っているのだとされることがあろう。

**17.** 申入れが黙示的にその代金を定めているか、又はその決定方法について規定しているか否かを判断するためには、その申入れを、7条［CISG 8条］、特に同条(3)に照らして解釈することが必要である。

## 第 13 条【申込みの効力発生時期、申込みの取りやめ】

| 1978 年草案 | CISG |
|---|---|
| Article 13 [Time of effect of offer ; withdrawal of offer] <br> (1) An offer becomes effective when it reaches the offeree. <br> (2) An offer may be withdrawn if the withdrawal reaches the offeree before or at the same time as the offer. <u>It may be withdrawn even if it is irrevocable.</u> | Article 15 <br> (1) An offer becomes effective when it reaches the offeree. <br> (2) An offer<u>, even if it is irrevocable,</u> may be withdrawn if the withdrawal reaches the offeree before or at the same time as the offer. |
| <u>第 13 条【申込みの効力発生時期、申込みの取りやめ】</u> <br> (1) 申込みは、相手方に到達した時にその効力を生ずる。 <br> (2) 申込みは、その取りやめの通知が申込みの到達時以前に相手方に到達するときは、取りやめることができる。<u>申込みは、撤回することができない場合であっても、取りやめることができる。</u> | <u>第 15 条【申込みの効力発生時期、申込みの取りやめ】</u> <br> (1) 申込みは、相手方に到達した時にその効力を生ずる。 <br> (2) 申込みは、<u>撤回することができない場合であっても、</u>その取りやめの通知が申込みの到達時以前に相手方に到達するときは、取りやめることができる。 |

## 【CISG における変更点】

　形式的な文言修正のみ。

## 先行条文

ULF 5 条

## 注釈

**1**．13 条(1)［CISG 15 条(1)］は、申込みは相手方に到達[1]した時にその効力を生ずると規定する。したがって、この時点までは、相手方が何らかの方法で申込みの発信を知ったとしても、相手方はそれを承諾することはできない。

**2**．ほとんどの場合、上記の準則には理論的な意味があるのみである。しかしながら、申込みの発信後相手方への到達前に、申込者の気が変わった場合には、

---

[1] 22 条［CISG 24 条］が、「到達」という用語を定義している。

実際上の重要性を有する。

3．申込者が申込みを取りやめ、そしてその取りやめの通知が相手方に申込みの到達時以前に到達した場合には、申込みは効力を生じない。それゆえ、いったん効力が生ずれば14条(2)［CISG 16条(2)］に基づき撤回することができなくなる申込みであっても、申込みが到達するまでに、取りやめの通知が相手方に到達する限りにおいては、取りやめることができる。

4．以上に対して、申込みが14条(1)［CISG 16条(1)］に基づき撤回することができるものである場合には、取りやめとして意図されていたものが申込みの到達後に到達したとしても、それは撤回として扱われるのであるから、申込みの取りやめと撤回の区別はそれほど重要ではない。申込みの到達後、撤回の通知の到達前にされた、承諾の発信の効力については、14条［CISG 16条］に関する注釈のパラグラフ4を参照。

## 第 14 条【申込みの撤回可能性】

| 1978 年草案 | CISG |
|---|---|
| Article 14 [Revocability of offer]<br>(1) Until a contract is concluded an offer may be revoked if the revocation reaches the offeree before he has dispatched an acceptance.<br>(2) However, an offer cannot be revoked：<br>　(a) if it indicates, whether by stating a fixed time for acceptance or otherwise, that it is irrevocable, or<br>　(b) if it was reasonable for the offeree to rely upon the offer as being irrevocable and the offeree has acted in reliance on the offer. | Article 16<br>(1) Until a contract is concluded an offer may be revoked if the revocation reaches the offeree before he has dispatched an acceptance.<br>(2) However, an offer cannot be revoked：<br>　(a) if it indicates, whether by stating a fixed time for acceptance or otherwise, that it is irrevocable; or<br>　(b) if it was reasonable for the offeree to rely on the offer as being irrevocable and the offeree has acted in reliance on the offer. |
| 第 14 条【申込みの撤回可能性】<br>(1) 申込みは、契約が締結されるまでの間、相手方が承諾の通知を発する前に撤回の通知が当該相手方に到達する場合には、撤回することができる。<br>(2) 申込みは、次の場合には、撤回することができない。<br>　(a) 申込みが、一定の承諾の期間を定めることによるか他の方法によるかを問わず、撤回することができないものであることを示している場合<br>　(b) 相手方が申込みを撤回できないものであると信頼したことが合理的であり、かつ、当該相手方が当該申込みを信頼して行動した場合 | 第 16 条【申込みの撤回】<br>(1) 申込みは、契約が締結されるまでの間、相手方が承諾の通知を発する前に撤回の通知が当該相手方に到達する場合には、撤回することができる。<br>(2) 申込みは、次の場合には、撤回することができない。<br>　(a) 申込みが、一定の承諾の期間を定めることによるか他の方法によるかを問わず、撤回することができないものであることを示している場合<br>　(b) 相手方が申込みを撤回できないものであると信頼したことが合理的であり、かつ、当該相手方が当該申込みを信頼して行動した場合 |

【CISG における変更点】

　形式的な文言修正のみ。

先行条文

ULF 5 条

## 注釈

### 申込みの撤回（本条(1)）

1．14条［CISG 16条］は、申込みは原則として撤回可能であり、撤回は、それが相手方に到達[1]した時に効力を生ずると規定している。

2．申込者が自己の申込みを撤回する権利は、契約が成立した時点で消滅する。本条の注釈パラグラフ4で説明される理由から、この基本準則は、相手方が口頭で申込みを承諾した場合、及び相手方が16条(3)［CISG 18条(3)］に則って申込みを承諾した場合にのみ適用される。

3．16条(3)［CISG 18条(3)］においては、申込みに基づき、又は当事者間で確立した慣行若しくは慣習により、相手方が申込者に通知することなく、物品の発送又は代金の支払等の行為を行うことにより同意を示すことができる場合には、承諾は、当該行為が行われた時にその効力を生ずる。当該行為が行われた時点で、承諾は効力を生じ、契約が成立するので、この時点で申込者が自己の申込みを撤回する権利は、消滅することになる。

4．申込みが書面による同意の表示によって承諾されるという典型的な場合については、14条(1)［CISG 16条(1)］は、申込者が自己の申込みを撤回する権利は、承諾の通知が申込者に到達した時点ではなく、相手方が承諾の通知を発信した時点で消滅すると規定している。この準則は、16条(2)［CISG 18条(2)］によれば承諾が効力を生ずるのはその到達時であり、それゆえ21条［CISG 23条］に基づいて、契約が成立するのはこの時点であるにもかかわらず、採用されたのである。

5．撤回可能な申込みが、契約が締結される前に撤回することができなくなるとの準則の意義は、この準則によって、申込みは原則として撤回可能であるとの考え方と申込みは原則として撤回不能であるとの考え方との間に、うまい落とし所が見つかるという点にある。14条(2)［CISG 16条(2)］が列挙する各場合に当たらない限り、申込みは撤回可能なのであるが、相手方がひとたび承諾の通知を発信して、契約にコミットした場合には、申込みは撤回できなくなるのである。

### 撤回不能な申込み（本条(2)）

6．14条(2)(a)［CISG 16条(2)(a)］は、申込みが撤回することができないもので

---

[1] 22条［CISG 24条］が、「到達」という用語を定義している。

あることを示している場合には、申込みは撤回することができないと規定している。注意を要するのは、本規定が、申込みを撤回することができないものとするために、自己の申込みを撤回しないという申込者の約束や、相手方の何らかの約束、作為、又は不作為も要求していないことである。これは、商取引関係、とりわけ国際商取引関係においては、申込みの相手方は、申込みが一定の期間、撤回しないことを示している申込者の言明を信頼することができるものとされるべきだとの判断を反映したものである。

7．申込みが、撤回不能であることを示す方法は多様であり得る。最も明らかな方法は、申込みにおいて、それが撤回不能である旨、又は一定の期間、撤回しない旨が述べられている場合があろう。さらには、一定の承諾の期間が定められていることによって、申込みが撤回不能であることを示すこともできる。

8．14条(2)(b)［CISG 16条(2)(b)］は、相手方が申込みを撤回することができないものであると信頼したことが合理的であり、かつ、当該相手方が当該申込みを信頼して行動した場合には、申込みは、撤回することができないと規定している。これは、相手方において申込みを承諾すべきであるか否かを決定するために広範囲にわたる調査を行うことが必要となるような場合に、とりわけ重要となる。申込みは、それが撤回不能なものであることが示されていなくとも、相手方において決定を行うために必要な期間、撤回することができないとされるべきである。

## 第15条【拒絶による申込みの失効】

| 1978年草案 | CISG |
| --- | --- |
| <u>Article 15</u>［Termination of offer by rejection］<br>An offer, even if it is irrevocable, is terminated when a rejection reaches the offeror. | <u>Article 17</u><br>An offer, even if it is irrevocable, is terminated when a rejection reaches the offeror. |
| <u>第15条</u>【拒絶による申込みの失効】<br>申込みは、撤回することができない場合であっても、拒絶の通知が申込者に到達した時にその効力を失う。 | <u>第17条</u>【拒絶による申込みの失効】<br>申込みは、撤回することができない場合であっても、拒絶の通知が申込者に到達した時にその効力を失う。 |

【CISGにおける変更点】
　変更点はない。

先行条文
無し

注釈
1．申込者が申込みの拒絶の通知を受け取った場合には、申込者はもはや、相手方の気が変わり、以前に拒絶した申込みを承諾するかも知れないことを気にすることなく、他の誰かと自由に契約をすることができるべきである。すべてではないにせよ、ほとんどの法体系では、撤回可能な申込みに関して、この結論を是認している。また多くの法体系は、撤回不能な申込みについてもこれを是認しているのであるが、幾つかの法体系では、撤回不能な申込みは拒絶によってその効力を失わないとしている。15条［CISG 17条］は、撤回可能な申込み及び撤回不能な申込みの双方について、この結論を是認しており、申込みは、撤回することができない場合であっても、拒絶の通知が申込者に到達した時にその効力を失うと規定している。

2．申込みは、明示的又は黙示的に拒絶され得る。特に17条(1)［CISG 19条(1)］は、「申込みに対する承諾を意図する応答であって、追加、制限その他の変更を含むものは、当該申込みの拒絶であるとともに、反対申込みとなる」と規定する。相手方から申込者への応答が、申込みの内容の変更の可能性についての問合せを含んだものである場合、又は異なる条件を提案するものであ

る場合には、裁判所は、それは承諾を意図するものではなく、したがって17条(1)［CISG 19条(1)］が適用される場合には当たらないと判断する可能性がある[1]。それでも、応答が申込みに対する追加、制限その他の変更を含むものである場合には、申込みは拒絶されたのであり、相手方はもはや申込みを承諾することはできない。

**3．**もちろん、申込みに対する追加、制限その他の変更を含む応答によって申込みが拒絶されたからといって、契約の締結が不可能となるわけではない。このような応答は反対申込みとなり、当初の申込者はこれを承諾することができる。また、追加、制限その他の変更が、申込みの内容を実質的に変更するものでない場合には、17条(2)［CISG 19条(2)］が、このような応答は承諾となり、契約の内容は、申込みの内容に承諾に含まれた変更を加えたものとすると定めている。申込者が、提案された追加、制限その他の変更を拒絶した場合には、当事者双方は当初の申込みの内容で、契約を合意することができる。

**4．**したがって、申込みに対する応答が明示的又は黙示的な拒絶となる場合には、15条［CISG 17条］の意義は、当初の申込みはその効力を失い、その後何らかの契約が締結されるとしても、新たな申込み及び承諾によらなければならないとする点にある。

---

(1) 17条［CISG 19条］に関する注釈パラグラフ4を参照。

# 第16条【承諾、承諾の効力発生時期】

| 1978年草案 | CISG |
|---|---|
| <u>Article 16</u> [Acceptance ; Time of effect of acceptance]<br>(1) A statement made by or other conduct of the offeree indicating assent to an offer is an acceptance. Silence <u>shall</u> not in itself amount to acceptance.<br>(2) <u>Subject to paragraph (3) of this article,</u> acceptance of an offer becomes effective at the moment the indication of assent reaches the offeror. An acceptance is not effective if the indication of assent does not reach the offeror within the time he has fixed or, if no time is fixed, within a reasonable time, due account being taken of the circumstances of the transaction, including the rapidity of the means of communication employed by the offeror. An oral offer must be accepted immediately unless the circumstances indicate otherwise.<br>(3) However, if, by virtue of the offer or as a result of practices which the parties have established between themselves or of usage, the offeree may indicate assent by performing an act, such as one relating to the dispatch of the goods or payment of the price, without notice to the offeror, the acceptance is effective at the moment the act is performed provided that the act is performed within the period of time laid down in <u>paragraph (2) of this article</u>. | <u>Article 18</u><br>(1) A statement made by or other conduct of the offeree indicating assent to an offer is an acceptance. Silence <u>or inactivity does</u> not in itself amount to acceptance.<br>(2) <u>An</u> acceptance of an offer becomes effective at the moment the indication of assent reaches the offeror. An acceptance is not effective if the indication of assent does not reach the offeror within the time he has fixed or, if no time is fixed, within a reasonable time, due account being taken of the circumstances of the transaction, including the rapidity of the means of communication employed by the offeror. An oral offer must be accepted immediately unless the circumstances indicate otherwise.<br>(3) However, if, by virtue of the offer or as a result of practices which the parties have established between themselves or of usage, the offeree may indicate assent by performing an act, such as one relating to the dispatch of the goods or payment of the price, without notice to the offeror, the acceptance is effective at the moment the act is performed, provided that the act is performed within the period of time laid down in <u>the preceding paragraph</u>. |
| <u>第16条【承諾、承諾の効力発生時期】</u><br>(1) 申込みに対する同意を示す相手方の言明その他の行為は、承諾とする。沈黙は、それ自体では、承諾とならない。 | <u>第18条【承諾の方法、承諾の効力発生時期、承諾期間】</u><br>(1) 申込みに対する同意を示す相手方の言明その他の行為は、承諾とする。沈<u>黙又はいかなる行為も行わないこと</u>は、それ自体では、承諾とならない。 |

| | |
|---|---|
| (2) <u>(3)の規定に従うことを条件として、</u>申込みに対する承諾は、同意の表示が申込者に到達した時にその効力を生ずる。同意の表示が、申込者の定めた期間内に、又は期間の定めがない場合には取引の状況（申込者が用いた通信手段の迅速性を含む。）について妥当な考慮を払った合理的な期間内に申込者に到達しないときは、承諾は、その効力を生じない。口頭による申込みは、別段の事情がある場合を除くほか、直ちに承諾されなければならない。<br>(3) 申込みに基づき、又は当事者間で確立した慣行若しくは慣習により、相手方が申込者に通知することなく、物品の発送又は代金の支払等の行為を行うことにより同意を示すことができる場合には、承諾は、当該行為が行われた時にその効力を生ずる。ただし、当該行為が(2)に規定する期間内に行われた場合に限る。 | (2) 申込みに対する承諾は、同意の表示が申込者に到達した時にその効力を生ずる。同意の表示が、申込者の定めた期間内に、又は期間の定めがない場合には取引の状況（申込者が用いた通信手段の迅速性を含む。）について妥当な考慮を払った合理的な期間内に申込者に到達しないときは、承諾は、その効力を生じない。口頭による申込みは、別段の事情がある場合を除くほか、直ちに承諾されなければならない。<br>(3) 申込みに基づき、又は当事者間で確立した慣行若しくは慣習により、相手方が申込者に通知することなく、物品の発送又は代金の支払等の行為を行うことにより同意を示すことができる場合には、承諾は、当該行為が行われた時にその効力を生ずる。ただし、当該行為が(2)に規定する期間内に行われた場合に限る。 |

【CISG における変更点】

① (1)に、「沈黙（silence）」だけでなく、「いかなる行為も行わないこと（inactivity）」もそれ自体では承諾とならないとの文言が加えられている。行為による承諾（CISG 19 条(3)）があり得ることに対応させた文言と思われる。O.R. 280, paras 48-56 [Docy. Hist. 501].

② (2)には文言に変更があるが、実質に関わる変更点ではない。

③ (3)の変更は形式的な文言修正である。なお、1980 年外交会議では、行為による承諾があったといえるためには、その行為について合理的期間内の通知が必要であることを明確化する修正案が検討されたが、支持はわずかしかなく、その修正案は撤回されている。O.R. 280-281, paras 57-71 [Docy. Hist. 501-502] ．

先行条文

ULF 2 条(2)、6 条及び 8 条

第16条【承諾、承諾の効力発生時期】　53

## 注釈

**1**．16条［CISG 18条］は、承諾となる相手方の行為と、承諾が効力を生ずる時点を規定する。

### 承諾となる行為（本条(1)）

**2**．承諾のほとんどは、申込みに対する同意を示す相手方の言明の方式をとったものである。しかしながら、16条(1)［CISG 18条(1)］は、申込みに対する同意を示す相手方のその他の行為も、承諾となることを認めている。

**3**．この条約が用いる枠組みにおいては、申込みに対する同意を示す何らかの行為があれば、それは承諾とする。もっとも、16条(3)［CISG 18条(3)］によって規律される特別な場合に従うことを条件として、16条(2)［CISG 18条(2)］は、承諾は、同意の表示が申込者に到達した時に初めてその効力を生ずると規定する。

**4**．16条(1)［CISG 18条(1)］はまた、沈黙は、それ自体では、承諾とならないことを明らかにしている〔上記【変更点】①参照〕。しかしながら、相手方の沈黙は、その沈黙が同意の表示であることを十分に保証する他の要素を伴うものであった場合には、承諾となり得る。特に、当事者が事前にそのように合意していた場合には、沈黙は承諾になり得る。そのような合意は、明示的になされる場合もあろうし、あるいは、7条［CISG 8条］の解釈準則が定めるように、交渉、当事者間で確立した慣行、慣習及び当事者の事後の行為を考慮した結果としての当事者の意図の解釈として導き出される場合もあろう。

**例16 A**：過去10年にわたり、買主は経常的に物品を注文し、物品の発送は各注文の後6ヵ月から9ヵ月の期間にわたってなされるべきものとされていた。最初の数回の注文の後、売主は注文に対しいちいち確認書を送ることはなかったが、常に注文どおりに物品を発送していた。ところがあるとき、売主は物品を発送せず、また買主に物品を発送しない旨の通知もしなかった。買主は、売主は注文に対し確認書を送る必要がないとの慣行が当事者間で確立しており、この事案のような場合には、売主の沈黙は申込みの承諾となることを理由に、契約違反に基づいて売主を訴えることができよう。

**例16 B**：コンセッション協定に、売主は買主による注文について、受領後14日以内に回答することを要求するとの条項があり、売主が14日以内に回

答しなかった場合には、その注文は売主が承諾したとみなされることになっている。7月1日、売主は買主から100ユニット分の注文を受けた。7月25日に、売主は買主に対し、注文に応じることができない旨を通知した。この場合、100ユニット分の売買契約が7月15日に締結されたことになる。

**意思表示による承諾が効力を生ずる時点（本条(2)）**

5．16条(2)［CISG 18条(2)］は、承諾は、承諾の通知が申込者に到達した時に初めて、その効力を生ずると規定する。したがって、承諾が16条(1)［CISG 18条(1)］に基づくいずれの方法によるにせよ、申込みに対する承諾の法律効果が生ずるためには、何らかの仕方で、承諾の通知が申込者に到達しなければならない。

6．この準則には、2つの例外がある。一番目の例外は、16条(2)の冒頭の文言が示すように〔この冒頭の文言は、CISG 18条(2)では削除されている。上記【変更点】②参照〕、本条(2)の準則は16条(3)［CISG 18条(3)］の規定に従うことを条件とするというものである。16条(3)［CISG 18条(3)］の下では、一定の限られた状況において、通知を要することなく、行為を行うことによって、申込みが承諾され得る。もう1つの例外は、当事者は、11条［CISG 12条］に従うことを条件として、この条約のいかなる規定も、その適用を制限し、又はその効力を変更することができるという5条［CISG 6条］の一般準則から導かれるものである。特に、当事者が、申込みの相手方の沈黙は申込みの承諾となると合意していた場合には、当事者は黙示的に、その承諾の通知を要しないということについても合意をしている[1]。

7．16条(2)［CISG 18条(2)］によって要求されている同意の表示を発送するのが、申込みの相手方である必要はない。運送人や銀行などの第三者が、申込者に対し、承諾となる行為について通知をなす権限を与えられている場合もあろう。その通知をめぐる状況から、申込みの相手方の行為が承諾の意図を表示するものであることが明らかである限り、通知において、それが承諾の通知であることが明示されている必要もない。

---

[1] どの時点で、沈黙による承諾がその効力を生ずるのかについては、具体的な準則は定められていない。しかしながら、基準となる期間が経過した時に承諾がその効力を生ずるとされている例16 Bを参照。少なくとも1つの国においては、沈黙の効果は、申込みが相手方によって受領された時点に遡及するとされている（スイス債務法10条2項）。

8．16条(2)［CISG 18条(2)］は、承諾について、到達主義を採用している。同意の表示は、それが申込者に到達した時にその効力を生ずる。幾つかの法体系において採られている準則におけるように、発信時に効力を生ずるのではない。

9．16条(2)［CISG 18条(2)］は、承諾は、定められた期間内に、又は期間の定めがない場合には合理的な期間内に申込者に到達したときに限り、その効力を生ずるという伝統的な準則を規定する。もっとも、19条［CISG 21条］は、延着した承諾であっても、期限までに申込者に到達したものとする、又はそのように扱うことができる場合がある旨を規定する。その場合でもやはり、発信者＝申込みの相手方は、承諾の通知の不到達のリスクを負担することになる。

### 行為による申込みの承諾（本条(3)）

10．16条(3)［CISG 18条(3)］は、申込み、当事者間で確立した慣行又は慣習によって、相手方が申込者に通知することなく、行為を行うことにより同意を示すことが認められているという、限定的ではあるが重要な状況を規律する。このような場合には、承諾は、その行為が行われた時にその効力を生ずる。

11．申込みにおいて、"Ship immediately"（直ちに出荷されたい）又は"Procure for me without delay"（当方のために遅滞なく調達されたい）といった文言が用いられることによって、申込みの相手方が行為により承諾をすることができることが示されることがあり得る。

12．このような場合に、申込みの相手方がすることによって承諾となる行為というのは、申込み、確立した慣行又は慣習により認められている行為だけである。たいていの場合、それは物品の発送や代金の支払によることになろうが、その他の行為、例えば、生産の開始、物品の包装、信用状の開設、あるいは上記パラグラフ11の二番目の例におけるような、申込者のための物品の調達によることもあり得る。

## 第17条【申込みへの追加又は変更】

| 1978年草案 | CISG |
|---|---|
| **Article 17** [Additions or modifications to the offer]<br>(1) A reply to an offer which purports to be an acceptance <u>containing</u> additions, limitations or other modifications is a rejection of the offer and constitutes a counter-offer.<br>(2) However, a reply to an offer which purports to be an acceptance but <u>which</u> contains additional or different terms which do not materially alter the terms of the offer constitutes an acceptance unless the offeror objects to the discrepancy <u>without undue delay</u>. If he does not so object, the terms of the contract are the terms of the offer with the modifications contained in the acceptance.<br><br>(3) Additional or different terms relating, <u>*inter alia*</u>, to the price, payment, quality and quantity of the goods, place and time of delivery, extent of one party's liability to the other or the settlement of disputes are considered to alter the terms of the offer materially<u>, unless the offeree by virtue of the offer or the particular circumstances of the case has reason to believe they are acceptable to the offeror.</u> | **Article 19**<br>(1) A reply to an offer which purports to be an acceptance <u>but contains</u> additions, limitations or other modifications is a rejection of the offer and constitutes a counter-offer.<br>(2) However, a reply to an offer which purports to be an acceptance but contains additional or different terms which do not materially alter the terms of the offer constitutes an acceptance, unless the offeror<u>, without undue delay,</u> objects <u>orally</u> to the discrepancy <u>or dispatches a notice to that effect</u>. If he does not so object, the terms of the contract are the terms of the offer with the modifications contained in the acceptance.<br>(3) Additional or different terms relating, <u>among other things</u>, to the price, payment, quality and quantity of the goods, place and time of delivery, extent of one party's liability to the other or the settlement of disputes are considered to alter the terms of the offer materially. |
| **第17条【申込みへの追加又は変更】**<br>(1) 申込みに対する承諾を意図する応答であって、追加、制限その他の変更を含むものは、当該申込みの拒絶であるとともに、反対申込みとなる。<br>(2) 申込みに対する承諾を意図する応答は、追加的な又は異なる条件を含む場合であっても、当該条件が申込みの内容を実質的に変更しないときは、申込者が不当に遅滞することなくその相違について異議を述べた場合を除くほか、 | **第19条【変更を加えた承諾】**<br>(1) 申込みに対する承諾を意図する応答であって、追加、制限その他の変更を含むものは、当該申込みの拒絶であるとともに、反対申込みとなる。<br>(2) 申込みに対する承諾を意図する応答は、追加的な又は異なる条件を含む場合であっても、当該条件が申込みの内容を実質的に変更しないときは、申込者が不当に遅滞することなく<u>口頭</u>で異議を述べ、<u>又はその</u> |

| | |
|---|---|
| 承諾となる。申込者がそのような異議を述べない場合には、契約の内容は、申込みの内容に承諾に含まれた変更を加えたものとする。<br><br>(3) 追加的な又は異なる条件であって、特に、代金、支払、物品の品質若しくは数量、引渡しの場所若しくは時期、当事者の一方の相手方に対する責任の限度又は紛争解決に関するものは、申込みの内容を実質的に変更するものとする。<u>ただし、申込み又は事案の状況から、申込者がそれを受け入れるであろうと相手方が信じる理由がある場合は、この限りでない。</u> | <u>旨の通知を発した場合を除くほか</u>、承諾となる。申込者がそのような異議を述べない場合には、契約の内容は、申込みの内容に承諾に含まれた変更を加えたものとする。<br><br>(3) 追加的な又は異なる条件であって、特に、代金、支払、物品の品質若しくは数量、引渡しの場所若しくは時期、当事者の一方の相手方に対する責任の限度又は紛争解決に関するものは、申込みの内容を実質的に変更するものとする。 |

【CISG における変更点】

① (1)は文言に変更が加えられているが、実質に関わる変更点ではない。

② (2)については、申込者の異議には、発信主義を適用することを明確化する変更が加えられ（O.R. 328-329；paras 2-11 [Docy. Hist. 549-550] 参照）、また CISG 21 条(1)に文言を揃えるために「口頭で」の文言が加えられている（O.R. 424, para 74 [Docy. Hist. 645]）。(2)のその他の変更点は実質に関わるものではない。

③ (3)は、1978 年草案にあったただし書き（unless clause）が、CISG では削除されている。この削除の趣旨は、(3)本文が推定規定であることを否定することにあった。O.R. 284, [Docy. Hist. 505]（特に paras 25-26 参照）。しかし、この規定も任意規定であることから、CISG 19 条(3)は、反証可能な推定を定めるものと解釈されている。例えば、Ulrich Schroeter, Article 19, para 15, in Schwenzer ed., Commentary on the UN Convention on the International Sale of Goods（CISG），3d ed., 2010；Franco Ferrari, Article 19, para 10, in Kröll/Mistelis/Perales Viscasilas eds., UN Convention on Contracts for the International Sale of Goods： Commentary, 2011 参照。

先行条文

ULF 7 条

注釈
原則（本条(1)）
1．17条(1)［CISG 19条(1)］は、申込みに対する承諾を意図してなされた意思表示が、申込みに対する追加、制限その他の変更を含む場合は、申込みの拒絶であるとともに、反対申込みとなると規定する。
2．本規定は、契約上の義務は、双方の合意の表明から生ずるものだとの伝統的な理論を反映したものである。それゆえ、承諾は、申込みと完全に一致するものでなければならない。承諾を意図してなされた意思表示が、申込みに完全に合意するものでない場合には、承諾ではなく、反対申込みがなされたのであり、契約の成立のためには反対申込みの相手方の承諾が必要となる。
3．しかしながら、承諾における文言の相違が、当事者の義務を変更するものでなければ、承諾は、申込みにおいて用いられた文言と全く同一の文言を用いる必要はない。
4．応答が問合せを行うもの、又は条件の追加の可能性を提案するものである場合、その応答は、17条(1)［CISG 19条(1)］の下での承諾を意図するものではないとされることがある。すなわち、その応答が、後に申込みに対する承諾を行う余地を残しつつ、異なる条件を受け入れる意思が申込者にあるかどうかを探ることを意図した、独立したコミュニケーションである可能性がある。
5．この点は、「申込みは、撤回することができない場合であっても、拒絶の通知が申込者に到達した時にその効力を失う」と規定する15条［CISG 17条］に照らして、特に重要である。
6．17条(1)［CISG 19条(1)］の準則の基礎にあるのは、広く共有されている契約の本質に関する理解であるが、この準則はまた、相手方において申込みの内容に大筋では合意しているが、特定の点について交渉することを望むという状況がよくあるという現実をも反映したものである。しかしながら、17条(1)［CISG 19条(1)］に規定されているような伝統的な準則では望ましい結果が得られない状況は、他にもある。17条(2)［CISG 19条(2)］は、そのような状況の1つに関して、17条(1)［CISG 19条(1)］に対する例外を設けるものである。

実質的でない変更（本条(2)及び(3)）
7．17条(2)［CISG 19条(2)］は、申込みに対する応答が、承諾を意図して表示されたが、申込みの内容を実質的に変更しない、追加的な又は異なる条件を含むという場合を対象とする準則を規定している。17条(3)［CISG 19条(3)］は、

一定の事項に関する条件は通常、申込みの内容を実質的に変更するものとされることを規定する。

8．申込みに対する応答が承諾を意図する場合においてはたいてい、相手方は、追加的な又は異なる条件が、申込みを実質的に変更するとは考えていない。このことはとりわけ、当事者が正式な交渉に入ることなく、電報、テレックスその他のやりとりによって、あるいは注文書と承諾書のやりとりによって、互いに連絡を取り合っている場合に当てはまる。

9．追加的な又は異なる条件が、申込みの内容を実際に実質的に変更しない場合には、その応答は承諾となり、21条［CISG 23条］に従って、契約はその承諾の受領時に成立する。このような場合には、契約の内容は、申込みの内容に、承諾に含まれた変更を加えたものとなる。

10．追加的な又は異なる条件が、申込みの内容を実質的に変更しない場合であっても、申込者は、これらに異議を述べることができる。このような場合には、相手方の応答は、承諾ではなく、申込みの拒絶とされる。〔上記【変更点】②も参照〕

11．物品の注文や販売に従事している担当者にとって、通常重要とされる事項についての追加的な又は異なる条件は、法律上、申込みの内容を実質的に変更するといえる。17条(3)［CISG 19条(3)］は、網羅的ではないが、承諾を意図してなされた意思表示に追加的な又は異なる条件が含まれている場合に、それが実質的とされる条項を例示している。しかしながら、こうした条項に関する追加的な又は異なる条件は、「申込み又は事案の状況から、申込者が受け入れるであろうと相手方が信じる理由がある」場合には、申込みの内容を実質的に変更するものとされない。〔このパラグラフの後半は、CISG 19条(3)では削除された1978年草案17条(3)ただし書きについての注釈である。上記【変更点】③参照。〕

12．例えば、50台のトラクターを特定の価格で販売可能との申込みに対して、相手方が、電報で申込みを承諾しながら、"ship immediately"（直ちに出荷されたい）と追記する場合があろう。あるいは、特定の動物繊維一定量の注文を受け取った売主が、関係する国際的な業界団体による仲裁を定めた条項を含む書式を用いて承諾するという場合があるだろう。

13．17条(3)は、上記の2つの応答に含まれる追加的な又は異なる条件について、いずれも申込みの内容を実質的に変更するものとなるとしている。"ship immediately"（直ちに出荷されたい）との条件は引渡しの時期を変更するものであり[1]、また仲裁条項は紛争解決に関するものだからである。

**14．**上記のいずれの例においても、相手方は、申込み又は事案の状況から、自らが提示した追加的な又は異なる条件について、申込者が受け入れるであろうと信じる理由があるとされる場合があろう。そのような場合には、当該条件は、申込みの内容を実質的に変更するものとはされない。〔このパラグラフは、CISG 19条(3)では削除された1978年草案17条(3)ただし書きについての注釈である。上記【変更点】③参照。〕

**15．**応答が実質的な変更を含む場合には、当該応答は承諾とはならず、反対申込みとなる。もし当初の申込者が、この応答に対して物品の発送又は代金の支払をした場合には、当初の相手方への発送の通知又は支払の通知によって、契約が成立することとなる。このような場合には、追加的な又は異なる条件を含む反対申込みの内容が、契約の内容となる。

---

(1) "ship immediately"（直ちに出荷されたい）との契約条件がない場合には、31条(c)〔CISG 33条(c)〕により、「契約の締結後の合理的な期間内」に、売主は物品を引き渡さなければならない。

# 第18条【承諾のために定められた期間】

| 1978年草案 | CISG |
|---|---|
| Article 18 [Time fixed for acceptance]<br>(1) A period of time for acceptance fixed by an offeror in a telegram or a letter begins to run from the moment the telegram is handed in for dispatch or from the date shown on the letter or, if no such date is shown, from the date shown on the envelope. A period of time for acceptance fixed by an offeror by telephone, telex or other means of instantaneous communication, begins to run from the moment that the offer reaches the offeree.<br>(2) If the notice of acceptance cannot be delivered at the address of the offeror due to an official holiday or a non-business day falling on the last day of the period for acceptance at the place of business of the offeror, the period is extended until the first business day which follows. Official holidays or non-business days occurring during the running of the period of time are included in calculating the period. | Article 20<br>(1) A period of time for acceptance fixed by the offeror in a telegram or a letter begins to run from the moment the telegram is handed in for dispatch or from the date shown on the letter or, if no such date is shown, from the date shown on the envelope. A period of time for acceptance fixed by the offeror by telephone, telex or other means of instantaneous communication begins to run from the moment that the offer reaches the offeree.<br>(2) Official holidays or non-business days occurring during the period for acceptance are included in calculating the period. However, if a notice of acceptance cannot be delivered at the address of the offeror on the last day of the period because that day falls on an official holiday or a non-business day at the place of business of the offeror, the period is extended until the first business day which follows. |
| 第18条【承諾のために定められた期間】<br>(1) 申込者が電報又は書簡に定める承諾の期間は、電報が発信のために提出された時から又は書簡に示された日付若しくはこのような日付が示されていない場合には封筒に示された日付から起算する。申込者が電話、テレックスその他の即時の通信の手段によって定める承諾の期間は、申込みが相手方に到達した時から起算する。<br>(2) 承諾の期間の末日に当たる申込者の営業所の所在地の公の休日又は非取引日のために承諾の通知が申込者の住所に届かない場合には、当該期間は、当該末日に続く最 | 第20条【承諾期間の計算】<br>(1) 申込者が電報又は書簡に定める承諾の期間は、電報が発信のために提出された時から又は書簡に示された日付若しくはこのような日付が示されていない場合には封筒に示された日付から起算する。申込者が電話、テレックスその他の即時の通信の手段によって定める承諾の期間は、申込みが相手方に到達した時から起算する。<br>(2) 承諾の期間中の公の休日又は非取引日は、当該期間に算入する。承諾の期間の末日が申込者の営業所の所在地の公の休日又は非取引日に当たるために承諾の通知が当 |

| 初の取引日まで延長する。期間進行中の公の休日又は非取引日は、当該期間に算入する。 | 該末日に申込者の住所に届かない場合には、当該期間は、当該末日に続く最初の取引日まで延長する。 |

## 【CISG における変更点】
① ⑴に加えられている文言修正は、実質に関する変更点ではない。
② ⑵は、第1文と第2文の順序が入れ替わり、文言にも大幅な変更が加えられているが、いずれも実質に関わる変更とはいえない。

## 先行条文
ULF 8 条(2)
UNCITRAL 仲裁規則（1976 年）2 条(2)

## 注釈
**1.** 18 条(1)［CISG 20 条(1)］は、申込みの承諾の期間の起算点を計算する方法を規定する。
**2.** 承諾の期間が、例えば 10 日間といったように定められている場合には、10 日という期間の起算点を明確にしておくことが重要である。それゆえ、18 条(1)［CISG 20 条(1)］は、申込者が電報中で定めた承諾の期間は、「電報が発信のために提出された時から……起算する」と規定する。
**3.** 書簡の場合には、「書簡に示された日付」が起算点となるが、このような日付が示されていないときには「封筒に示された日付」から期間が起算される。この優先順序は、次の2つの理由から定められた。第1に、申込みの相手方は、封筒を捨ててしまうということはあり得るが、しかし、申込みの承諾の期間の終期を計算するための基準として用いるため、書簡は保存しておくものであろうこと、第2に、申込者は日付の付された書簡の写しを取っておくであろうが、一般的には封筒の日付の記録は持っていないであろうことである。それゆえ、封筒の日付を基準とした場合には、申込者において、申込みの承諾の期間の最終日を知り得ないことになってしまう。

# 第 19 条【遅延した承諾】

| 1978 年草案 | CISG |
|---|---|
| <u>Article 19</u> [Late acceptance]<br>(1)　A late acceptance is nevertheless effective as an acceptance if without delay the offeror so informs the offeree orally or dispatches a notice to that effect.<br>(2)　If <u>the</u> letter or <u>document</u> containing a late acceptance shows that it has been sent in such circumstances that if its transmission had been normal it would have reached the offeror in due time, the late acceptance is effective as an acceptance unless, without delay, the offeror informs the offeree orally that he considers his offer as having lapsed or dispatches a notice to that effect. | <u>Article 21</u><br>(1)　A late acceptance is nevertheless effective as an acceptance if without delay the offeror orally so informs the offeree or dispatches a notice to that effect.<br>(2)　If <u>a</u> letter or <u>other writing</u> containing a late acceptance shows that it has been sent in such circumstances that if its transmission had been normal it would have reached the offeror in due time, the late acceptance is effective as an acceptance unless, without delay, the offeror orally informs the offeree that he considers his offer as having lapsed or dispatches a notice to that effect. |
| <u>第 19 条</u>【遅延した承諾】<br>(1)　遅延した承諾であっても、それが承諾としての効力を有することを申込者が遅滞なく相手方に対して口頭で知らせ、又はその旨の通知を発した場合には、承諾としての効力を有する。<br>(2)　遅延した承諾が記載された書簡<u>又は文書</u>が、通信状態が通常であったとしたならば期限までに申込者に到達したであろう状況の下で発送されたことを示している場合には、当該承諾は、承諾としての効力を有する。ただし、当該申込者が自己の申込みを失効していたものとすることを遅滞なく相手方に対して口頭で知らせ、又はその旨の通知を発した場合は、この限りでない。 | <u>第 21 条</u>【遅延した承諾、通信の遅延】<br>(1)　遅延した承諾であっても、それが承諾としての効力を有することを申込者が遅滞なく相手方に対して口頭で知らせ、又はその旨の通知を発した場合には、承諾としての効力を有する。<br>(2)　遅延した承諾が記載された書簡<u>その他の書面</u>が、通信状態が通常であったとしたならば期限までに申込者に到達したであろう状況の下で発送されたことを示している場合には、当該承諾は、承諾としての効力を有する。ただし、当該申込者が自己の申込みを失効していたものとすることを遅滞なく相手方に対して口頭で知らせ、又はその旨の通知を発した場合は、この限りでない。 |

## 【CISG における変更点】
文言に変更があるが、実質に関わる変更点ではない。

## 先行条文
ULF 9 条

## 注釈
**1．** 19 条［CISG 21 条］は、承諾の期間の経過後に到達する承諾を対象とする。

### 承諾が期限までに到達したものとして扱う申込者の権限（本条(1)）
**2．** 承諾が遅延した場合、申込みは失効し、承諾の到達によって契約は成立しない。しかしながら、19 条(1)［CISG 21 条(1)］は、申込者が当該承諾は効力を有するものとすることを遅滞なく承諾者に口頭で知らせ、又はその旨の通知を発した場合には、遅延した承諾であっても、承諾としての効力を有すると規定する。

**3．** 19 条(1)［CISG 21 条(1)］は、遅延した承諾が反対申込みとして機能するとする多くの国における考え方とは、若干異なったものとなっている。本項では、この反対申込みの理論においてと同様に、当初の申込者が当初の相手方に対して、遅延した承諾によって拘束されるとの意思を知らせた場合に限り、契約は締結される。しかしながら、本項では、遅延した承諾に承諾としての効力を与えるために、事後的な通知が必要であるものの、遅延した承諾がその受領時に承諾としての効力を有するのである。これに対して、反対申込みの理論においては、承諾となるのは、当初の申込者による意思表示であり、この承諾は到達した時に初めてその効力を生ずるのである。

### 通信の遅延による承諾の延着（本条(2)）
**4．** 遅延した承諾が記載された書簡又は文書〔上記【変更点】参照〕が、通信状態が通常であったとしたならば期限までに申込者に伝達されたであろう状況の下で発送されたことを示している場合には、別の準則が優先されることになる。このような場合には、申込者が申込みを失効していたものとすることを遅滞なく相手方に通知しない限り、遅延した承諾は期限までに到達したものとされ、当該承諾が申込者に到達した時に契約が成立する。

**5．** したがって、遅延した承諾が記載された書簡又は文書が、通信状態が通常

であったとしたならば期限までに申込者に到達したであろう状況の下で発送されたことを示している場合には、契約の成立を防ぐためには、申込者は遅滞なく相手方に対して通知をしなければならない。書簡又は文書がそうした適切な発送がなされたことを示していない場合において、申込者が契約の成立を望むのであれば、申込者は、遅滞なく相手方に対して、19条(1)〔CISG 21条(1)〕に従い、当該承諾は効力を有するものとすることを通知しなければならない。

## 第 20 条【承諾の取りやめ】

| 1978 年草案 | CISG |
|---|---|
| **Article 20** [Withdrawal of acceptance]<br>　An acceptance may be withdrawn if the withdrawal reaches the offeror before or at the same time as the acceptance would have become effective. | **Article 22**<br>　An acceptance may be withdrawn if the withdrawal reaches the offeror before or at the same time as the acceptance would have become effective. |
| 第 20 条【承諾の取りやめ】<br>　承諾は、その取りやめの通知が当該承諾の効力の生ずる時以前に申込者に到達する場合には、取りやめることができる。 | 第 22 条【承諾の取りやめ】<br>　承諾は、その取りやめの通知が当該承諾の効力の生ずる時以前に申込者に到達する場合には、取りやめることができる。 |

## 【CISG における変更点】

　変更点はない。

## 先行条文

ULF 10 条

## 注釈

　20 条［CISG 22 条］は、承諾はその効力が生じた後には、取りやめることができないと規定する。本規定は、売買契約は承諾が効力を生ずる時に成立すると規定する 21 条［CISG 23 条］の準則を補完するものである[1]。

---

(1) 承諾の効力発生時期は、16 条(2)及び 16 条(3)［CISG 18 条(2)及び 18 条(3)］が規定している。

## 第 21 条【契約の成立時期】

| 1978 年草案 | CISG |
|---|---|
| <u>Article 21</u> [Time of conclusion of contract]<br>A contract is concluded at the moment when an acceptance of an offer <u>is</u> effective in accordance with the provisions of this Convention. | <u>Article 23</u><br>A contract is concluded at the moment when an acceptance of an offer <u>becomes</u> effective in accordance with the provisions of this Convention. |
| <u>第 21 条</u>【契約の成立時期】<br>　契約は、申込みに対する承諾がこの条約に基づいて効力を生ずる時に成立する。 | <u>第 23 条</u>【契約の成立時期】<br>　契約は、申込みに対する承諾がこの条約に基づいて効力を生ずる時に成立する。 |

【CISG における変更点】
　文言に変更があるが、実質に関わる変更点ではない。

## 先行条文
無し

## 注釈
1．21 条［CISG 23 条］は、契約は、申込みに対する承諾がこの条約に基づいて効力を生ずる時に成立するという、規定がなくとも疑いなく準則であると考えられたであろうことを具体的に規定している。この準則を明示的に規定することが望ましいと考えられたのは、この条約の多数の準則が、契約の成立時期に左右されるものとなっているからである。

2．これに対して、21 条［CISG 23 条］は、契約が成立する場所について明文の準則を規定していない。この条約においては、契約の成立場所に左右されるような規定がないため、そのような規定は不要なのである。その上、契約の締結地を確定すると、国際私法や裁判管轄に関して、不確実で、また不穏当な結果が生じ得る。しかしながら、21 条［CISG 23 条］が、16 条［CISG 18 条］と相俟って、契約の成立時期を規定していることが、幾つかの法体系にあっては、契約の締結地を決定するものと解釈されることはあり得る。

## 第22条【「到達」の定義】

| 1978年草案 | CISG |
|---|---|
| <u>Article 22</u>［Definition："reaches"］<br><br>For the purposes of <u>Part II</u> of this Convention an offer, declaration of acceptance or any other indication of intention "reaches" the addressee when it is made orally to him or delivered by any other means to him, his place of business or mailing address or, if he does not have a place of business or mailing address, to his habitual residence. | <u>Article 24</u><br><br>For the purposes of <u>this Part</u> of the Convention, an offer, declaration of acceptance or any other indication of intention "reaches" the addressee when it is made orally to him or delivered by any other means to him <u>personally</u>, <u>to</u> his place of business or mailing address or, if he does not have a place of business or mailing address, to his habitual residence. |
| <u>第22条【「到達」の定義】</u><br><br><u>第2部</u>の規定の適用上、申込み、承諾の意思表示その他の意思表示が相手方に「到達した」時とは、申込み、承諾の意思表示その他の意思表示が、相手方に対して口頭で行われた時又は他の方法により<u>相手方</u>に対し、相手方の営業所若しくは郵便送付先に対し、若しくは相手方が営業所及び郵便送付先を有しない場合には相手方の常居所に対して届けられた時とする。 | <u>第24条【到達の定義】</u><br><br><u>この部</u>の規定の適用上、申込み、承諾の意思表示その他の意思表示が相手方に「到達した」時とは、申込み、承諾の意思表示その他の意思表示が、相手方に対して口頭で行われた時又は他の方法により<u>相手方個人</u>に対し、相手方の営業所若しくは郵便送付先に対し、若しくは相手方が営業所及び郵便送付先を有しない場合には相手方の常居所に対して届けられた時とする。 |

### 【CISGにおける変更点】

文言に変更があるが、実質に関わる変更点ではない。

### 先行条文

ULF 12条

### 注釈

1．22条［CISG 24条］は、第2部の適用上、意思表示が相手方に「到達」した時点について、定義を行う。通知は、それが発信された時ではなく、相手方に対して届けられた時に、相手方に「到達」したものとされる。

2．この準則からの帰結の1つとして、13条及び20条［CISG 15条及び22条］に規定されているように、申込み――それが撤回可能か撤回不能かは問わな

い——又は承諾は、その取りやめの通知が、取りやめようとする申込み又は承諾よりも以前に相手方に到達する場合には、取りやめることができる。さらには、ある申込みについて第三者から知らされた相手方は、その申込みが自己に到達するまではそれを承諾することができない。もちろん、申込者から申込みを伝達する権限を与えられた者は、ここにいう第三者に当たらない。

3．申込み、承諾その他の意思表示は、「相手方の営業所又は郵便送付先」に対して届けられた時に、相手方に「到達」する。その場合には、相手方が個人であるときはその相手方が、相手方が組織体であるときはその担当者が、それを認識するまでには幾分時間がかかるとしても、法律効果が生ずる。

4．相手方が営業所及び郵便送付先を有しない場合には、そしてこのような場合においてのみ、意思表示は、相手方の常居所に対して、つまりは住まい[1]に届けられた時に、相手方に「到達」したものとされる。意思表示が相手方の営業所又は郵便送付先に対して届けられたときと同様に、意思表示が届いたことを相手方が認識していなくとも、法律効果が生ずる。

5．さらに、意思表示が、口頭又は他の方法により相手方個人に対して行われた場合には、相手方に「到達」したものとされる。相手方個人に対して届けられ得る場所についての地理的な制限はない[2]。実際、そのような意思表示は、多くの場合、相手方の営業所以外の場所で相手方に直接行われる。そのような意思表示を届ける場所は、相手方の営業所、相手方の宿泊先、その他相手方のいる場所でなされ得る。

6．法人格を有する相手方個人に対して意思表示を届けることには、必要な権限を有する代理人個人に対して意思表示を届けることが含まれる。誰が権限を与えられた代理人であるかという問題は、準拠国内法によって解決されるべき問題である。

---

(1) 9条(b)〔CISG 10条(b)〕も参照。
(2) 22条のスペイン語版は、この点について、他の言語版と一致しない。〔CISG 24条にはそのような問題はない。〕

# 第3部

# 物品の売買

## 第 1 章　総則

### 第 23 条【重大な違反】

| 1978 年草案 | CISG |
|---|---|
| **Article 23** [Fundamental breach]<br>　A breach committed by one of the parties is fundamental if it results in <u>substantial</u> detriment to the other party unless the party in breach did not foresee and <u>had no reason to foresee</u> such a result. | **Article 25**<br>　A breach <u>of contract</u> committed by one of the parties is fundamental if it results in <u>such</u> detriment to the other party <u>as substantially to deprive him of what he is entitled to expect under the contract,</u> unless the party in breach did not foresee and <u>a reasonable person of the same kind in the same circumstances would not have foreseen</u> such a result. |
| <u>第 23 条【重大な違反】</u><br>　当事者の一方が行った違反は、<u>それが実質的な不利益を相手方に生じさせる場合には、重大なものとする。ただし、契約違反を行った当事者がそのような結果を予見せず、かつ、<u>そのような結果を予見すべき理由を有しなかった場合は、この限りでない。 | <u>第 25 条【重大な契約違反】</u><br>　当事者の一方が行った<u>契約違反は、相手方がその契約に基づいて期待することができたものを実質的に奪うような不利益を当該相手方に生じさせる場合には、重大なものとする。ただし、契約違反を行った当事者がそのような結果を予見せず、かつ、<u>同様の状況の下において当該当事者と同種の合理的な者がそのような結果を予見しなかったであろう場合は、</u>この限りでない。 |

【CISG における変更点】

　「重大な（契約）違反」を定義する 1978 年草案 23 条と CISG 25 条は、実質的に大きく異なる。O.R. 295-302, 303, 329-330, 425-426 [Docy. Hist. 516-523, 524, 550-551, 646-647]．そのため、以下のパラグラフ 3〜5 における注釈は、CISG の重大な契約違反概念には当てはまらない。

① 　最大の違いは、1978 年草案 23 条の本文では、契約違反によって相手方（債権者）に「実質的な不利益」が生じるか否かという基準が用いられているのに対して、CISG 25 条本文では、「相手方がその契約に基づいて期待することができたものを実質的に奪うような不利益」が生じるか否かとしており「契約に基づく期待」

を基準とした判断枠組みとなっていることである。

② また、1978年草案23条ただし書きとCISG 25条ただし書きが規定する予見可能性の要件も、文言に変更がみられる。これは、予見可能性は債務者を基準とするのではなくて、債務者と「同種の合理的な者」を基準として判断されることを明確化する趣旨である。

## 先行条文
ULIS 10条

## 注釈
1．23条［CISG 25条］は、「重大な違反」を定義する。

2．重大な違反の定義は、買主及び売主の様々な救済[1]のほか、危険の移転に関する幾つかの点[2]もまた、それによって左右されることになるため、重要である。

3．違反が重大なものとされる基本的な基準は、当事者の一方が行った違反が「実質的な不利益を相手方に生じさせる」というものである。相手方の損害が実質的であるかどうかの決定は、個々の事案の状況、例えば、契約の金銭的価値、違反により生じた金銭的損害、又は違反が被害当事者の他の活動を妨げた程度に照らして、行われなければならない。〔上記【変更点】①参照〕

4．この基本的な基準、つまり被害当事者が被った損害に焦点を当てる基準が満たされた場合には、違反を行った当事者が「そのような結果」——実際に生じた結果——を「予見せず、かつ、…予見すべき理由を有しなかった」ことを証明できない限り、違反は重大なものである。注意を要するのは、違反を行った当事者は、そのような結果を実際に予見しなかったことを証明するだけでは責任を免除されないということである。違反を行った当事者は、さらに、そのような結果を予見すべき理由を有しなかったことも証明しなければならない。〔上記【変更点】②参照〕

5．23条［CISG 25条］は、違反を行った当事者がどの時点で違反の結果を予見すべきであったか、契約の締結時なのか又は違反時なのかについて、明記していない。紛争が生じた場合には、この判断は裁判所によって行われるべきことになる。〔上記【変更点】②参照〕

---

(1) 42条(2)、44条(1)、45条(1)(a)、47条(2)、60条(1)(a)、63条、64条(1)及び64条(2)［CISG 46条(2)、48条(1)、49条(1)(a)、51条(2)、64条(1)(a)、72条、73条(1)及び73条(2)］参照。
(2) 82条［CISG 70条］参照。

## 第 24 条【解除の意思表示】

| 1978 年草案 | CISG |
|---|---|
| Article 24 [Notice of avoidance]<br>A declaration of avoidance of the contract is effective only if made by notice to the other party. | Article 26<br>A declaration of avoidance of the contract is effective only if made by notice to the other party. |
| 第 24 条【解除の意思表示】<br>　契約の解除の意思表示は、相手方に対する通知によって行われた場合に限り、その効力を有する。 | 第 26 条【解除の方法】<br>　契約の解除の意思表示は、相手方に対する通知によって行われた場合に限り、その効力を有する。 |

## 【CISG における変更点】
　変更点はない。

## 先行条文
無し

## 注釈
1．当事者の一方による契約の解除は、相手方に深刻な結果を生じさせ得るものである。相手方は解除の結果を軽減するため、物品の製造、包装又は発送を中止するなどの行動を直ちにとる必要がある場合があろうし、あるいは物品が既に引き渡されているのであれば、その占有を回復し、物品を処分する手配をするなどの行動をとる必要がある場合があろう。

2．こうした理由から、24 条［CISG 26 条］は、解除の意思表示は、相手方に対する通知によって行われた場合に限り、その効力を有すると規定する。したがって、契約は、解除の意思表示[1]の通知が相手方に対して行われた時点で解除されることになる。

3．この条約は、幾つかの法体系におけるのと異なり、契約の解除の意思表示をする意図を事前に通知すべきことを、要求していない。この条約は、解除の意思表示の通知という、1 つの通知を求めるのみである[2]。

---

(1)　45 条、60 条、63 条及び 64 条［CISG 49 条、64 条、72 条及び 73 条］は、契約の解除の意思表示が認められるべき場合について規定する。

4．通知は口頭又は書面でなすことができ、どのような方法を用いて伝達してもよい。選択された方法が状況に応じた適切なものである場合には、25条［CISG 27条］が、通信の伝達において遅延や誤りが生じたときでも、当該通知の法律効果は損なわれないことを規定する。

---

(2) しかしながら、45条(1)(b)又は60条(1)(b)［CISG 49条(1)(b)又は64条(1)(b)］に従って契約の解除の意思表示をする当事者は、43条(1)又は59条(1)［CISG 47条(1)又は63条(1)］に基づき、相手方による履行のために合理的な長さの付加期間を事前に定めなければならない。この場合には、契約の解除の意思表示をする当事者は、必然的に、相手方に対して、2つの通知を行う必要がある。

## 第 25 条【通信の遅延又は誤り】

| 1978 年草案 | CISG |
|---|---|
| Article 25 [Delay or error in communication]<br>Unless otherwise expressly provided in <u>Part III of this Convention</u>, if any notice, request or other communication is given by a party in accordance with <u>Part III</u> and by means appropriate in the circumstances, a delay or error in the transmission of the communication or its failure to arrive does not deprive that party of the right to rely on the communication. | Article 27<br>Unless otherwise expressly provided in <u>this Part of the Convention</u>, if any notice, request or other communication is given <u>or made</u> by a party in accordance with <u>this Part</u> and by means appropriate in the circumstances, a delay or error in the transmission of the communication or its failure to arrive does not deprive that party of the right to rely on the communication. |
| 第 25 条【通信の遅延又は誤り】<br>　<u>第 3 部</u>に別段の明文の規定がある場合を除くほか、当事者が<u>第 3 部</u>の規定に従い、かつ、状況に応じて適切な方法により、通知、要求その他の通信を行った場合には、当該通信の伝達において遅延若しくは誤りが生じ、又は当該通信が到達しなかったときでも、当該当事者は、当該通信を行ったことを援用する権利を奪われない。 | 第 27 条【通信の遅延、誤り又は不到達】<br>　<u>この部</u>に別段の明文の規定がある場合を除くほか、当事者が<u>この部</u>の規定に従い、かつ、状況に応じて適切な方法により、通知、要求その他の通信を行った場合には、当該通信の伝達において遅延若しくは誤りが生じ、又は当該通信が到達しなかったときでも、当該当事者は、当該通信を行ったことを援用する権利を奪われない。 |

【CISG における変更点】
　形式的な文言修正があるが、実質に関わる変更点ではない。

### 先行条文
ULIS 14 条及び 39 条(3)
ULF 12 条(2)

### 注釈
1．25 条［CISG 27 条］は、第 3 部の規定における通知、要求その他の通信の伝達の遅延若しくは誤り、又は当該通信が到達しないことのリスクは、意思表示の相手方が負担すべきことを規定する[1]。この準則が適用されるのは、通信を「第 3 部の規定に従い、かつ、状況に応じて適切な方法により」行ったときである。

2．状況に応じて適切な通信方法が、2つ以上あるという場合があり得る。そのような場合には、意思表示をする者が自らにとって最も都合のよい方法を用いることができる。

3．通信は、当事者双方の置かれている状況に照らして適切なときに、「状況に応じて」適切なものとされる。ある状況において適切な通信方法が、他の状況においては適切なものであるとは限らない。例えば、ある種類の通知を、通常は航空郵便で送付することが許されるとしても、場合によっては、迅速性の要請から、電子的な通信、電報、テレックスあるいは電話のみが、「状況に応じて」適切な方法となることがあり得る。

4．通信上の遅延若しくは誤り、又はそれが到達しないことのリスクは、意思表示の相手方が負担すべきという一般準則は、可能な限り単一の準則によって伝達上のリスクを規律することが望ましいとの考慮による。到達主義を一般的に採用するとすれば、通知について発信主義を採用する法体系においては、多くの場合、通知が実際に意思表示の相手方によって受領されたことの証明を支援する手続的な準則が存在しないため、この条約にそうした準則を置くことが必要となったであろう。もっとも、第3部には、通信が効力を生ずるためには、受領されることが必要であると考えられる場合についての例外が含まれている[2]。

---

(1) 本条約第2部には、契約の成立過程で行われた通信その他の意思表示が効力を生ずる時点を対象とする特別な準則が含まれている。特に、19条及び22条［CISG 21条及び24条］参照。

(2) 43条(2)、44条(4)、59条(2)、61条(1)、61条(2)及び65条(4)［CISG 47条(2)、48条(4)、63条(2)、65条(1)、65条(2)及び79条(4)］。

## 第 26 条【現実の履行を命ずる裁判】

| 1978年草案 | CISG |
|---|---|
| <u>Article 26</u> [Judgment for specific performance]<br><br>If, in accordance with the provisions of this Convention, one party is entitled to require performance of any obligation by the other party, a court is not bound to enter a judgement for specific performance unless the court <u>could</u> do so under its own law in respect of similar contracts of sale not governed by this Convention. | <u>Article 28</u><br><br>If, in accordance with the provisions of this Convention, one party is entitled to require performance of any obligation by the other party, a court is not bound to enter a judgement for specific performance unless the court <u>would</u> do so under its own law in respect of similar contracts of sale not governed by this Convention. |
| 第26条【現実の履行を命ずる裁判】<br>　当事者の一方がこの条約に基づいて相手方の義務の履行を請求することができる場合であっても、裁判所は、この条約が規律しない類似の売買契約について自国の法に基づいて同様の裁判を<u>することができる</u>ときを除くほか、現実の履行を命ずる裁判をする義務を負わない。 | 第28条【現実の履行を命ずる裁判】<br>　当事者の一方がこの条約に基づいて相手方の義務の履行を請求することができる場合であっても、裁判所は、この条約が規律しない類似の売買契約について自国の法に基づいて同様の裁判を<u>するであろう</u>ときを除くほか、現実の履行を命ずる裁判をする義務を負わない。 |

【CISG における変更点】

　各国の裁判所が現実の履行を命ずる裁判をする義務を負う場合につき、1978年草案26条が、類似の売買契約について自国の法に基づいて同様の裁判を「することができるとき」(could do so) としていたのに対して、CISG 28条は、「するであろうとき」(would do so) としている。この変更によって、各国の裁判所が現実の履行を命ずる裁判をする義務を負う場合が限定されたことになる。O.R. 304-305, paras 41-52 [Docy. Hist. 525-526].

先行条文

国際物品売買についての統一法に関する条約（1964年7月1日、ハーグにて採択）：Ⅶ条

ULIS 16 条

## 注釈

1．本条は、国内裁判所が、この条約に基づいて生ずる義務について、現実の履行を命ずる裁判をしなければならないのはどのような場合かに関するものである。

2．売主が売買契約又はこの条約に基づく義務を履行しない場合について、42条［CISG 46条］は、「買主は、売主に対してその義務の履行を請求することができる」と規定する。同様に、58条［CISG 62条］は、売主に、「買主に対して代金の支払、引渡しの受領その他の買主の義務の履行を請求すること」を認めている。

3．問題は、被害当事者は、契約を履行しない当事者の義務を強制するために裁判所の助力を得ることができるのかということである。幾つかの法体系においては、裁判所は義務について現実の履行を命ずる権限を有している。その他の法体系においては、裁判所は一定の方法での現実の履行については命ずる権限を有しておらず、こうした国々がこの条約を発効させるために、その裁判手続の根本原則を変更することを期待することはできなかった。そこで、26条［CISG 28条］は、裁判所は、この条約が規律しない類似の売買契約——例、国内の売買契約——について自国の法に基づいて同様の裁判をすることができるときでなければ、現実の履行を命ずる裁判をする義務を負わないと規定するのである。したがって、裁判所において、一定の方法での現実の履行——例えば物品の引渡し又は代金の支払——を命ずる権限を有することがある場合には、26条［CISG 28条］は、42条又は58条［CISG 46条又は62条］の適用を制限しない。26条［CISG 28条］は、裁判所が、いかなる状況の下でも、そのような方法での現実の履行を命じることができない場合に限り、これらの規定の適用を制限するのである[1]。〔上記【変更点】参照〕

4．注意を要するのは、42条及び58条［CISG 46条及び62条］は、本条によって制限を受けない場合には、当事者の一方に契約を履行するよう命ずる裁判所の判決を得るという救済につき、多くの場合は裁判所の裁量によってのみ求めることができる限定的な救済から、相手方の裁量で求めることができる救済へと変更する効果を有するものだということである。

---

[1] さらに、42条［CISG 46条］に関する注釈のパラグラフ9参照。

## 第 27 条【契約の変更又は破棄】

| 1978 年草案 | CISG |
|---|---|
| <u>Article 27</u> [Modification or abrogation of contract]<br>(1) A contract may be modified or <u>abrogated</u> by the mere agreement of the parties.<br>(2) A <u>written contract</u> which contains a provision requiring any modification or <u>abrogation</u> to be in writing may not be otherwise modified or <u>abrogated</u>. However, a party may be precluded by his conduct from asserting such a provision to the extent that the other party has relied on that conduct. | <u>Article 29</u><br>(1) A contract may be modified or <u>terminated</u> by the mere agreement of the parties.<br>(2) A <u>contract in writing</u> which contains a provision requiring any modification or <u>termination by agreement</u> to be in writing may not be otherwise modified or <u>terminated by agreement</u>. However, a party may be precluded by his conduct from asserting such a provision to the extent that the other party has relied on that conduct. |
| <u>第 27 条【契約の変更又は破棄】</u><br>(1) 契約は、当事者の合意のみによって変更し、又は<u>破棄する</u>ことができる。<br>(2) 変更又は<u>破棄</u>を書面によって行うことを必要とする旨の条項を定めた書面による契約は、その他の方法によって変更し、又は<u>破棄する</u>ことができない。ただし、当事者の一方は、相手方が自己の行動を信頼した限度において、その条項を主張することができない。 | <u>第 29 条【契約の変更又は終了】</u><br>(1) 契約は、当事者の合意のみによって変更し、又は<u>終了させる</u>ことができる。<br>(2) <u>合意による変更又は終了</u>を書面によって行うことを必要とする旨の条項を定めた書面による契約は、その他の方法による<u>合意</u>によって変更し、又は<u>終了させる</u>ことができない。ただし、当事者の一方は、相手方が自己の行動を信頼した限度において、その条項を主張することができない。 |

【CISG における変更点】

① 1978 年草案 27 条で "modification or abrogation"（変更若しくは破棄）とされていた文言が、CISG 29 条では、"modification or termination by agreement"（合意による変更若しくは終了）に変更されている。これは、"abrogation" の意味が不明確であったために 1978 年草案 11 条に加えられた変更と平仄をあわせたものといえよう。1978 年草案 11 条に付した【変更点】参照。

② その他の変更点も実質に関わるものではない。

## 先行条文

UNCITRAL 仲裁規則（1976年）1条及び30条

## 注釈

1．本条は、契約の変更と破棄（abrogation）を規律する。〔上記【変更点】①参照〕

## 原則（本条(1)）

2．本条(1)は、契約は当事者の合意のみによって変更し、又は破棄する〔上記【変更点】①参照〕ことができるという原則を規定するが、この規定は、既存契約の変更に関する大陸法と英米法の間に存在する重要な違いを除去する意図で設けられたものである。大陸法では、契約の変更が当事者の一方のみの義務に関するものであったとしても、十分な「コーズ（*cause*）」がある場合には、その契約を変更するという当事者間の合意は有効である。英米法では、当事者の一方のみの義務についての変更は、「約因（consideration）」を欠くという理由から、原則として有効とはならない。

3．本規定において想定されている契約変更の多くは、仕様、引渡期日など、商事的契約の履行の過程で頻繁に生ずる技術的変更である。そのような契約の変更が、当事者の一方の費用を増加させ、又は他方にとっての契約の価値を減少させたとしても、当事者は代金には変更がないことを合意することができる。こうした合意は、27条(1)〔CISG 29条(1)〕に従い有効なのであり、これにより、「約因」を必要とする英米法上の準則は克服されることになる。

4．さらに、27条(1)〔CISG 29条(1)〕は、契約締結の後に当事者の一方から相手方に送られた確認書や送り状の内容が、締結された契約の内容と比べて、追加的な又は異なる条件を含むものであった場合に、これらの条件が契約を変更するのかという問題にも適用される。当事者が追加的な又は異なる条件に合意したと認定される場合には、27条(1)〔CISG 29条(1)〕は、これらの条件が契約の一部となると規定する。受領者の側の沈黙が、契約の変更に対する合意を意味するか否かに関しては、16条(1)〔CISG 18条(1)〕及び同条に関する注釈を参照。

5．確認書や送り状に追加的な又は異なる条件を入れることによる、既存契約の内容を変更する申入れは、申込みに対する承諾を意図する応答でありながら、追加的な又は異なる条件を含む応答とは、区別されるべきものである。後者の

場は、17条［CISG 19条］によって規律される。

## 書面による契約の変更又は破棄（本条(2)）

6．10条［CISG 11条］は、売買契約は、書面によって締結し、又は証明することを要しないと規定するが、当事者はこうした要件を改めて設定することができる。類似の問題として、書面によらない限り変更又は破棄できないと特に定めている契約を、どの範囲まで口頭で変更し、又は破棄することができるのかという問題がある。〔上記【変更点】①参照〕

7．幾つかの法体系においては、契約自体に口頭による変更を禁止する条項を定めている場合であっても、当該契約を口頭で変更することができるとされている。こうした帰結が、この条約により規律される契約は書面によって証明することを要しないと規定する10条［CISG 11条］から導かれる可能性はある。しかしながら、27条(2)［CISG 29条(2)］は、書面による契約は、書面によらない限り変更又は破棄ができない旨を定めているときは、その他の方法によって変更し、又は破棄することができないと規定している。〔上記【変更点】①参照〕

8．場合によっては、上記の条項を相手方に対して主張することを認めることが適切ではない仕方で、当事者の一方が行動するということがあり得る。それゆえ、27条(2)［CISG 29条(2)］は、上記に続けて、当事者の一方は、相手方が自己の行動を信頼した限度において、その条項を主張することができないと規定している。

9．注意を要するのは、変更又は破棄〔上記【変更点】①参照〕は書面によらなければならない旨の契約条項を主張しようとする当事者が、この条項を主張することができないのは、相手方が自己の行動を信頼した限度においてのみだという点である。このことは、事案によっては、その当事者が書面によらない変更の有効性を否定した場合には、当初の契約の内容が復活することを意味し得る。

**例 27** Ａ：Ｂが製造する物品をＡに対して2年間にわたり販売するという書面による契約において、契約のすべての変更又は破棄〔上記【変更点】①参照〕は書面によって行うことを必要とする旨の条項が定められていた。ＢがＡに対して物品の最初の発送分を引き渡した直後に、Ａの契約担当役員が、物品の設計に僅かな変更を行うよう、Ｂに対して指示した。この設計変更が行われない場合には、Ａの契約担当役員は将来の発送分を拒絶し、その代

金を支払わないよう従業員に命ずるつもりであると言うのである。この指示についての書面による確認をBは受け取らなかったが、求められたように設計を変更した。これに続く5回分の月毎の引渡しは、Aにより受領されたが、6回目の引渡しは、書面による契約に適合していないとして、拒絶された。この場合には、変更された設計に従って製造されたすべての物品を、Aは受領しなければならないが、Bは、契約の未履行部分については当初の設計を復活しなければならない。

## 第2章 売主の義務

### 第28条【売主の一般的義務】

| 1978年草案 | CISG |
|---|---|
| **Article 28** [General obligations]<br>The seller must deliver the goods, hand over any documents relating <u>thereto</u> and transfer the property in the goods, as required by the contract and this Convention. | **Article 30**<br>The seller must deliver the goods, hand over any documents relating <u>to them</u> and transfer the property in the goods, as required by the contract and this Convention. |
| <u>第28条</u>【売主の一般的義務】<br>　売主は、契約及びこの条約に従い、物品を引き渡し、物品に関する書類を交付し、及び物品の所有権を移転しなければならない。 | <u>第30条</u>【売主の義務】<br>　売主は、契約及びこの条約に従い、物品を引き渡し、物品に関する書類を交付し、及び物品の所有権を移転しなければならない。 |

**【CISGにおける変更点】**
　文言に変更があるが、実質に関わる変更点ではない。

**先行条文**
ULIS 18条

**注釈**
　28条［CISG 30条］は、売主の主要な義務を定めるとともに、条約第3部第2章の導入部となっている。売主の主要な義務とは、物品を引き渡すこと、物品に関する書類を交付すること、及び物品の所有権を移転することである[1]。売主は、「契約及びこの条約に従い」、その義務を履行しなければならない。条約5条［CISG 6条］は、当事者において、この条約の適用を排除することが

---
[1]　この条約は、売主が物品の所有権を移転しなければならないと規定しているが、4条(b)［CISG 4条(b)］は、この条約に別段の明文の規定がある場合を除くほか、この条約は売却された物品の所有権について契約が有し得る効果については規律しないことを明記している。この問題は、準拠法の規律にゆだねられている。39条［CISG 41条］及び同条に関する注釈も参照。

できるものとし、11条［CISG 12条］の規定に従うことを条件として、この条約のいかなる規定も、その適用を制限し、又はその効力を変更することができるとしているから、契約とこの条約との間に抵触が生じた場合には、売主は、契約の定めるところに従い、その義務を履行しなければならないことになる。

## 第 1 節　物品の引渡し及び書類の交付

### 第 29 条【引渡場所の特定の欠如】

| 1978 年草案 | CISG |
|---|---|
| <u>Article 29</u> [Absence of specified place for delivery]<br><br>　If the seller is not bound to deliver the goods at any other particular place, his obligation to deliver consists：<br>(a)　if the contract of sale involves carriage of the goods － in handing the goods over to the first carrier for transmission to the buyer；<br>(b)　if, in cases not within the preceding sub-paragraph, the contract relates to specific goods, or unidentified goods to be drawn from a specific stock or to be manufactured or produced, and at the time of the conclusion of the contract the parties knew that the goods were at, or were to be manufactured or produced at, a particular place － in placing the goods at the buyer's disposal at that place；<br>(c)　in other cases － in placing the goods at the buyer's disposal at the place where the seller had his place of business at the time of the conclusion of the contract. | <u>Article 31</u><br><br>　If the seller is not bound to deliver the goods at any other particular place, his obligation to deliver consists：<br>(a)　if the contract of sale involves carriage of the goods － in handing the goods over to the first carrier for transmission to the buyer；<br>(b)　if, in cases not within the preceding sub-paragraph, the contract relates to specific goods, or unidentified goods to be drawn from a specific stock or to be manufactured or produced, and at the time of the conclusion of the contract the parties knew that the goods were at, or were to be manufactured or produced at, a particular place － in placing the goods at the buyer's disposal at that place；<br>(c)　in other cases － in placing the goods at the buyer's disposal at the place where the seller had his place of business at the time of the conclusion of the contract. |
| <u>第 29 条【引渡場所の特定の欠如】</u><br><br>　売主が次の(a)から(c)までに規定する場所以外の特定の場所において物品を引き渡す義務を負わない場合には、売主の引渡しの義務は、次のことから成る。<br>(a)　売買契約が物品の運送を伴う場合に | <u>第 31 条【引渡しの場所及び引渡義務の内容】</u><br><br>　売主が次の(a)から(c)までに規定する場所以外の特定の場所において物品を引き渡す義務を負わない場合には、売主の引渡しの義務は、次のことから成る。<br>(a)　売買契約が物品の運送を伴う場合に |

| | |
|---|---|
| は、買主に送付するために物品を最初の運送人に交付すること。<br>(b) (a)に規定する場合以外の場合において、契約が特定物、特定の在庫から取り出される不特定物又は製造若しくは生産が行われる不特定物に関するものであり、かつ、物品が特定の場所に存在し、又は特定の場所で製造若しくは生産が行われることを当事者双方が契約の締結時に知っていたときは、その場所において物品を買主の処分にゆだねること。<br>(c) その他の場合には、売主が契約の締結時に営業所を有していた場所において物品を買主の処分にゆだねること。 | は、買主に送付するために物品を最初の運送人に交付すること。<br>(b) (a)に規定する場合以外の場合において、契約が特定物、特定の在庫から取り出される不特定物又は製造若しくは生産が行われる不特定物に関するものであり、かつ、物品が特定の場所に存在し、又は特定の場所で製造若しくは生産が行われることを当事者双方が契約の締結時に知っていたときは、その場所において物品を買主の処分にゆだねること。<br>(c) その他の場合には、売主が契約の締結時に営業所を有していた場所において物品を買主の処分にゆだねること。 |

## 【CISGにおける変更点】

変更点はない。

## 先行条文

ULIS 19条(2)及び23条

## 注釈

**1.** 売主の主たる義務は、契約及びこの条約に従い、「物品を引き渡す」ことである。

**2.** 29条［CISG 31条］は、売主が引渡義務を履行すべき方法と場所について定める。31条［CISG 33条］は、売主の引渡しの時期について定める。78条から82条まで［CISG 66条から70条まで］は、危険の移転という関連した問題につき、規律する。

## 引き渡されるべき「物品」

**3.** 売主が「物品」を引き渡すためには、特定物の場合、売主は契約で要求されていたまさにそのものを引き渡さなければならない。不特定物の場合には、売主は、契約で要求されていた物品の種類についての記述に一般的に適合する物品を引き渡さなければならない。したがって、契約において穀物の引渡し

が要求されていた場合には、ジャガイモを供給したとしても、売主は引渡しを行ったことにはならない。しかしながら、契約に記述された特定物、又は、不特定物であれば契約の一般的な記述に適合する物品に関して、(a)から(c)までにおいて要求されている適切な行動を行った場合には、物品が不適合であったり、定められた時期や特定された運送手段で引き渡されなかったとしても、売主は「物品」を引き渡したことになる。したがって、第2等級の穀物が要求されている場合において第3等級のものを運送人に交付すること、あるいは10トンが要求されている場合において5トンを運送人に交付することは、「物品」の引渡しとなる。「物品」を「引き渡した」としても、買主は、売主が「契約及びこの条約に従い……物品を引き渡」さなかったことを理由として、買主が有するであろうあらゆる権利を行使することができる[1]。買主の権利のなかには、売主の不履行が重大な違反に当たる場合に契約を解除する権利が含まれる[2]。しかし、このことにかかわらず、売主は「物品を引き渡した」ことになるのである。

**売買契約が物品の運送を伴う場合（本条(a)）**
4．売買契約が物品の運送を伴う場合には、原則として、売主の物品引渡義務は、買主に送付するために物品を最初の運送人に交付することから成る。
5．売主が買主へ物品を送付する義務を負う又は権限を有する場合には、当該売買契約は物品の運送を伴うものである。積地渡契約（shipment contract）（例、CIF（運賃保険料込）条件、FOB（本船渡）条件、FOR（鉄道渡）条件）と、揚地渡契約（destination contract）（例、Ex-Ship（着船渡）条件、Delivered at …（持込渡）条件）とはともに、物品の運送を伴う売買契約である。〔訳注：Ex-Ship条件は、インコタームズ2000までのDES（本船持込渡）条件、インコタームズ2010のDAP（仕向地持込渡）条件に相当する。〕
6．売買契約が物品の運送を伴う場合にはたいてい、契約において、明示的に又はトレードターム（貿易条件）を用いることにより、物品が引き渡されるべき場所が特定されている。こうした場合には、売主の引渡しの義務は、物品を最初の運送人に交付することではなく、契約で特定された行為を行うことから

---

(1) 28条［CISG 30条］。売主による違反に対する買主の救済方法は、41条［CISG 45条］に規定されている。
(2) 45条(1)(a)［CISG 49条(1)(a)］。売主による重大な違反が危険の移転に及ぼす効果については、82条［CISG 70条］参照。

成る。

7．それゆえ、契約が揚地渡契約である場合には、売主の引渡義務は、仕向地において物品を買主の処分にゆだねることから成る。同様に、船積港の指定されたFOB条件やCIF条件の契約の場合には、契約で定められる売主の引渡義務は、指定船積港において物品を本船上に置くことから成る[3]。売主において内陸地から船積港までの運送を用意する必要がある場合であっても、このことは変わらない。

8．しかしながら、契約において売主が他の特定の場所で物品を引き渡すことを要求されておらず、かつ、物品が二人以上の運送人により運送されるという場合には、物品の引渡しは、「買主に送付するために最初の運送人に」物品を交付することによって行われる。したがって、物品が内陸地から鉄道やトラックにより本船上で荷積みされるべき港へ発送されるような場合には、物品が鉄道会社やトラック会社に交付された時点で、引渡しが行われたことになる。

9．物品の引渡しが行われたことになるのは、運送人への物品の交付によってであり、買主への書類の交付によってではない。売主において、契約が要求するように書類を買主に交付していない場合であっても、物品が運送人に交付された時点で、売主は物品を引き渡したのである。もちろん、その売主は、書類交付の不履行について、契約及びこの条約に定める救済方法に服することになる。

## 特定の場所に存在し、又は特定の場所で製造若しくは生産が行われる物品（本条(b)）

10．契約の締結時に、物品が特定の場所に存在し、又は特定の場所で製造若しくは生産が行われることを当事者双方が知っており、かつ、契約が物品の発送を要求せず又はその権限を与えていない場合には、売主の物品引渡義務は、物品が存在する場所で、又はその製造若しくは生産が行われる場所で、物品を買主の処分にゆだねることから成る。

11．本号により想定されている場面には、多くの異なったものが存在する。第1に、物品が特定物である場合がある。例えば、ある業者から別の業者へ

---

[3] 例えば、インコタームズ［1976］のFOB条件A.2、CIF条件A.4参照（"Incoterms", ICC publication No. 274）。〔訳注：FOB条件A.2はA.4の誤りと思われる。また、インコタームズ2010では、危険移転時期が改訂され、危険は本船の船上に物品を置いた時に移転するとされているが、インコタームズ2000までは、本船の手すりの通過時に危険が移転するとされていた。この点で、この注は、1976年のインコタームズに基づく説明としては厳密性を欠く。〕

の特定の絵画の売買において、当事者双方が特定の場所にあることを知っている場合には、引渡しは、売主がその場所で当該絵画を買主の処分にゆだねることにより、行われたことになる。10トンの鉄屑が特定の鉄屑の山から取り出されるべきものとされている場合、あるいは100脚の椅子が特定の工場で製造されるべきものとされている場合にも同様の解決がなされる。

**12．**契約締結時に物品が既に運送中である場合には、当該売買契約は、本条(a)が適用される物品の運送を「伴う」ものではなく、特定の場所に存在する物品の売買であり、それゆえ、本条(b)に従うことになる。このことは、売買がある船荷証券に基づく船積全部についてのものであるか——この場合には物品は特定物であることになる——、又は、売買が船荷証券の対象とする物品の一部のみについてのものであるかを問わない。このように解さないで、既に運送中の物品に関する売買契約は「物品の運送を伴う」と解して29条(a)［CISG 31条(a)］の適用をうけるものとした場合には、物品が「買主に送付するために」運送人に交付されることはないのであるから、売主が「物品の引渡し」をすることがなくなってしまう。しかしながら、80条［CISG 68条］に基づき、危険は、物品の交付が売買契約の締結に先行する場合であっても、物品の処分を支配する書類を発行した運送人に対してその物品が交付された時から移転する。〔訳注：CISG 68条では、1978年草案80条から、運送中の物品の売買契約における危険移転時期に変更が加えられている。同条の注釈に付した【変更点】参照。もっとも、パラグラフ12は、「運送中の物品の売買」における引渡場所については、「特定の場所に所在する物品の売買」の引渡場所についての規定が適用されるとしながら、危険移転時期については「特定の場所に所在する物品の売買」における危険移転時期（草案81条＝CISG 69条）ではなく、運送中の物品の売買契約における危険移転時期に関する特則（草案80条＝CISG 68条）が適用されることを指摘するものであり、この点はCISGの下でも本文の説明が当てはまる。〕

**13．**特定物の存在する場所、引き渡される物品が取り出されるべき特定の在庫の場所、又は物品の製造若しくは生産が行われるべき場所を、当事者双方が知っていなければならない。ここでは当事者双方が現実に知っていることが求められており、当事者のいずれかが、そのことを実際には知らなかったが知っているべきであったというだけでは不十分である。さらに、当事者双方が、契約の締結時にこのことを知っていることを要する。

## その他の場合（本条(c)）

**14．** (a)及び(b)によって規律されないその他の場合には、売主の引渡義務は、売主が契約の締結時に営業所を有していた場所において、物品を買主の処分にゆだねることから成る。売主が複数の営業所を有していた場合は、引渡しが行われるべき場所は、9条(a)［CISG 10条(a)］により規律される。

**15．** (c)は、(a)及び(b)で規定されていない場合を規律するための補充ルールであるが、「その他のすべての場合」についてのルールを定めるものではない。とりわけ、契約において、買主の営業所又は本条で言及されていない他の特定の場所で、引渡しが行われるべきことが規定されているという場合があろう。29条［CISG 31条］の柱書は、このようなすべての場合には、引渡しは、物品を交付すること又は物品を買主の処分にゆだねることのいずれか適切な方法により、契約に規定された特定の場所で行われるべきことを、承認するものである。

## 物品を買主の処分にゆだねるということ

**16．** 物品が買主の処分にゆだねられたといえるのは、買主による占有の取得が可能となるために必要なことを売主が完了した時点である。通常、これには、引き渡されるべき物品の特定、包装等の売主が行うべき引渡前のあらゆる準備の完了、及び買主による占有の取得を可能とするために通知が必要な場合にはそのような買主への通知を行うことが含まれる。

**17．** 物品が、倉庫業者や運送人のような受寄者の占有下にある場合には、物品は、売主が受寄者に対して物品を買主のために保管することを指図すること、又は、売主が物品の処分を支配する書類を適切な方法で買主に交付することなどによって、買主の処分にゆだねることができる。

## 所有権留保の効果

**18．** 売主が物品の所有権その他の物品上の利益を留保する場合であっても、このような留保が、とりわけ代金の支払を担保する目的のためのものであるときには、本条に基づき引渡しは行われたこととなり、危険の移転も79条、80条又は81条［CISG 67条、68条又は69条］に基づく[4]。

---

[4] 79条(1)［CISG 67条(1)］は、とりわけ、「売主が物品の処分を支配する書類を保持することが認められている事実は、危険の移転に影響を及ぼさない」と規定する。

## 第30条【運送に関連する義務】

| 1978年草案 | CISG |
|---|---|
| **Article 30** [Obligations in respect of carriage of goods]<br>(1)　If the seller <u>is bound to hand</u> the goods over to a carrier and if the goods are not clearly <u>marked with an address or are not otherwise identified to the contract</u>, the seller must <u>send</u> the buyer <u>a</u> notice of the consignment <u>which specifies the goods</u>.<br>(2)　If the seller is bound to arrange for carriage of the goods, he must make such contracts as are necessary for the carriage to the place fixed by means of transportation <u>which are</u> appropriate in the circumstances and according to the usual terms for such transportation.<br>(3)　If the seller is not bound to effect insurance in respect of the carriage of the goods, <u>he must provide the buyer, at his request,</u> with all available information necessary to enable him to effect such insurance. | **Article 32**<br>(1)　If the seller<u>, in accordance with the contract or this Convention,</u> <u>hands</u> the goods over to a carrier and if the goods are not clearly <u>identified to the contract by markings on the goods, by shipping documents or otherwise</u>, the seller must <u>give</u> the buyer notice of the consignment <u>specifying the goods</u>.<br>(2)　If the seller is bound to arrange for carriage of the goods, he must make such contracts as are necessary for carriage to the place fixed by means of transportation appropriate in the circumstances and according to the usual terms for such transportation.<br>(3)　If the seller is not bound to effect insurance in respect of the carriage of the goods, <u>he must, at the buyer's request, provide him</u> with all available information necessary to enable him to effect such insurance. |
| <u>第30条</u>【運送に関連する義務】<br>(1)　売主は、物品を運送人に交付<u>しなければならない</u>場合において、当該物品が<u>住所その他の荷印により</u>契約上の物品として明確に特定されないときは、買主に対して物品を特定した発送の通知を<u>送らなければならない</u>。<br>(2)　売主は、物品の運送を手配する義務を負う場合には、状況に応じて適切な運送手段により、かつ、このような運送のための通常の条件により、定められた場所までの運送に必要となる契約を締結しなければならない。<br>(3)　売主は、物品の運送について保険を掛ける義務を負わない場合であっても、 | <u>第32条</u>【運送に関連する義務】<br>(1)　売主は、<u>契約又はこの条約に従い</u>物品を運送人に交付<u>した</u>場合において、当該物品が<u>荷印、船積書類その他の方法により</u>契約上の物品として明確に特定されないときは、買主に対して物品を特定した発送の通知を<u>行わなければ</u>ならない。<br>(2)　売主は、物品の運送を手配する義務を負う場合には、状況に応じて適切な運送手段により、かつ、このような運送のための通常の条件により、定められた場所までの運送に必要となる契約を締結しなければならない。<br>(3)　売主は、物品の運送について保険を掛ける義務を負わない場合であっても、 |

第 30 条【運送に関連する義務】　93

| 買主の要求があるときは、買主が物品の運送について保険を掛けるために必要な情報であって自己が提供することのできるすべてのものを、買主に対して提供しなければならない。 | 買主の要求があるときは、買主が物品の運送について保険を掛けるために必要な情報であって自己が提供することのできるすべてのものを、買主に対して提供しなければならない。 |

### 【CISG における変更点】

① 1978 年草案 30 条(1)は、売主が物品を運送人に交付する義務を負う場合に適用されることとなっていたが、CISG 32 条(1)は、売主が運送人への物品交付義務を負わない場合であっても、引渡義務を履行する過程で物品を運送人に交付するときにも適用されるように修正されている。O.R. 307-308, Docy. Hist 528-529, paras 10-16.

② (1)については、さらに、物品の特定方法に関する文言に修正がある。この趣旨は、1980 年外交会議の記録からは明らかではないが、同様の変更が、1978 年草案 79 条(2)＝ CISG 67 条(2)に加えられている。その趣旨は、物品の特定方法として、送付先住所による荷印や物品を特定した発送の通知 (notice of consignment) に重きをおいた規定ぶりになっているのを、実務慣行に合わせ、より柔軟な規定ぶりに変更したものと説明されている。1978 年草案 79 条の注釈に付した【変更点】参照。

③ (2)(3)については文言に変更があるが、実質に関わる変更点ではない。

### 先行条文

ULIS 19 条(3)及び 54 条

### 注釈

1．30 条［CISG 32 条］は、売買契約が物品の運送を伴うものである場合に、売主が負う数種の追加的義務を規定する。

### 物品の特定（本条(1)）

2．売主は通常、発送時又はそれ以前において、物品に買主の氏名及び住所を記し、買主を荷受人若しくは物品の到達時に通知がなされるべき当事者として特定する船積書類を調達し、又は類似の方法により、当該物品を契約上の物品として特定する。しかしながら、売主が同一の物品を複数の買主に発送する場

合には、売主において、その到達前に物品を特定するいかなる措置もとらないことがあり得よう。このことはとりわけ、売買が、ばら荷で発送される穀物のような物品を対象とする場合に、起こりやすい。

**3．** 30条(1)〔CISG 32条(1)〕は、売主は、物品を住所による荷印により、若しくはその他の方法により契約上の物品として特定すること、又は買主に対して物品を特定した発送の通知を送付することのいずれかの義務を負うことを規定する。売主がこれら3つの行為のいずれをも行わない場合には、79条(2)〔CISG 67条(2)〕が、危険は移転しないと規定する[1]。さらに、買主は、売主の義務違反に対するすべての通常の救済を求めることができるのであり、こうした救済には発送の通知を行うよう売主に要求する権利、損害賠償を請求する権利が含まれるとともに、売主が物品を特定しなかったこと、又は発送の通知を送付しなかったことが重大な違反に当たるときには、契約を解除する権利が含まれる。

### 運送契約（本条(2)）

**4．** CIF条件やC&F条件〔現在はCFR条件と略称される〕などのよく使われる貿易条件は、売主に物品の運送契約を手配する義務があるとし、他方で、通常は売主にそのような義務のないFOB売買であっても、実際には、売主が運送の手配を行うことに当事者が合意することがある。(2)は、そのように売主が「物品の運送を手配する義務を負う」場合のすべてについて、売主は「状況に応じて適切な運送手段により、かつ、このような運送のための通常の条件により、定められた場所までの運送に必要となる契約を締結しなければならない。」と規定する。

### 保険（本条(3)）

**5．** 売主又は買主のいずれかが、売買契約に基づいて、運送中の物品の損失につき保険を掛ける義務を負う場合がある。この義務は通常、売買契約に用いられているトレードターム（貿易条件）により決定されることになり、危険の移転によっては規律されない。例えば、代金がCIF条件に基づいて定められている場合には、危険が移転するのは買主に送付するために物品が運送人に交

---

[1] 81条(3)〔CISG 69条(3)〕は、売買契約が物品の運送を伴わないものである場合について、類似の準則を定める。

付された時であるとしても[2]、売主が保険を掛けなければならないのである[3]。代金がC&F条件〔現在はCFR条件と略称される〕やFOB条件に基づいて定められている場合には、契約に別段の定めがない限り、必要な保険を掛けることは買主の責任においてしなければならない[4]。

**6．**(3)は、売主が契約上、保険を掛ける義務を負わない場合であっても、売主は、買主が物品の運送について保険を掛けるために必要な情報を、買主に対して提供しなければならないと規定する。売主は、買主の要求があるときにのみ、そうした情報を提供しなければならないのであるから、これは売主が原則として負う義務ではない。しかしながら、取引分野によっては、この条約8条〔CISG 9条〕に従って契約の一部となる慣習に基づき、買主の側の要求がなくとも、売主においてそのような情報を提供することを求められる場合があり得る。

---

(2) インコタームズ[1976]のCIF条件が用いられる場合には、物品が船積港で本船の手すりを通過した時に、危険は買主に移転する（同A.6）〔訳注：A.5の誤りと思われる。なお、インコタームズ2010では、危険移転時期が改訂され、本船上に物品を置いた時に移転するとされている〕。この条約に基づく準則については、79条(1)〔CISG 67条(1)〕及び同条の注釈のパラグラフ4から7までを参照。
(3) 例えば、インコタームズ[1976]のCIFのA.5参照〔訳注：A.3の誤りと思われる。〕。
(4) 例えば、インコタームズ[1976]のC&F条件〔現在はCFR条件と略称される〕及びFOB条件参照。

## 第 31 条【引渡しの時期】

| 1978 年草案 | CISG |
|---|---|
| <u>Article 31</u> [Time of delivery]<br>The seller must deliver the goods：<br>(a) if a date is fixed by or determinable from the contract, on that date; <u>or</u><br>(b) if a period of time is fixed by or determinable from the contract, at any time within that period unless circumstances indicate that the buyer is to choose a date; or<br>(c) in any other case, within a reasonable time after the conclusion of the contract. | <u>Article 33</u><br>The seller must deliver the goods：<br>(a) if a date is fixed by or determinable from the contract, on that date;<br>(b) if a period of time is fixed by or determinable from the contract, at any time within that period unless circumstances indicate that the buyer is to choose a date; or<br>(c) in any other case, within a reasonable time after the conclusion of the contract. |
| <u>第 31 条【引渡しの時期】</u><br>　売主は、次のいずれかの時期に物品を引き渡さなければならない。<br>(a) 期日が契約によって定められ、又は期日を契約から決定することができる場合には、その期日<br>(b) 期間が契約によって定められ、又は期間を契約から決定することができる場合には、買主が引渡しの日を選択すべきことを状況が示していない限り、その期間内のいずれかの時<br>(c) その他の場合には、契約の締結後の合理的な期間内 | <u>第 33 条【引渡しの時期】</u><br>　売主は、次のいずれかの時期に物品を引き渡さなければならない。<br>(a) 期日が契約によって定められ、又は期日を契約から決定することができる場合には、その期日<br>(b) 期間が契約によって定められ、又は期間を契約から決定することができる場合には、買主が引渡しの日を選択すべきことを状況が示していない限り、その期間内のいずれかの時<br>(c) その他の場合には、契約の締結後の合理的な期間内 |

## 【CISG における変更点】

　文言に変更があるが、実質に関わる変更点ではない。

## 先行条文

ULIS 20 条、21 条及び 22 条

## 注釈

1．31 条［CISG 33 条］は、売主が物品の引渡義務を履行しなければならない時期について規定する。

**2．**売主の義務は特定の時期に引渡しをすることであるから、売主は、特定された時期に若しくはその時期までに、29条［CISG 31条］に従って、物品を運送人に交付し、適切な場所で物品を買主の処分にゆだね、又は、契約の内容に基づき引渡しとなり得るその他の行為を行わなければならない。31条［CISG 33条］は、引渡期日において買主が物理的な占有を取得することを求めておらず、例えば、引渡しが物品を運送人に交付することによって行われる場合などには、買主が物理的占有を取得する地位にあったことさえ求めていない。

### 定められた、又は決定することができる期日における引渡し（本条(a)）

**3．**引渡しの期日が契約によって定められ、又は契約から決定することができる場合には、売主は、その期日に引渡しをしなければならない。引渡しの期日が、8条［CISG 9条］により契約に適用される慣習によって定められ、又は慣習から決定することができる場合には、その引渡しの期日は、契約によって定められ、又は契約から決定することができる場合に当たる。

### 期間内の引渡し（本条(b)）

**4．**国際取引では、引渡しの期日は期間によって定められるのが一般的である。これは一般に、売主に対して、発送のために物品を準備し、必要な運送の手配をするための多少の自由度を認めるためである。それゆえ、(b)は、売主に「その期間内のいずれかの時」に、物品を引き渡すことを認めている。

**5．**しかしながら、注意を要するのは、期間内に引き渡すよう求める当初の合意を当事者が変更して、当初の期間内あるいは期間外の引渡しの期日を特定している可能性があるということである。例えば、契約によって当初、7月中の引渡しが定められていた場合であっても、後の合意において、売主は7月15日に引き渡すことに合意することがあり得る。このような場合には、引渡しはその期日に行われなければならない。

**6．**引渡しは一定の期間内にしなければならないとする契約上又は適用ある慣習上の定めは、買主のニーズを満たしつつ、保管や処理をする買主のキャパシティに過重な負担をかけないように、買主が物品の運送の手配や物品の正確な到達時刻の調整をできるようにすることが意図されている。契約締結後にならなければ、買主のニーズやキャパシティが明らかにならないことがあるからである。それゆえ、(b)は、「買主が引渡しの日を選択すべきことを状況が示している」ときには、売主において具体的な引渡期日を選択することはできないと

規定する。

**7．**注意を要するのは、買主が引渡期日を選択することになっている場合には、売主が、発送のために物品を準備し、売買契約に基づき手配することが求められていた運送契約を締結するための時間的余裕をもって、その期日の通知を売主に与える必要があるということである。買主が適時にそのような通知を行わなかった場合には、売主は、選択された期日を知らなかったことが65条(1)［CISG 79条(1)］の意味における自己の支配を超える障害に当たることを証明できる限度で、自己の不履行について責任を負わない。

### その他の場合における引渡し（本条(c)）

**8．** (a)及び(b)により規律されないその他すべての場合には、売主は、契約の締結後の合理的な期間内に物品を引き渡さなければならない。何が合理的な期間であるかは、事案の状況において、どのような行為が商取引において許容されるかによる。

### 期日前の引渡し

**9．**定められた期日前に、引き渡された物品の引渡しを受領し、又はその受領を拒絶する買主の権利については、48条(1)［CISG 52条(1)］及び同条に関する注釈参照。

**10．**売主が引渡期日前に物品を引き渡した場合において、引き渡した物品の不適合を期日までに追完する売主の権利は、35条［CISG 37条］により規律される。引渡しの期日後において不適合を追完する売主の権利は、44条［CISG 48条］により規律される。

## 第 32 条【書類の交付】

| 1978 年草案 | CISG |
|---|---|
| <u>Article 32</u> [Handing over of documents]<br>If the seller is bound to hand over documents relating to the goods, he must hand them over at the time and place and in the form required by the contract. | <u>Article 34</u><br>If the seller is bound to hand over documents relating to the goods, he must hand them over at the time and place and in the form required by the contract. <u>If the seller has handed over documents before that time, he may, up to that time, cure any lack of conformity in the documents, if the exercise of this right does not cause the buyer unreasonable inconvenience or unreasonable expense. However, the buyer retains any right to claim damages as provided for in this Convention.</u> |
| 第 32 条【書類の交付】<br>　売主は、物品に関する書類を交付する義務を負う場合には、契約に定める時期及び場所において、かつ、契約に定める方式により、当該書類を交付しなければならない。 | 第 34 条【書類の交付】<br>　売主は、物品に関する書類を交付する義務を負う場合には、契約に定める時期及び場所において、かつ、契約に定める方式により、当該書類を交付しなければならない。<u>売主は、その時期より前に当該書類を交付した場合において、買主に不合理な不便又は不合理な費用を生じさせないときは、その時期まで、当該書類の不適合を追完することができる。ただし、買主は、この条約に規定する損害賠償の請求をする権利を保持する。</u> |

【CISG における変更点】

　CISG 34 条には、1978 年草案 32 条にはなかった第 2 文と第 3 文が追加されている。これは、引渡期日前の物品の不適合の追完（1978 年草案 35 条［CISG 37 条］）の規定の趣旨を、書類の追完にも及ぼすための追加である。O.R. 309-310, paras 49-74；426, paras 1-4, [Docy. Hist. 530-531, 647].

先行条文

ULIS 50 条

## 注釈

1. 32条〔CISG 34条〕は、28条〔CISG 30条〕に定める売主の二番目の義務、すなわち、物品に関する書類を買主に交付する義務について規定する。物品の引渡しに関する規定と同じ位置に本条が置かれていることは、書類の交付と物品の引渡しとの間にある密接な関係を際だたせるものである。

2. 本条自体は、売主がどのような書類を買主に交付しなければならないかを列挙してはいない。船荷証券、埠頭倉庫証券（ドック・レシート、dock receipt）、倉庫証券（warehouse receipt）などの権原証券に加え、売主は契約上、保険証書、商業送り状又は領事送り状（consular invoice）、原産地証明書、重量証明書又は品質証明書などを交付しなければならないことがある。

3. 書類は、契約に定める時期及び場所において、かつ、契約に定める方式により、交付されなければならない。通常、これは、買主において、物品が仕向地に到達した時に運送人から物品の占有を取得し、通関して仕向国内へ物品を持ち込み、そして運送人や保険会社に各種請求を行うことを可能とするような、時期及び方式により、書類を交付するよう売主に求めるものである。

4. 32条〔CISG 34条〕は、契約に書類引換払条件（payment against document）の定めがある場合の、買主が代金を支払うまで書類の交付を留保する売主の権利を制限するものではない[1]。

---

(1)　54条〔CISG 58条〕。

## 第 2 節　物品の適合性及び第三者の権利又は請求

### 第 33 条【物品の適合性】

| 1978 年草案 | CISG |
|---|---|
| **Article 33** [Conformity of the goods]<br>(1) The seller must deliver goods which are of the quantity, quality and description required by the contract and which are contained or packaged in the manner required by the contract. <u>Except where otherwise agreed, the goods do not conform with the contract unless they</u> ：<br><br>(a) are fit for the purposes for which goods of the same description would ordinarily be used ；<br>(b) are fit for any particular purpose expressly or impliedly made known to the seller at the time of the conclusion of the contract, except where the circumstances show that the buyer did not rely, or that it was unreasonable for him to rely, on the seller's skill and judgement ；<br>(c) possess the qualities of goods which the seller has held out to the buyer as a sample or model ；<br>(d) are contained or packaged in the manner usual for such goods.<br><br><u>(2)</u> The seller is not liable under subparagraphs (a) to (d) of <u>paragraph (1) of this article</u> for any <u>non-conformity</u> of the goods if at the time of the conclusion of the contract the buyer knew or could not have been unaware of such <u>non-conformity</u>. | **Article 35**<br>(1) The seller must deliver goods which are of the quantity, quality and description required by the contract and which are contained or packaged in the manner required by the contract.<br><u>(2)</u> <u>Except where the parties have agreed otherwise, the goods do not conform with the contract unless they</u> ：<br>(a) are fit for the purposes for which goods of the same description would ordinarily be used ；<br>(b) are fit for any particular purpose expressly or impliedly made known to the seller at the time of the conclusion of the contract, except where the circumstances show that the buyer did not rely, or that it was unreasonable for him to rely, on the seller's skill and judgement ；<br>(c) possess the qualities of goods which the seller has held out to the buyer as a sample or model ；<br>(d) are contained or packaged in the manner usual for such goods <u>or, where there is no such manner, in a manner adequate to preserve and protect the goods</u>.<br><br><u>(3)</u> The seller is not liable under subparagraphs (a) to (d) of <u>the preceding paragraph</u> for any <u>lack of conformity</u> of the goods if at the time of the conclusion of the contract the buyer knew or could not have been unaware of such <u>lack of conformity</u>. |

| 第33条【物品の適合性】 | 第35条【物品の適合性】 |
|---|---|
| (1) 売主は、契約に定める数量、品質及び種類に適合し、かつ、契約に定める方法で収納され、又は包装された物品を引き渡さなければならない。<u>当事者が別段の合意をした場合を除くほか、物品は、次の要件を満たさない限り、契約に適合しないものとする。</u><br>　(a) 同種の物品が通常使用されるであろう目的に適したものであること。<br>　(b) 契約の締結時に売主に対して明示的又は黙示的に知らされていた特定の目的に適したものであること。ただし、状況からみて、買主が売主の技能及び判断に依存せず、又は依存することが不合理であった場合は、この限りでない。<br>　(c) 売主が買主に対して見本又はひな形として示した物品と同じ品質を有するものであること。<br>　(d) 同種の物品にとって通常の方法により、収納され、又は包装されていること。<br><br>(2) 買主が契約の締結時に物品の<u>不適合（non-conformity）</u>を知り、又は知らないことはあり得なかった場合には、売主は、当該物品の<u>不適合（non-conformity）</u>について<u>(1)</u>(a)から(d)までの規定に係る責任を負わない。 | (1) 売主は、契約に定める数量、品質及び種類に適合し、かつ、契約に定める方法で収納され、又は包装された物品を引き渡さなければならない。<br>(2) <u>当事者が別段の合意をした場合を除くほか、物品は、次の要件を満たさない限り、契約に適合しないものとする。</u><br>　(a) 同種の物品が通常使用されるであろう目的に適したものであること。<br>　(b) 契約の締結時に売主に対して明示的又は黙示的に知らされていた特定の目的に適したものであること。ただし、状況からみて、買主が売主の技能及び判断に依存せず、又は依存することが不合理であった場合は、この限りでない。<br>　(c) 売主が買主に対して見本又はひな形として示した物品と同じ品質を有するものであること。<br>　(d) 同種の物品にとって通常の方法により、<u>又はこのような方法がない場合にはその物品の保存及び保護に適した方法により</u>、収納され、又は包装されていること。<br>(3) 買主が契約の締結時に物品の<u>不適合［lack of conformity］</u>を知り、又は知らないことはあり得なかった場合には、売主は、当該物品の<u>不適合［lack of conformity］</u>について<u>(2)</u>(a)から(d)までの規定に係る責任を負わない。 |

【CISGにおける変更点】

① 1978年草案33条(1)は、CISG 35条では(1)(2)に分けて規定され、1978年草案33条(2)がCISG 35条(3)となっている。

② また、1978年草案33条(1)(d)は、CISG 35条(2)(d)で、「又はこのような方法がない場合にはその物品の保存及び保護に適した方法により」という文言が追加されている。これは包装方法が確立していない新種商品の登場に備えた追加である。

O.R. 316-317, paras 71-89 、[Docy. Hist. 537-538]．

③　CISG 35条(1)〜(3)には、その他にも文言に変更が加えられているが、実質に関わる変更点ではない。

## 先行条文
ULIS 33条及び36条

## 注釈
1．33条［CISG 35条］は、契約に適合する物品を引き渡す売主の義務の射程を規定する。

2．本条は、1つの重要な点において ULIS と異なる。ULIS では、品質、数量、又は種類に関して、契約の定めに適合していない物品を売主が交付した場合には、売主は、「物品を引き渡す」義務を履行したものとはされなかった。しかしながら、この条約では、売主が契約の一般的な記述に適合した物品を交付し、又は買主の処分にゆだねた場合には、物品が品質又は数量に関して契約に適合していないとしても、売主は「物品を引き渡した」ものとされるのである[1]。ただし、注意を要するのは、物品が「引き渡された」としても、買主は、物品の不適合についての救済を失わないということである[2]。

3．ただし、第三者の権利又は請求――工業所有権又は知的財産権に基づく権利又は請求を含む――の対象となっていない物品を引き渡すという39条及び40条［CISG 41条及び42条］に基づく売主の義務は[3]、契約に適合した物品を引き渡す売主の義務からは独立した義務である。

### 物品の適合性に関する売主の義務（本条(1)）［CISG 35条(1)及び(2)］
4．(1)は、契約に適合する物品を引き渡す売主の義務を判断する基準を規定する。第1文［CISG 35条(1)］は、契約に定める数量、品質及び種類に適合し、かつ、契約に定める方法で収納され、又は包装された物品を引き渡さなければならないことを強調する。これは、適合性の基準について、その最優先の根拠

---
(1)　「物品を引き渡した」といえるためには、売主が契約の記述に適合する物品を交付し、又は買主の処分にゆだねる必要があることについては、29条［CISG 31条］に関する注釈のパラグラフ3において検討されている。
(2)　41条(1)［CISG 45条(1)］。
(3)　この準則の意義については、39条及び40条［CISG 41条及び42条］並びに各条に関する注釈参照。

が当事者間の契約であることを認めるものである。(1)の残りの部分［CISG 35条(2)］は、当事者が「別段の合意をした場合」以外の、適合性に関する売主の義務についての具体的な局面を規定している。

### 通常の目的に適していること（本条(1)(a)）［CISG 35条(2)(a)］

5．物品は、しばしば、その物品が使用される目的に関して売主に何も示されることがないままに、一般的な品名（description）によって注文される。こうした場合には、売主は、同種の物品が通常使用されるすべての目的に適した物品を提供しなければならない。契約において黙示的に定められている品質の基準は、契約上に表示された物品を購入する者の通常の期待に照らして確定されなければならない。(a)に基づく売主の義務の内容は、そのような物品が通常使用される仕方で買主自身が当該物品を使用することを、売主が予期できたかどうかによって左右されない。とりわけ、契約上に表示された物品のすべての通常使用目的に適した物品を提供する義務の射程は、買主が自己使用目的ではなく転売目的で物品を購入した場合にも同様に及ぶのである。物品が、通常の目的に適したものとされるためには、当該物品が通常の営業の過程で実際に転売可能なものでなければならない。売主の供給できる物品が、このような物品の通常の使用目的の一部だけに適する場合には、売主は、必要に応じて注文を断わることができるように、物品が意図されている特定の目的を買主に尋ねなければならない。

6．売主は、買主が特別の使用目的を「契約の締結時に売主に対して明示的又は黙示的に知らせていた」のでない限り、「同種の物品が通常使用されるであろう」目的以外の特別の目的に適する物品を引き渡す義務を負わない[4]。こうした問題は、買主が、その種類の物品の通常の使用目的ではないものの、ありうる他の目的で物品を使用しようとしている場合に生じ得る。売主が買主からそのような特定の目的が意図されていることを何も示されていない場合には、売主は、そのような目的にとって適切な物品を提供するよう努める理由はない。

### 特定の目的に適していること（本条(1)(b)）［CISG 35条(2)(b)］

7．買主は、何らかの特定の目的を達するために必要な物品の一般的な説明はできても、正確な仕様（specification）を伝えることができるほど十分に物品に

---

(4)　33条(1)(b)［CISG 35条(2)(b)］。後掲パラグラフ7から10まで参照。

ついて知らないことが多い。このような場合、買主は、物品が用いられるべき特定の用途を説明することにより、望む物品を示すことができる。買主が明示的又は黙示的にそのような目的を売主に対して知らせていた場合には、売主は、その目的に適する物品を引き渡さなければならない。

8．売主が特定の目的に適する物品を提供できないときには、売主が契約の締結を断わることができるように、特定の目的は、契約の締結時までに売主に対して知らされていなければならない。

9．「状況からみて、買主が売主の技能及び判断に依存せず、又は依存することが不合理であった」場合は、物品を購入する特定の目的が実際に明示的又は黙示的に売主に知らされていたとしても、売主は、特定の目的に適する物品を引き渡すことができなくても責任を負わない。こうした状況としては、例えば、買主がブランドネームにより物品を選択した場合、あるいは高度な技術仕様を用いて希望する物品を記述したという場合が挙げられよう。そのような場合においては、購入するに際して、買主は売主の技能や判断に依存していなかったと判断することができる。売主が、買主の注文した物品はそれを注文した特定の目的を満足させるものでないであろうことを認識していた場合には、売主は、この事実を買主に開示する必要があるであろう[5]。それでも買主があえて物品を購入した場合には、買主において売主の技能や判断に依存しなかったことが明白である。

10．売主が問題となっている物品に関して何か特別な知識を有すると自称していない場合にも、買主が売主の技能及び判断に依存することは、不合理であろう。

**見本又はひな形（本条(1)(c)）［CISG 35 条(2)(c)］**
11．契約が見本又はひな形に基づいて交渉された場合には、引き渡される物品は、売主が見本又はひな形として示した物品と同じ品質を有するものでなければならない。もちろん、売主が、見本又はひな形は特定の点において引き渡すこととなる物品とは異なると知らせていた場合には、売主は、見本又はひな形の品質に拘束されず、引き渡すこととなる物品が有すると知らせていた品質にのみ拘束されることになる。

---

(5) これは、6条［CISG 7 条(1)］における信義の遵守の要請から導かれるように思われる。

### 包装（本条(1)(d)）[CISG 35 条(2)(d)]

**12**．本条(1)(d)[CISG 35 条(2)(d)]により物品の適合性に関する売主の義務の1つとされているのが、「同種の物品にとって通常の方法により……収納され、又は包装されていること」である。本規定は最低限の基準を規定するものであって、売主が通常の包装方法よりもいっそう損害から保護できる方法で物品を包装することを思いとどまらせることが意図されているわけではない。〔上記【変更点】②参照〕

### 買主の知っていた不適合（本条(2)）[CISG 35 条(3)]

**13**．この条約により、本条(1)(a)から(d)まで［CISG 35 条(2)(a)から(d)まで］に定めるような品質に関する義務が売主に課されているのは、通常の売買では、契約で明示的に定められていないとしても、買主において、物品がこうした品質を有するものと期待することが正当だからである。しかしながら、買主が契約の締結時に、上記の品質のいずれかについてその不適合を知り、又は知らないことはあり得なかった場合には、買主は後になって、物品がその点において契約に適合するものであると期待していたと主張することはできない。

**14**．この準則は、契約により明示的に定められた物品の性状に及ぶものではなく、それゆえ、本条(1)第1文［CISG 35 条(1)］が優先する。買主において契約の締結時に、売主が契約に適合しない物品を引き渡すであろうことを知っていたとしても、買主は、売主から完全な履行を受ける契約上の権利を有する。売主が合意されたとおりに履行しない場合には、買主は、適切ないかなる救済も求めることができるのである[6]。

---

[6]　41 条(1)[CISG 45 条(1)]。

## 第34条【不適合についての売主の責任】

| 1978年草案 | CISG |
|---|---|
| <u>Article 34</u> [Seller's liability for lack of conformity]<br>(1) The seller is liable in accordance with the contract and this Convention for any lack of conformity which exists at the time when the risk passes to the buyer, even though the lack of conformity becomes apparent only after that time.<br>(2) The seller is also liable for any lack of conformity which occurs after the time indicated in <u>paragraph (1) of this article</u> and which is due to a breach of any of his obligations, including a breach of <u>any express guarantee</u> that the goods will remain fit for their ordinary purpose or for some particular purpose, or <u>that they</u> will retain specified qualities or characteristics <u>for a specific period</u>. | <u>Article 36</u><br>(1) The seller is liable in accordance with the contract and this Convention for any lack of conformity which exists at the time when the risk passes to the buyer, even though the lack of conformity becomes apparent only after that time.<br>(2) The seller is also liable for any lack of conformity which occurs after the time indicated in <u>the preceding paragraph</u> and which is due to a breach of any of his obligations, including a breach of <u>any guarantee</u> that <u>for a period of time</u> the goods will remain fit for their ordinary purpose or for some particular purpose or will retain specified qualities or characteristics. |
| 第34条【不適合についての売主の責任】<br>(1) 売主は、契約及びこの条約に従い、危険が買主に移転した時に存在していた不適合について責任を負うものとし、当該不適合が危険の移転した時の後に明らかになった場合においても責任を負う。<br>(2) 売主は、<u>(1)</u>に規定する時の後に生じた不適合であって、自己の義務違反（物品が<u>特定の期間</u>通常の目的若しくは特定の目的に適し、又は特定の品質若しくは特性を保持するとの<u>明示の保証</u>に対する違反を含む。）によって生じたものについても責任を負う。 | 第36条【不適合についての売主の責任】<br>(1) 売主は、契約及びこの条約に従い、危険が買主に移転した時に存在していた不適合について責任を負うものとし、当該不適合が危険の移転した時の後に明らかになった場合においても責任を負う。<br>(2) 売主は、(1)に規定する時の後に生じた不適合であって、自己の義務違反（物品が<u>一定の期間</u>通常の目的若しくは特定の目的に適し、又は特定の品質若しくは特性を保持するとの<u>保証</u>に対する違反を含む。）によって生じたものについても責任を負う。 |

## 【CISGにおける変更点】

① (2)について、危険移転後に生じた不適合であっても売主の保証違反による場合には売主が責任を負うという規定において、1978年草案が「明示の保証」の違反

に限定していたのが、CISG では明示（express）のものに限らないように文言が変更されている。O.R. 312-315, para 1-31 [Docy. Hist. 533-536]。

② また(2)が規定する保証について、1978年草案が「特定の期間（a specific period）」の保証を要する文言となっていたのが、CISG では「一定の期間」（a period of time）の保証で足りるように文言が変更されている。O.R. 313-15, paras 22-44 [Docy. Hist. 534-36]。

③ (2)にはその他にも文言に変更があるが、それらは実質に関わる変更点ではない。

先行条文
ULIS 35 条

注釈
1．34 条［CISG 36 条］は、物品が契約及びこの条約の定めに適合しているか否かを判断する基準時について規定する。

原則（本条(1)）
2．(1)は、売主は、危険が移転した時に存在していた不適合について、契約及びこの条約に従って責任を負い、そのことは当該不適合が明らかとなったのが危険が移転した日より後であったとしても同様であるという基本準則を規定している。物品の契約適合性は危険が移転した時点を基準として判断するとの準則は、滅失損傷の危険に関する準則の必然的帰結である。
3．物品の適合性は危険が移転した時点で判断されるのであるが、買主は、その後しばらく経つまで不適合について知らないということがあり得る。例えば、物品を使用してみるまで不適合が明らかにならない場合にはそのような事態が生じ得る。また、契約が物品の運送を伴う場合にもそのような事態が生じ得る。その場合には、危険は、買主に送付するために物品を運送人に交付した時に移転する[1]。しかしながら、買主は、仕向地で運送人から物品が交付された後、すなわち、危険の移転後しばらくするまで、通常は物品を検査することができ

---

[1] 79条(1)［CISG 67条(1)］。物品が送付先住所による荷印又は他の方法によって契約上の物品として明確に特定されていない場合について、79条(2)は、危険は、売主が買主に対して物品を特定した発送の通知を送付するまで買主に移転しないと規定する〔1978年草案79条(2)が規定する危険移転時期は、CISG 67条(2)とは異なる（例えば、「発送の通知」は危険の移転に必要とされていない）。1978年草案79条の注釈に付した【変更点】②参照〕。

ないであろう。いずれの場合でも、危険が移転した時に不適合が存在していれば、売主が責任を負うことになる。

**例 34 A**：契約において、「第 1 等級の穀物、FOB seller's city〔売主の所在地で本船渡〕」という売買条件が定められていた。売主は第 1 等級の穀物を発送したが、運送の途上で穀物は水を被って損害を被り、到達の時点には第 1 等級ではなく第 3 等級のものとなっていた。物品は危険が買主に移転した時点で契約に適合していたのであるから、買主は売主に対し、物品の不適合について何も請求できない。

**例 34 B**：例 34 A における穀物が発送の時点で第 3 等級であった場合には、穀物が買主側の港又は買主の営業所に到達した時点に至るまで、買主が不適合を知らなかったとしても、売主は責任を負わなければならない。

### 危険の移転後の損害（本条(2)）
**4．**(2)は、危険が移転した後であっても、売主による何らかの義務違反によって生じた損害については、売主は責任を負うと規定する。これが最も明らかに当てはまるのは、売主の側の積極的行動により損害が生じた場合であるが、売主が違反した義務が、危険の移転後の特定の期間（specific period）〔上記【変更点】②参照〕は、物品が特定の特性を保持するという、売主による明示の保証〔上記【変更点】①参照〕である場合にも、同様に当てはまる。34 条(1)〔CISG 36 条(1)〕が物品の適合性は危険が移転した時を基準として判断すると規定しているために、品質に関する明示の保証〔上記【変更点】①参照〕の違反について売主が責任を負うことを、特に規定しておく必要があると考えられたのである。

**5．**注意を要するのは、34 条(2)〔CISG 36 条(2)〕において売主が責任を負うものとされているのは、危険が移転後に生じた「不適合」についてであって、ULIS 35 条(2)が定めていたような「不適合によって生じた結果」についてではないということである。このことは、問題となっている不適合が、売主の何らかの義務の違反によって生じたものでありさえすれば、その欠陥や不具合が、危険の移転時に存在していた必要はないということを明白にするものである。

## 第 35 条【引渡期日前の不適合の追完】

| 1978 年草案 | CISG |
|---|---|
| <u>Article 35</u> [Cure of lack of conformity prior to date for delivery]<br><br>　If the seller has delivered goods before the date for delivery, he may, up to that date, deliver any missing part or make up any deficiency in the quantity of the goods delivered, or deliver goods in replacement of any non-conforming goods delivered or remedy any lack of conformity in the goods delivered, provided that the exercise of this right does not cause the buyer unreasonable inconvenience or unreasonable expense. The buyer retains any right to claim damages as provided for in this Convention. | <u>Article 37</u><br><br>　If the seller has delivered goods before the date for delivery, he may, up to that date, deliver any missing part or make up any deficiency in the quantity of the goods delivered, or deliver goods in replacement of any non-conforming goods delivered or remedy any lack of conformity in the goods delivered, provided that the exercise of this right does not cause the buyer unreasonable inconvenience or unreasonable expense. <u>However,</u> the buyer retains any right to claim damages as provided for in this Convention. |
| <u>第 35 条</u>【引渡期日前の不適合の追完】<br><br>　売主は、引渡しの期日前に物品を引き渡した場合には、買主に不合理な不便又は不合理な費用を生じさせないときに限り、その期日まで、欠けている部分を引き渡し、若しくは引き渡した物品の数量の不足分を補い、又は引き渡した不適合な物品の代替品を引き渡し、若しくは引き渡した物品の不適合を修補することができる。買主は、この条約に規定する損害賠償の請求をする権利を保持する。 | <u>第 37 条</u>【引渡期日前の追完】<br><br>　売主は、引渡しの期日前に物品を引き渡した場合には、買主に不合理な不便又は不合理な費用を生じさせないときに限り、その期日まで、欠けている部分を引き渡し、若しくは引き渡した物品の数量の不足分を補い、又は引き渡した不適合な物品の代替品を引き渡し、若しくは引き渡した物品の不適合を修補することができる。<u>ただし、</u>買主は、この条約に規定する損害賠償の請求をする権利を保持する。 |

【1978 年草案と CISG の相違点についての訳注】
　形式的な変更のみ。

## 先行条文
ULIS 37 条

## 注釈

1．35条［CISG 37条］は、契約において引渡しが行われるべきものとされていた最終期日の前に売主が物品を引き渡したが、売主の履行は契約に適合していなかった場合について規定する[1]。売主の履行が契約の定めに適合するかどうかの判断は、引渡しが行われた時に、確定的になされるべきだとすることも可能であろう。しかしながら、35条［CISG 37条］は、売主において、欠けている部分を引き渡すこと、物品の数量の不足分を補うこと、契約に適合する代替品を引き渡すこと、物品の不適合を修補することによって、不適合を追完することができると規定している[2]。

2．売主が、35条［CISG 37条］に基づいて物品の不適合を追完する権利を有するのは、「引渡しの期日」までに限られる。引渡しの期日後については、売主の追完権は、44条［CISG 48条］に基づくものとなる。物品の運送を伴う国際売買においては、契約に別段の定めがない限り、引渡しは、物品を最初の運送人に交付することによって行われる[3]。したがって、こうした契約において、売主が35条［CISG 37条］に基づき物品の数量又は品質の不適合を追完できるのは、契約で物品を運送人に交付すべきと定められている期日までである。

3．不適合を追完する売主の権利はさらに、権利の行使によって買主に不合理な不便又は不合理な費用を生じさせないとの要件によっても制限される。

**例35 A**：契約において、売主が工作機械100台を6月1日までに引き渡すことが定められていた。売主は75台について、適切な運送人を通じて5月1日に発送し、これらは6月15日に到達した。売主はさらに、追加の工作機械25台を5月30日に発送し、これらは7月15日に到達した。売主は、工作機械100台に関する契約上の引渡しの期日である6月1日の前に、それらの工作機械を運送人に交付したことにより、不適合を追完したのである。

---

(1) 買主は、引渡期日前に物品の引渡しを受領する義務を負っているわけではない（48条(1)［CISG 52条(1)］）。
(2) 売主において不適合を認識し、効果的に追完権を行使できるように、買主は、36条［CISG 38条］により、その状況に応じて合理的な短い期間内に、物品を検査する義務を負っており、また、37条［CISG 39条］により、売主に対して不適合の通知を行う義務を負っている。
(3) 29条(a)［CISG 31条(a)］。危険が移転する時点については、79条［CISG 67条］及び同条に関する注釈を参照。

**例 35 B**：例 35 A の契約において、2 回に分けた発送によって引渡しを行うことが売主に認められていなかった場合には、数量不足の工作機械 25 台を後続する 2 回目の発送で受領することが、買主に「不合理な不便又は不合理な費用」を生じさせるものではなかったときに限り、売主は数量に関する当初の不適合を追完することができる。

**例 35 C**：例 35 A の工作機械が、6 月 15 日及び 7 月 15 日に買主の営業所に到達したところ、当該機械に瑕疵があることが判明した。引渡しの期日（6 月 1 日）は既に過ぎているのであるから、35 条［CISG 37 条］に基づき売主が追完を行うには遅すぎる。しかしながら、売主に、44 条［CISG 48 条］に基づき不適合を追完する権利が認められることはあり得る。

**例 35 D**：例 35 A の工作機械は、6 月 1 日、すなわち契約上の引渡期日前に、運送人により買主に交付された。買主による検査の際に、当該機械に瑕疵があることが判明した。売主が引渡期日前に機械を修補することは可能であったが、売主は、その作業を買主の営業所でする必要があった。このような状況の下で不適合を追完する売主の行為が、買主に「不合理な不便又は不合理な費用」を生じさせるものである場合には、売主は、追完を行う権利を有しない。

# 第36条【物品の検査】

| 1978年草案 | CISG |
|---|---|
| <u>Article 36</u> [Examination of the goods]<br>(1) The buyer must examine the goods, or cause them to be examined, within as short a period as is practicable in the circumstances.<br>(2) If the contract involves carriage of the goods, examination may be deferred until after the goods have arrived at their destination.<br>(3) If the goods are redispatched by the buyer without a reasonable opportunity for examination by him and at the time of the conclusion of the contract the seller knew or ought to have known of the possibility of such redispatch, examination may be deferred until after the goods have arrived at the new destination. | <u>Article 38</u><br>(1) The buyer must examine the goods, or cause them to be examined, within as short a period as is practicable in the circumstances.<br>(2) If the contract involves carriage of the goods, examination may be deferred until after the goods have arrived at their destination.<br>(3) If the goods are <u>redirected in transit or</u> redispatched by the buyer without a reasonable opportunity for examination by him and at the time of the conclusion of the contract the seller knew or ought to have known of the possibility of such <u>redirection or</u> redispatch, examination may be deferred until after the goods have arrived at the new destination. |
| 第36条【物品の検査】<br>(1) 買主は、状況に応じて実行可能な限り短い期間内に、物品を検査し、又は検査させなければならない。<br>(2) 契約が物品の運送を伴う場合には、検査は、物品が仕向地に到達した後まで延期することができる。<br>(3) 買主が自己による検査のための合理的な機会なしに物品を転送した場合において、売主が契約の締結時にそのような転送の可能性を知り、又は知っているべきであったときは、検査は、物品が新たな仕向地に到達した後まで延期することができる。 | 第38条【買主による物品の検査】<br>(1) 買主は、状況に応じて実行可能な限り短い期間内に、物品を検査し、又は検査させなければならない。<br>(2) 契約が物品の運送を伴う場合には、検査は、物品が仕向地に到達した後まで延期することができる。<br>(3) 買主が自己による検査のための合理的な機会なしに<u>物品の運送中に仕向地を変更し、又は</u>物品を転送した場合において、売主が契約の締結時にそのような<u>変更又は</u>転送の可能性を知り、又は知っているべきであったときは、検査は、物品が新たな仕向地に到達した後まで延期することができる。 |

【CISGにおける変更点】

CISG 38条(3)では、物品がいったん仕向地に到達した後の「転送（redispatch）」があった場合だけでなく、「運送中の仕向地の変更（redirection in transit）」があった場合も含ませる文言の追加がある。O.R. 318-320, paras 2-24 [Docy. Hist.539-541].

### 先行条文

ULIS 38 条

### 注釈

1．36 条［CISG 38 条］は、買主が物品の検査をしなければならない時点を規定する。代金の支払前に物品を検査する買主の権利については、54 条(3)［CISG 58 条(3)］において考慮されている。

2．本条は、買主において、物品の不適合を発見し、又は発見すべきであった時から合理的な期間内に売主に対して物品の不適合の通知を行わない場合には、買主は物品の不適合を援用する権利を失うと規定する 37 条［CISG 39 条］の前置きに当たるものである。不適合が検査により発見できないものである場合を除き、買主が 36 条［CISG 38 条］に基づき物品の検査をしなければならない時点が、買主が 37 条［CISG 39 条］に基づき不適合を「発見すべきであった」時となる。

3．本条において買主がその実施の義務を負う検査は、状況に応じて合理的な検査である。買主は通常、あらゆる潜在的瑕疵を明らかにするような検査を行う義務を負ってはいない。状況に応じた合理的な検査は、個別の契約及び当該取引分野における慣習により決定され、物品の種類や当事者の性質といった要素に左右されることになろう。例えば、別の状況下の他の買主であれば不適合を発見することを期待されることがあり得るとしても、ある当事者が必要な技術的設備と専門知識を有さず、利用可能でもなかった場合には、当該当事者がそのような物品の不適合を発見することを期待されることはない。取引の国際的性質から、要求される検査の種類や範囲の決定は、国際的な慣習に照らして行われるべきである。

4．(1)は、買主は「状況に応じて実行可能な限り短い期間内に」物品を検査し、又は検査させなければならないという基本準則を規定する。(2)及び(3)は、2 つの特定の場合についてのこの準則の特則を規定する。

5．(2)は、契約が物品の運送を伴う場合には、「検査は、物品が仕向地に到達した後まで延期することができる」と規定する。この準則が必要であるのは、買主に送付するために物品が最初の運送人に交付された時に引渡しが行なわれたことになり、また、危険も同様にその時点で移転するとしても[1]、買主は通常、物品が仕向地に到達するまで物理的に、物品を検査し得る立場にないためである[2]。

**6**．(3)は、こうした思考を更に一歩進める。買主が自己による検査のための合理的な機会なしに物品を転送（redispatch）した場合には、物品の検査は、物品が新たな仕向地に到達した後まで延期することができる。転送する前に買主が物品の検査のための合理的な機会を有しないであろう典型的な場合とは、最終仕向地への到達前に検査のために物品を開封することが現実的ではないような仕方で、物品が包装されている場合である。転送が必要となる場合としては、買主が運送契約の仕向地とは異なる場所で自ら物品を使用することを意図している場合もあろうが、多いのは、買主が、まとめて包装されている物品を、それを最小単位として転売する中間業者である場合であろう。〔上記【変更点】参照〕

**7**．検査が、物品が新たな仕向地に到達した後まで延期され得るのは、売主が、契約の締結時において、そのような転送の可能性を知り、又は知っているべきであったときに限られる。売主において、物品が転送されることを知り又は知っているべきことまでは必要なく、そうした可能性があることを知り、又は知っているべきであったことで十分である。〔上記【変更点】参照〕

---

(1) 29条(a)及び79条(1)［CISG 31条(a)及び67条(1)］。物品の運送を伴う売買契約において危険が移転する時を決定する準則については、79条［CISG 67条］に関する注釈のパラグラフ3から8まで参照。
(2) 物品の検査前に買主には代金を支払う義務があるかどうかについては、54条［CISG 58条］に関する注釈のパラグラフ6参照。

## 第37条【不適合の通知】

| 1978年草案 | CISG |
|---|---|
| **Article 37** [Notice of lack of conformity]<br>(1) The buyer loses the right to rely on a lack of conformity of the goods if he does not give notice to the seller specifying the nature of the lack of conformity within a reasonable time after he has discovered it or ought to have discovered it.<br>(2) In any event, the buyer loses the right to rely on a lack of conformity of the goods if he does not give the seller notice thereof at the latest within a period of two years from the date on which the goods were actually handed over to the buyer, unless <u>such</u> time-limit is inconsistent with a contractual period of guarantee. | **Article 39**<br>(1) The buyer loses the right to rely on a lack of conformity of the goods if he does not give notice to the seller specifying the nature of the lack of conformity within a reasonable time after he has discovered it or ought to have discovered it.<br>(2) In any event, the buyer loses the right to rely on a lack of conformity of the goods if he does not give the seller notice thereof at the latest within a period of two years from the date on which the goods were actually handed over to the buyer, unless <u>this</u> time-limit is inconsistent with a contractual period of guarantee. |
| <u>第37条</u>【不適合の通知】<br>(1) 買主が、物品の不適合を発見し、又は発見すべきであった時から合理的な期間内に売主に対して不適合の性質を特定した通知を行わない場合には、物品の不適合を援用する権利を失う。<br>(2) 買主は、いかなる場合にも、自己に物品が現実に交付された日から二年以内に売主に対して前項に規定する通知を行わないときは、<u>そのような</u>期間制限と契約上の保証期間とが一致しない場合を除くほか、物品の不適合を援用する権利を失う。 | <u>第39条</u>【買主による不適合の通知】<br>(1) 買主は、物品の不適合を発見し、又は発見すべきであった時から合理的な期間内に売主に対して不適合の性質を特定した通知を行わない場合には、物品の不適合を援用する権利を失う。<br>(2) 買主は、いかなる場合にも、自己に物品が現実に交付された日から二年以内に売主に対して(1)に規定する通知を行わないときは、<u>この</u>期間制限と契約上の保証期間とが一致しない場合を除くほか、物品の不適合を援用する権利を失う。 |

【CISGにおける変更点】
① 文言に変更があるが、実質に関わる変更点ではない。
② ただし、1980年外交会議で追加されたCISG 44条によって、買主が、CISG 39条(1)（及びCISG 43条(1)）に基づく合理的な期間内の通知をしなくても、そのことに合理的な理由がある場合には、一定の救済が認められるという例外が設けら

第 37 条【不適合の通知】　117

れた。なお、この例外は CISG 39 条(2)の規定する物品の交付時から 2 年の期間制限には及ばない。

## 先行条文
ULIS 39 条
時効条約 8 条及び 10 条(2)

## 注釈
1．37 条［CISG 39 条］は、買主が、合理的な期間内に売主に対して物品の不適合に関する通知を行わない場合の結果を規定する。買主が、物品に対する第三者の権利又は請求に関して通知を行わない場合の結果については、39 条(2)及び 40 条(3)［CISG 43 条］が対象としている。

### 通知義務（本条(1)）
2．(1)によって、買主が定められた期間内に物品の不適合に関する通知を売主に行わない場合には、買主は物品の不適合を援用する権利を失う。通知がその期間内に行われなかった場合には、買主は、41 条(1)(b)［CISG 45 条(1)(b)］に基づく損害賠償を請求することができず、42 条［CISG 46 条］に基づき不適合を追完するよう売主に請求することもできず、45 条［CISG 49 条］に基づき契約を解除することもできず、また 46 条［CISG 50 条］に基づき代金減額の意思表示をすることもできない[1]。

3．買主は、不適合を発見し、又は発見すべきであった時から合理的な期間内に売主に対して通知を行わなければならない。不適合が、36 条［CISG 38 条］による物品の検査により明らかにし得るものであった場合には、買主は、物品を検査した又は検査すべきであった時に、不適合を発見すべきであったものとされる[2]。不適合がその検査により明らかにし得ないものであった場合には、買主は、実際に不適合を発見した時から、又はその後の経過に照らして発見すべきであった時から、合理的な期間内に通知を行わなければならない。

---

(1) 通知を行わないことと危険の移転の関係については、82 条［CISG 70 条］に関する注釈パラグラフ 3 及び例 82 B 参照。
(2) 36 条［CISG 38 条］に定める検査によって買主が発見すべき物品の不適合の範囲については、同条に関する注釈パラグラフ 3 参照。

**例37 A**：物品の不適合は、買主が36条［CISG 38条］に定める検査によって発見すべきといえるものではなかった。しかしながら、その不適合は、買主が物品をいったん使用し始めれば発見されるべきものであった。この場合には、買主は、使用により不適合を「発見すべきであった」時から合理的な期間内に、不適合の通知を行わなければならない。

4．通知の目的は、不適合を追完するために何をなさなければならないかを売主に知らせること、売主が独自に物品を検査し、一般的には、買主の主張する不適合に関する買主との紛争に使用する証拠を収集するための基礎を売主に与えることにある。したがって、買主は不適合を発見し、又は発見すべきであった時から合理的な期間内に、売主に対して通知を行わなければならないだけではなく、通知は、不適合の性質を特定したものでなければならない。

### 不適合を援用する権利の喪失（本条(2)）

5．一定の期間を経過した時に初めて明らかになる隠れた瑕疵を援用する買主の権利を保護することが重要であるとしても、物品の引渡しから相当の時間が経過してから行われる請求から売主を保護することも、同様に重要である。物品の引渡しから相当の時間が経過してから行われる請求は、多くはその有効性が疑わしいのであり、また、相当の時間が経過した時点でそうした内容の通知を初めて受けても、売主が、引渡しの時点での物品の状態に関して証拠を入手することや、物品又はその製造に用いる材料の入手元であった供給者の責任を追及することは、困難であろう。

6．(2)は、上記の売主の利益を、物品が買主に現実に交付された日から遅くとも2年以内に、買主は売主に対して通知を行わなければならないと要求するという仕方で認めている。これに加えて、時効条約8条及び10条においては、買主は、物品が現実に交付された日から4年以内に、売主に対して裁判手続を開始しなければならないとされている。注意を要するのは、本条(2)と時効条約8条及び10条との基礎にある原則は同一であり、2年又は4年の期間の起算点は同一なのであるが、(1)に基づく通知義務は、時効条約に基づく裁判手続を開始する買主の義務とは、完全に別個のものだということである。

7．5条［CISG 6条］で認められている当事者の意思自治という、より優先する原則により、当事者は、(2)に定める一般的な通知義務と異なる合意をすることができる。しかしながら、特定の期間は物品が特定の品質又は特性を保持す

るという明示の保証により、2年以内に通知を行う義務が影響を受けるかどうかについては、特別の条項がない場合には、明確ではないだろう[3]。そこで(2)は、「そのような期間制限と契約上の保証期間とが一致しない」場合には、2年以内に通知を行う義務は適用されないと定めている。両者が一致するか否かは、保証の解釈の問題である。

**例 37 B**：工作機械の売買契約において、当該工作機械について、少なくとも 3 年間にわたり、最低でも 1 日当たり 100 台の生産を行うことができるものと定められていた。3 年間の保証であるため、この契約条項は、(2)における 2 年間の期間制限と一致しない。3 年の内に保証違反があったことを売主に知らせるため、1 日当たり 100 台の生産ができなかったことについての通知が、3 年以内に行われなければならないかどうかは、当該契約における保証条項の解釈の問題であろう。

**例 37 C**：契約において、工作機械について、1 年間にわたり最低でも 1 日当たり 100 台の生産を行うことができるものと定められていた。1 年間にわたり特定の性能の保持を定めるこの契約が、37 条(2)［CISG 39 条(2)］が定める通知のための 2 年間の期間制限に影響を及ぼすと解釈されることはまずないだろう。

**例 37 D**：契約において、最低でも 1 日当たり 100 台の生産ができなかった旨の通知は、引渡期日から 90 日以内に行わなければならないと定められていた。このような明示の条項は、(2)の 2 年間の期間制限と一致しないものとされよう。

---

[3] 34 条(2)［CISG 36 条(2)］は、不適合が明示の保証〔CISG 36 条(2)では「明示の」の文言は削除されている。1978 年草案 34 条の注釈に付した【変更点】①参照。また、【変更点】②も参照。〕に違反したものである場合には、売主は、引渡期日の後に生じた物品の不適合について責任を負うと規定している。

## 第 38 条【売主の知っていた不適合】

| 1978 年草案 | CISG |
|---|---|
| <u>Article 38</u> ［Seller's knowledge of lack of conformity］<br>　The seller is not entitled to rely on the provisions of articles <u>36 and 37</u> if the lack of conformity relates to facts of which he knew or could not have been unaware and which he did not disclose to the buyer. | <u>Article 40</u><br>　The seller is not entitled to rely on the provisions of articles <u>38 and 39</u> if the lack of conformity relates to facts of which he knew or could not have been unaware and which he did not disclose to the buyer. |
| <u>第 38 条</u>【売主の知っていた不適合】<br>　物品の不適合が、売主が知り、又は知らないことはあり得なかった事実であって、売主が買主に対して明らかにしなかったものに関するものである場合には、売主は、前二条の規定に依拠することができない。 | <u>第 40 条</u>【売主の知っていた不適合】<br>　物品の不適合が、売主が知り、又は知らないことはあり得なかった事実であって、売主が買主に対して明らかにしなかったものに関するものである場合には、売主は、前二条の規定に依拠することができない。 |

## 【CISG における変更点】

　形式的な文言修正のみ。

## 先行条文

ULIS 40 条

## 注釈

　38 条［CISG 40 条］は、物品の不適合が、売主が知り、又は知らないことはあり得なかった事実であって、売主が買主に対して明らかにしなかったものに関するものである場合について、36 条及び 37 条［CISG 38 条及び 39 条］の通知要件を緩和するものである。売主には、それらの事実を自己に通知するよう買主に求める合理的な理由がないのである。

## 第39条【第三者の請求に関する原則】

| 1978年草案 | CISG |
|---|---|
| <u>Article 39</u> [Third party claims in general]<br>(1) The seller must deliver goods which are free from any right or claim of a third party, <u>other than one based on industrial or intellectual property,</u> unless the buyer agreed to take the goods subject to that right or claim. | <u>Article 41</u><br>The seller must deliver goods which are free from any right or claim of a third party, unless the buyer agreed to take the goods subject to that right or claim. <u>However, if such right or claim is based on industrial property or other intellectual property, the seller's obligation is governed by article 42.</u> |
| <u>(2)</u> <u>The buyer does not have the right to rely on the provisions of this article if he does not give notice to the seller specifying the nature of the right or claim of the third party within a reasonable time after he became aware or ought to have become aware of the right or claim.</u> | [See CISG Article 43 (1)] |
| <u>第39条【第三者の請求に関する原則】</u><br>(1) 売主は、買主が第三者の権利又は請求の対象となっている物品を受領することに同意した場合を除くほか、<u>工業所有権又は知的財産権に基づく権利以外の、</u>そのような権利又は請求の対象となっていない物品を引き渡さなければならない。 | <u>第41条【第三者の権利又は請求】</u><br>売主は、買主が第三者の権利又は請求の対象となっている物品を受領することに同意した場合を除くほか、そのような権利又は請求の対象となっていない物品を引き渡さなければならない。<u>ただし、当該権利又は請求が工業所有権その他の知的財産権に基づくものである場合には、売主の義務は、次条の規定によって規律される。</u> |
| <u>(2)</u> <u>買主は、第三者の権利又は請求を知り、又は知るべきであった時から合理的な期間内に、売主に対してそのような権利又は請求の性質を特定した通知を行わない場合には、この条の規定に依拠する権利を有しない。</u> | [CISG 43条(1)参照] |

【CISGにおける変更点】
① (1)については、「工業所有権又は知的財産権」という文言が、「工業所有権その

他の知的財産権」に修正されている。この点について、1978年草案40条の注釈に付した【変更点】①参照。また、工業所有権その他の知的財産権に基づく第三者の請求には次条が適用されることを明確化するための変更が加えられている。
② 1978年草案39条(2)の規定は、同じ文言の草案40条(3)と整理統合されて、新たにCISG 43条を設けてその(1)として規定されている。その際、文言に変更があるが、それらは実質に関わる変更点ではない。
③ また、②と関連して、1980年外交会議でCISG 43条(2)が追加され、第三者の権利又は請求（工業所有権その他の知的財産権に基づくものを含む）及びその性質を売主が知っていた場合には、買主は通知をしなくても1978年草案39条(1)［CISG 41条］に基づいて売主の責任を追及する権利を失わないとされている。これは、物品の契約不適合について売主が知り又は知らないことはあり得なかった場合について規定する1978年草案38条［CISG 40条］と同様の趣旨を、第三者の権利又は請求についての買主の通知義務について定めるものである。O.R. 350, paras 77-86；351, 1-4 [Docy. Hist 571, 572]．ただし、CISG 43条(2)では、物品の契約不適合に関するCISG 40条と異なり、売主が「知っていた」場合であることが要件となっている。なお、その基準時は、CISG 43条(1)に基づく通知を受けるべきであった時であると解されている。Ingeborg Schwenzer, Article 40, para 8, in Schwenzer ed., Commentary on the UN Convention on the International Sale of Goods (CISG), 3d ed., 2010；Stefan Kröll, Article 40, para 23, in Kröll/Mistelis/Perales Viscasilas eds., UN Convention on Contracts for the International Sale of Goods：Commentary, 2011 参照。
④ 参考までに、②③に関連して、1978年草案39条(2)・40条(3)とCISG 43条の対照表を掲げる。

| 1978年草案 | CISG |
|---|---|
| **Article 39** [Third party claims in general]<br>(2) The buyer <u>does not have</u> the right to rely on the provisions of <u>this article</u> if he does not give notice to the seller specifying the nature of the right or claim of the third party within a reasonable time after he <u>became</u> aware or ought to have become aware of the right or claim. | **Article 43**<br>(1) The buyer <u>loses</u> the right to rely on the provisions of <u>article 41 or article 42</u> if he does not give notice to the seller specifying the nature of the right or claim of the third party within a reasonable time after he <u>has become</u> aware or ought to have become aware of the right or claim. |

第 39 条【第三者の請求に関する原則】　123

| [1978 年草案 39 条(2)の文言は、同 40 条(3)と同一である。] | (2) The seller is not entitled to rely on the provisions of the preceding paragraph if he knew of the right or claim of the third party and the nature of it. |
|---|---|
| 第 39 条【第三者の請求に関する原則】<br><br>(2) 買主は、第三者の権利又は請求を知り、又は知るべきであった時から合理的な期間内に、売主に対してそのような権利又は請求の性質を特定した通知を行わない場合には、この条の規定に依拠する権利を有しない。<br><br>[1978 年草案 39 条(2)の文言は、同 40 条(3)と同一である。] | 第 43 条【買主による第三者の権利又は請求の通知、売主の知っていた第三者の権利又は請求】<br><br>(1) 買主は、第三者の権利又は請求を知り、又は知るべきであった時から合理的な期間内に、売主に対してそのような権利又は請求の性質を特定した通知を行わない場合には、前二条の規定に依拠する権利を失う。<br><br>(2) 売主は、第三者の権利又は請求及びその性質を知っていた場合には、(1)の規定に依拠することができない。 |

⑤　さらに、1980 年外交会議で追加された CISG 44 条によって、買主が、CISG 43 条(1)（及び CISG 39 条(1)）に基づく合理的な期間内の通知をしなくても、そのことに合理的な理由がある場合には、一定の救済が認められるという例外が設けられた。

**先行条文**
ULIS 52 条

**注釈**
**第三者の請求（本条(1)）[CISG 41 条]**
1．39 条［CISG 41 条］は、工業所有権又は知的財産権〔上記【変更点】①参照〕に基づく権利又は請求以外の、第三者の権利又は請求の対象となっていない物品を引き渡す売主の義務を規定する。

2．物品の不適合に関する33条(2)〔CISG 35条(3)〕、及び工業所有権又は知的財産権〔上記【変更点】①参照〕に基づく第三者の請求に関する40条(2)(a)〔CISG 42条(2)(a)〕とは対照的に、39条〔CISG 41条〕は、買主が第三者の権利又は請求を知り、又は知らないことはあり得なかった場合であっても、売主に、買主に対する責任を負わせるものである（ただし、買主が第三者の権利又は請求の対象となっている物品を受領することに同意した場合を除く）。そのような同意は、多くの場合、明示のものであるだろうが、事案の事実から判断される黙示のものであってもよい。

3．売主が義務に違反したことになるのは、第三者の請求が有効である場合、すなわち第三者が物品に対して又は物品に関して権利を有する場合だけではない。第三者が物品に関して請求を行う場合にも同様に、売主は義務に違反したものとされる。この準則の理由は、いったん第三者が物品に関して請求を行えば、その請求が解決されるまで、買主は、第三者との訴訟の可能性及び第三者に対して責任を負う可能性に直面することになるという点にある。このことは、売主が第三者の請求は成り立たないと主張できる場合や、善意買主が、自己の購入に適用される準拠法の下で、第三者の有効な請求から自由な物品を購入した、すなわち「占有は権原たるの効力を有す（*possession vaut titre*）」と主張できる場合であっても、妥当する。いずれの場合においても、第三者は、買主にとって時間及び費用がかかり、買主による物品の使用又は転売を遅滞させる結果を有し得る訴訟を、提起し得るのである。買主からこの負担を除去する責任は、売主にある。

4．本条は、第三者が物品に関して根拠のない請求をすれば、売主が常に買主との契約に違反したとして責任を負うことを意味しない。しかしながら、請求に根拠がないことを買主が納得できるように示す負担は、売主が負わなければならない[1]。買主が第三者の請求には根拠がないことに納得しない場合には、売主は物品をその請求から解放するための適切な行為を取らなければならず[2]、さもなければ買主は、41条〔CISG 45条〕に規定された権利を行使することが

---

[1] 相手方がその義務の実質的な部分を履行しないであろうと信じるについて合理的な理由を有する当事者の、自己の履行を停止する権利に関する62条〔CISG 71条〕参照。
[2] 売主は、最終的には、訴訟に勝つことによって、物品を第三者の請求から解放することができるとしても、買主から見て合理的な期間内にこれを達成できることは稀である。これが達成できない場合には、売主は、物品を交換するか、物品に関する請求を放棄するように第三者を説得するか、当該請求から生じ得る損失から買主を保護するのに十分な補償を買主に提供するかしなければならない。

できる。
**5．**39条［CISG 41条］にいう第三者の権利又は請求には、所有権、物品に関する担保権など、物品自体の物権的権利（property）に関係する権利又は請求だけが含まれる。39条［CISG 41条］は、物品が保健衛生上又は安全上の規制に違反し、それゆえ、使用又は流通が許されないとの公的機関による主張に関するものではない(3)。

### 通知（本条(2)）［CISG 43条(1)］

**6．**(2)［CISG 43条(1)］は、契約不適合について買主が37条(1)［CISG 39条(1)］に基づいてしなければならない売主に対する通知と同様の通知を、売主に対してすることを買主に求めている。買主が第三者の権利又は請求を知り又は知るべきであった時から合理的な期間内に、この通知を行わない場合には、買主は、(1)［CISG 41条］の規定に依拠する権利を有しない〔CISG 43条(1)の文言は「権利を失う」〕。

### 物品の不適合との関連性

**7．**幾つかの法体系においては、第三者の権利又は請求の対象となっていない物品を引き渡す売主の義務は、契約に適合する物品を引き渡す義務の一部とされている。しかしながら、この条約においては、これら2つの義務は互いに独立のものである。

**8．**その結果として、契約に適合する物品を引き渡す売主の義務に適用されるこの条約の規定は、39条［CISG 41条］に基づき第三者の権利又は請求の対象となっていない物品を引き渡す売主の義務に、適用されないことになる。以下の規定がそれに当たる：

　——33条［CISG 35条］：物品の適合性
　——34条［CISG 36条］：不適合についての売主の責任
　——35条［CISG 37条］：引渡しの期日前の不適合の追完
　——37条［CISG 39条］：買主による不適合の通知
　——38条［CISG 40条］：売主の知っていた不適合〔ただし、CISG 43条(2)。上記【変更点】③参照。〕

---

(3) 引き渡された物品がそのような規制に服する場合には、33条(1)(a)又は(b)［CISG 35条(2)(a)又は(b)］に基づく売主の義務の違反となり得る。

――42条(2)［CISG 46条(2)］：買主の履行請求権（(2)は、代替品の引渡しについて規定する）
――46条［CISG 50条］：代金の減額
――47条［CISG 51条］：一部不履行。

# 第40条【工業所有権又は知的財産権に基づく第三者の請求】

| 1978年草案 | CISG |
|---|---|
| <u>Article 40</u> [Third party claims based on industrial or intellectual property]<br>(1) The seller must deliver goods which are free from any right or claim of a third party based on <u>industrial or intellectual property</u>, of which at the time of the conclusion of the contract the seller knew or could not have been unaware, provided that <u>that</u> right or claim is based on <u>industrial or intellectual property</u>:<br>　(a) under the law of the State where the goods will be resold or otherwise used if it was contemplated by the parties at the time of the conclusion of the contract that the goods would be resold or otherwise used in that State; or<br>　(b) in any other case under the law of the State where the buyer has his place of business.<br>(2) The obligation of the seller under <u>paragraph (1) of this article</u> does not extend to cases where:<br>　(a) at the time of the conclusion of the contract the buyer knew or could not have been unaware of the right or claim; or<br>　(b) the right or claim results from the seller's compliance with technical drawings, designs, formulae or other such specifications furnished by the buyer.<br>(3) <u>The buyer does not have the right to rely on the provisions of this article if he does not give notice to the seller specifying the nature of the right or claim of the third party within a reasonable time after he became aware or ought to have become aware of the right or claim.</u> | Article 42<br>(1) The seller must deliver goods which are free from any right or claim of a third party based on <u>industrial property or other intellectual property</u>, of which at the time of the conclusion of the contract the seller knew or could not have been unaware, provided that <u>the</u> right or claim is based on <u>industrial property or other intellectual property</u>:<br>　(a) under the law of the State where the goods will be resold or otherwise used, if it was contemplated by the parties at the time of the conclusion of the contract that the goods would be resold or otherwise used in that State; or<br>　(b) in any other case, under the law of the State where the buyer has his place of business.<br>(2) The obligation of the seller under <u>the preceding paragraph</u> does not extend to cases where:<br>　(a) at the time of the conclusion of the contract the buyer knew or could not have been unaware of the right or claim; or<br>　(b) the right or claim results from the seller's compliance with technical drawings, designs, formulae or other such specifications furnished by the buyer. |

| 第40条【工業所有権又は知的財産権に基づく第三者の請求】 | 第42条【知的財産権に基づく第三者の権利又は請求】 |
|---|---|
| (1) 売主は、自己が契約の締結時に知り、又は知らないことはあり得なかった<u>工業所有権又は知的財産権</u>に基づく第三者の権利又は請求の対象となっていない物品を引き渡さなければならない。ただし、そのような権利又は請求が、次の国の法の下での<u>工業所有権又は知的財産権</u>に基づく場合に限る。<br>　(a)　ある国において物品が転売され、又は他の方法によって使用されることを当事者双方が契約の締結時に想定していた場合には、当該国の法<br>　(b)　その他の場合には、買主が営業所を有する国の法<br>(2) 売主は、次の場合には、(1)の規定に基づく義務を負わない。<br>　(a)　買主が契約の締結時に(1)に規定する権利又は請求を知り、又は知らないことはあり得なかった場合<br>　(b)　(1)に規定する権利又は請求が、買主の提供した技術的図面、設計、製法その他の指定に売主が従ったことによって生じた場合<br>(3) <u>買主は、第三者の権利又は請求を知り、又は知るべきであった時から合理的な期間内に、売主に対してそのような権利又は請求の性質を特定した通知を行わない場合には、この条の規定に依拠する権利を有しない。</u> | (1) 売主は、自己が契約の締結時に知り、又は知らないことはあり得なかった<u>工業所有権その他の知的財産権</u>に基づく第三者の権利又は請求の対象となっていない物品を引き渡さなければならない。ただし、そのような権利又は請求が、次の国の法の下での<u>工業所有権その他の知的財産権</u>に基づく場合に限る。<br>　(a)　ある国において物品が転売され、又は他の方法によって使用されることを当事者双方が契約の締結時に想定していた場合には、当該国の法<br>　(b)　その他の場合には、買主が営業所を有する国の法<br>(2) 売主は、次の場合には、(1)の規定に基づく義務を負わない。<br>　(a)　買主が契約の締結時に(1)に規定する権利又は請求を知り、又は知らないことはあり得なかった場合<br>　(b)　(1)に規定する権利又は請求が、買主の提供した技術的図面、設計、製法その他の指定に売主が従ったことによって生じた場合 |

【CISGにおける変更点】
　① (1)については、「工業所有権又は知的財産権」という文言が、「工業所有権その他の知的財産権」に修正されている。単に「知的財産権」としなかった理由は、下記の注(1)からうかがうことができる。なお、(1)には他にも文言に変更があるが、

それらは実質に関わる変更点ではない。
② (2)については、文言に変更があるが、実質に関わる変更点ではない。
③ 1978年草案40条(3)の規定は、同じ文言の草案39条(2)と整理統合されて、新たにCISG 43条を設けてその(1)として規定されている。その際、文言に変更があるが、それらは実質に関わる変更点ではない。1978年草案40条(3)とCISG 43条の対照表として、1978年草案39条の注釈に付した【変更点】④参照。
④ また、③と関連して、1980年外交会議でCISG 43条(2)が追加され、第三者の権利又は請求（工業所有権その他の知的財産権に基づくものを含む）及びその性質を売主が知っていた場合には、買主は通知をしなくても1978年草案40条(1)［CISG 42条(1)］に基づいて売主の責任を追及する権利を失わないとされている。1978年草案39条の注釈に付した【変更点】③参照。

## 先行条文
無し

## 注釈
**1．**工業所有権や知的財産権〔上記【変更点】①参照〕に基づく第三者の請求は、それ以外の第三者の請求により生ずるものとは、幾分異なった問題を生じさせる[1]。したがって、そのような請求については、40条［CISG 42条］において特別な考慮がなされている。

## 売主が責任を負う請求（本条(1)）
**2．**40条［CISG 42条］は、第三者が物品に関して工業所有権又は知的財産権に基づく権利又は請求を有する場合には、売主は買主に対して責任を負うと規定する。この準則の理由及び効果は、39条［CISG 41条］に関する注釈パラグラフ3及び4で述べたものと、同一である。

**3．**売主は、工業所有権又は知的財産権に基づく第三者の権利又は請求の対象となっていない物品を引き渡さなければならないというのが、すべてではない

---

(1) 今日の用語法では、「知的財産権（intellectual property）」は、通常「工業所有権（industrial property）」を含むものと理解されている。世界知的所有権機関の設立に関する条約（1967年7月14日、ストックホルム）2条（viii）参照。それにもかかわらず、「知的財産権」ではなく「工業所有権又は知的財産権」という文言を用いることが望ましいと考えられたのは、とりわけ特許権侵害に基づく第三者の請求がなされた場合について、40条［CISG 42条］が適用されるか否かに関して、疑義を残さないためである。

にしても、たいがいの法体系における一般準則のようである[2]。国内売買に関していえば、この準則は適切である。物品の生産者は、自らが生産・販売を行っている国において、工業所有権又は知的財産権のすべての侵害について、最終的に責任を負うべきである。売主に責任を課す準則は、この責任が最終的に生産者に課されることを認めるものである。

4. 国際貿易取引における物品の売主も、工業所有権や知的財産権のすべての侵害について、同程度に買主に対して責任を負うべきであるということは、必ずしも自明であるとはいえない。第1に、侵害はほとんど常に売主の国の外で発生するのであり、それゆえ、自分の商品が侵害している可能性のある工業所有権又は知的財産権の権利状況について、自国における場合と同様に、完全な知識を有することを売主に期待することはできない。第2に、使用又は転売のため、どの国に物品を送付するかを決定するのは、買主である。この決定が行われるのは、売買契約の締結前でも後でもあり得る。買主からの転買人が、使用のために物品を第三国に持ち出す場合さえ、あるだろう。

5. それゆえ、(1)は、第三者の工業所有権又は知的財産権に対する侵害について、売主の買主に対する責任を制限するのである。この制限は、売主が第三者の工業所有権又は知的財産権に基づく権利又は請求の対象となっていない物品を提供する義務に違反したかどうかを決定するに際して、どの国の工業所有権法又は知的財産権法が基準となるかを指定することによって行われている。ある国において物品が転売され又は使用されることを当事者双方が契約の締結時に想定していた場合において、当該国の法の下で第三者が工業所有権又は知的財産権に基づく権利又は請求を有するときは、売主は、この条約に基づく義務に違反している。その他の場合には、基準となる法は、買主が営業所を有する国の法である[3]。いずれの場合においても、売主は、売ろうとしている物品に関して、当該国の法に従って第三者が工業所有権又は知的財産権に基づく権利又は請求を有するかどうか、確認すべき地位にある。

6. (1)は、売主の責任をさらに制限しており、売主が第三者の請求の存在を契約の締結時に知り、又は知らないことはあり得なかったときに限り、売主は買主に対して責任を負うとしている。第三者の請求が、問題となっている国にお

---

[2] 売主の責任について40条(2)(b)［CISG 42条(2)(b)］が規定する例外は、少なくとも幾つかの法体系で見出されるものである。

[3] 買主がどこに営業所を有するものとされるかを決定する基準は、9条［CISG 10条］に規定されている。

いて公開されている特許出願又は特許に基づいたものである場合には、売主は第三者の請求を「知らないことはあり得なかった」といえる。しかしながら、様々な理由から、公開がなされていない場合であっても、第三者が、工業所有権又は知的財産権に基づく権利又は請求を有するという場合があり得る。そのような場合について、40条(1)［CISG 42条(1)］は、物品が第三者の権利を侵害するものであっても、売主は買主に対して責任を負わないと規定する。

**7．**注意を要するのは、(1)においては、第三者が買主又は売主に対して有する権利について、制限をしていないということである。こうした権利は、問題となっている国の工業所有権又は知的財産権に関する法から、導かれるものである。(1)は、売主が契約の締結時に知ることはあり得なかった第三者の権利の存在から生ずる損失を負担しなければならないのは、売主ではなく買主であると規定するに留まる。

**8．**物品が特定の国で使用され又は転売されることを、当事者双方が想定していた場合には、当該の物品が実際に使用され又は転売されたのが別の国であったとしても、基準となる法は、当初想定していた国の法である。

## 売主の責任に対する制限（本条(2)）

**9．**40条(2)(a)［CISG 42条(2)(a)］は、物品の不適合に関する33条(2)［CISG 35条(3)］と同様に、買主が契約の締結時に第三者の権利又は請求を知り、又は知らないことはあり得なかった場合には、売主は買主に対して責任を負わないと規定する。これは、買主が第三者の権利又は請求の対象となっている物品を受領することに同意した場合に限り、売主の責任を免責する39条(1)［CISG 41条］とは、異なるものとなっている。

**10．**40条(2)(b)［CISG 42条(2)(b)］は、その権利又は請求が、買主の提供した技術的図面、設計、製法その他の指定に売主が従ったことによって生じた場合に、同様に売主の買主に対する責任を免除する。このような場合には、第三者の権利を侵害する物品を生産し、又は供給するよう主導したのは売主ではなく買主なのであり、それゆえ、責任を負うべきは、売主ではなく買主である。しかしながら、注文された物品が、工業所有権又は知的財産権に基づく第三者の権利を侵害すること又は侵害する可能性があることを、売主が知り又は知らないことはあり得なかった場合には、他の法理に基づき、こうした侵害の可能性について買主に通知する義務を負うものとされることはあり得る。

**通知(本条(3))[CISG 43条(1)]**

11．(3)の通知要件は、39条(2)[CISG 43条(1)]に規定されているものと同一であり、また37条(1)[CISG 39条(1)]に規定されているものと類似している。〔上記【変更点】③参照〕

**物品の不適合との関連性**

12．本条と、売主が契約に適合する物品を引き渡さなかったことの効果との関係については、39条に関する注釈パラグラフ7及び8参照。

【1980 年外交会議で追加された CISG 43 条についての訳注】
① 　CISG 43 条(1)は、1978 年草案 39 条(2)及び 40 条(3)を整理統合して 1980 年外交会議で追加された規定であって、これに対応する規定は 1978 年草案には存在しない。1978 年草案 39 条の注釈に付した【変更点】②及び 40 条の注釈に付した【変更点】③参照。
② 　CISG 43 条(2)は、1980 年外交会議で追加された規定であって、1978 年草案に対応する規定は存在しない。1978 年草案の第 39 条の注釈に付した【変更点】③及び 40 条の注釈に付した【変更点】④参照。
③ 　1978 年草案 39 条(2)及び 40 条(3)と CISG 43 条の対照表を 1978 年草案 39 条の注釈に付した【変更点】④に挙げたので参照されたい。

| 1978 年草案 | CISG |
|---|---|
| なし | **Article 43**<br>(1)　The buyer loses the right to rely on the provisions of article 41 or article 42 if he does not give notice to the seller specifying the nature of the right or claim of the third party within a reasonable time after he has become aware or ought to have become aware of the right or claim.<br>(2)　The seller is not entitled to rely on the provisions of the preceding paragraph if he knew of the right or claim of the third party and the nature of it. |
| なし | **第 43 条【買主による第三者の権利又は請求の通知、売主の知っていた第三者の権利又は請求】**<br>(1)　買主は、第三者の権利又は請求を知り、又は知るべきであった時から合理的な期間内に、売主に対してそのような権利又は請求の性質を特定した通知を行わない場合には、前二条の規定に依拠する権利を失う。<br>(2)　売主は、第三者の権利又は請求及びその性質を知っていた場合には、(1)の規定に依拠することができない。 |

【1980年外交会議で追加されたCISG 44条についての訳注】

　CISG 44条は、外交会議で追加された規定であって、これに対応する規定は1978年草案には存在しない。1978年草案39条の注釈に付した【変更点】⑤参照。

| 1978年草案 | CISG |
|---|---|
| なし | **Article 44**<br>　Notwithstanding the provisions of paragraph (1) of article 39 and paragraph (1) of article 43, the buyer may reduce the price in accordance with article 50 or claim damages, except for loss of profit, if he has a reasonable excuse for his failure to give the required notice. |
| なし | **第44条【買主が通知をしなかった場合の例外的救済】**<br>　第39条(1)及び前条(1)の規定にかかわらず、買主は、必要とされる通知を行わなかったことについて合理的な理由を有する場合には、第50条の規定に基づき代金を減額し、又は損害賠償（得るはずであった利益の喪失の賠償を除く。）の請求をすることができる。 |

## 第3節 売主による契約違反についての救済

### 第41条【買主の救済方法一般、損害賠償の請求、猶予期間の不許】

| 1978年草案 | CISG |
|---|---|
| <u>Article 41</u> [Buyer's remedies in general; claim for damages; no period of grace]<br>(1) If the seller fails to perform any of his obligations under the contract <u>and</u> this Convention, the buyer may:<br>　(a) exercise the rights provided in <u>articles 42 to 48</u>;<br>　(b) claim damages as provided in <u>articles 70 to 73</u>.<br>(2) The buyer is not deprived of any right he may have to claim damages by exercising his right to other remedies.<br>(3) No period of grace may be granted to the seller by a court or arbitral tribunal when the buyer resorts to a remedy for breach of contract. | <u>Article 45</u><br>(1) If the seller fails to perform any of his obligations under the contract <u>or</u> this Convention, the buyer may:<br>　(a) exercise the rights provided in <u>articles 46 to 52</u>;<br>　(b) claim damages as provided in <u>articles 74 to 77</u>.<br>(2) The buyer is not deprived of any right he may have to claim damages by exercising his right to other remedies.<br>(3) No period of grace may be granted to the seller by a court or arbitral tribunal when the buyer resorts to a remedy for breach of contract. |
| <u>第41条【買主の救済方法一般、損害賠償の請求、猶予期間の不許】</u><br>(1) 買主は、売主が契約<u>及び</u>この条約に基づく義務を履行しない場合には、次のことを行うことができる。<br>　(a) <u>次条から第48条までに</u>規定する権利を行使すること。<br>　(b) <u>第70条から第73条までの</u>規定に従って損害賠償の請求をすること。<br>(2) 買主は、損害賠償の請求をする権利を、その他の救済を求める権利の行使によって奪われない。<br>(3) 買主が契約違反についての救済を求める場合には、裁判所又は仲裁廷は、売主に対して猶予期間を与えることができない。 | <u>第45条【買主の救済方法】</u><br>(1) 買主は、売主が契約<u>又は</u>この条約に基づく義務を履行しない場合には、次のことを行うことができる。<br>　(a) <u>次条から第52条までに</u>規定する権利を行使すること。<br>　(b) <u>第74条から第77条までの</u>規定に従って損害賠償の請求をすること。<br>(2) 買主は、損害賠償の請求をする権利を、その他の救済を求める権利の行使によって奪われない。<br>(3) 買主が契約違反についての救済を求める場合には、裁判所又は仲裁廷は、売主に対して猶予期間を与えることができない。 |

## 【CISGにおける変更点】

文言に変更があるが、実質に関わる変更点ではない。

## 先行条文

ULIS 24条、41条、51条、52条、及び55条

## 注釈

1．41条［CISG 45条］は、売主が契約及び［CISGでは「又は」］この条約に基づく義務を履行しない場合に、買主が求めることができる救済の一覧表として役立つとともに、買主の損害賠償請求権の根拠規定としての役割も有する。

2．41条(1)(a)［CISG 45条(1)(a)］は、売主の違反の場合に、買主は、「次条から第48条まで［CISG第46条から第52条まで］に規定する権利を行使する」ことができると規定する。これらの権利を行使するための実体的な要件は、引用条文のなかに規定されている。

3．また、41条(1)(b)［CISG 45条(1)(b)］は、買主は、「売主が契約及び［CISGでは「又は」］この条約に基づく義務を履行しない場合には……第70条から第73条まで［CISG 74条から77条まで］の規定に従って損害賠償の請求をすること」ができると規定する。損害賠償の請求をするためには、幾つかの法体系においては証明の求められている、過失（fault）、信義則違反、又は明示の約束の違反を証明する必要はない。損害賠償は、売主による、その義務の客観的不履行から生ずる損失について、求めることができる。41条(1)(b)［CISG 45条(1)(b)］が言及する、70条から73条まで［CISG 74条からCISG 77条まで］は、損害賠償請求をすることができるか否かに関する実体的な要件を規定するものではなく、損害賠償額の算定に関する準則を規定するものである。

4．売主による契約違反について一元化された救済規定を置くことによって、多くの重要な利点がもたらされる。第1に、救済に関する規定が繰り返されることの複雑さからくる混乱を生じさせることなく、売主のすべての義務が一箇所に網羅される。このことにより、売主は何をなすべきかという、商人にとっての主要な関心事が、より容易に理解できるようになる。第2に、救済規定を一元化したことによって、類型分けの問題が減少することになる。第3に、複雑な相互参照の必要性が小さくなる。

5．(2)は、当事者が、契約又はこの条約に基づき求めることができる救済を求めたからといって、被った損害の賠償の請求をする権利を奪われないと規定す

る。
**6**．(3)は、買主が契約違反についての救済を求める場合には、裁判所又は仲裁廷は、買主が救済を求める前、求めるのと同時、求めた後のいずれにおいても、猶予期間を与えることによって、救済の実行を遅らせてはならないと定める。本規定の趣旨は、43条［CISG 47条］に関する注釈パラグラフ3から5までにおいて検討されている。こうした規定は、国際取引において、望ましいものと思われる。

## 第42条【買主の履行請求権】

| 1978年草案 | CISG |
|---|---|
| **Article 42** [Buyer's right to require performance]<br>(1) The buyer may require performance by the seller of his obligations unless the buyer has resorted to a remedy which is inconsistent with <u>such</u> requirement.<br>(2) If the goods do not conform with the contract, the buyer may require delivery of substitute goods only if the lack of conformity constitutes a <u>fundamental breach</u> and a request for substitute goods is made either in conjunction with notice given under <u>article 37</u> or within a reasonable time thereafter. | **Article 46**<br>(1) The buyer may require performance by the seller of his obligations unless the buyer has resorted to a remedy which is inconsistent with <u>this</u> requirement.<br>(2) If the goods do not conform with the contract, the buyer may require delivery of substitute goods only if the lack of conformity constitutes a <u>fundamental breach of contract</u> and a request for substitute goods is made either in conjunction with notice given under <u>article 39</u> or within a reasonable time thereafter.<br><u>(3)</u> <u>If the goods do not conform with the contract, the buyer may require the seller to remedy the lack of conformity by repair, unless this is unreasonable having regard to all the circumstances. A request for repair must be made either in conjunction with notice given under article 39 or within a reasonable time thereafter.</u> |
| <u>第42条【買主の履行請求権】</u><br>(1) 買主は、売主に対してその義務の履行を請求することができる。ただし、買主がその請求と両立しない救済を求めた場合は、この限りでない。<br>(2) 買主は、物品が契約に適合しない場合には、代替品の引渡しを請求することができる。ただし、その不適合が<u>重大な違反</u>となり、かつ、その請求を<u>第37条</u>に規定する通知の際に又はその後の合理的な期間内に行う場合に限る。 | <u>第46条【履行請求権】</u><br>(1) 買主は、売主に対してその義務の履行を請求することができる。ただし、買主がその請求と両立しない救済を求めた場合は、この限りでない。<br>(2) 買主は、物品が契約に適合しない場合には、代替品の引渡しを請求することができる。ただし、その不適合が<u>重大な契約違反</u>となり、かつ、その請求を<u>第39条</u>に規定する通知の際に又はその後の合理的な期間内に行う場合に限る。<br><u>(3)</u> 買主は、物品が契約に適合しない場合には、すべての状況に照らして<u>不合理であるときを除くほか、売主に対し、その不適合を修補によって追完するこ</u> |

|  | とを請求することができる。その請求は、第39条に規定する通知の際又はその後の合理的な期間内に行わなければならない。 |
|---|---|

## 【CISGにおける変更点】
① (1)と(2)の文言に変更があるが、実質に関わる変更点ではない。
② CISG 46条には、1978年草案42条にはなかった(3)が追加されている。これは買主に修補請求権があること及びその限界（「すべての状況に照らして不合理であるとき」）を明確化するための規定である。O.R. 332-334, paras 73-99；336-337, paras 37-38 [Docy. Hist. 553-555；557-558].

## 先行条文
ULIS 24条から27条まで、30条、31条、42条、51条、及び52条

## 注釈
**1**．42条［CISG 46条］は、売主が何らかの点で合意どおりの履行を行わなかった後に、売主に対して、契約の履行を請求する買主の権利を規定する。

## 原則（本条(1)）
**2**．(1)は、売主による義務違反の後における買主の主たる関心事は多くの場合、売主が当初約定したとおりに契約を履行することだという認識に立っている。損害賠償のための法的措置は、費用を要し、かなりの時間を要することがある。さらに、買主が注文したとおりの数量及び品質の物品を必要とする場合には、買主は、必要な期間内に代替品の購入を行うことができないこともあろう。これは、代替的な供給源が他国にある場合に特に当てはまるのであり、契約が国際的な売買契約であるならば、そのようなことが多いであろう。

**3**．それゆえ、(1)は、売主に対してその契約の履行を請求する権利を買主に与えるものである。売主は、物品若しくは欠けている部分の引渡し、又は瑕疵の追完、その他当初合意したとおりの契約の履行のために必要な行為をしなければならない。

**4**．41条(2)［CISG 45条(2)］は、契約の履行を請求する権利に加えて、買主が、売主の履行遅滞の結果として被った損害賠償を請求できることを明らかにして

5．買主が、本条に基づいて履行を売主に要求したのか、それとも、遅滞した履行を受け入れることにより27条［CISG 29条］に従い契約を自主的に変更したのかを判断することは、ときとして難しい。

6．上記パラグラフ4及び5の適用については、以下のように例示できよう。

例42 A：物品が約定の期日である7月1日に引き渡されなかった時点で、買主は、「あなたが約定どおりに7月1日に引き渡さなかったことは、我々にとって必ずしも深刻なことではありませんが、7月15日までには確実に物品を必要とします」と、売主に書き送った。売主はその後、7月15日に、物品を引き渡した。買主が述べたことが、7月15日までの履行の要求であったのか、あるいは、7月1日から7月15日への約定の引渡期日の変更であったのか、判断することは難しい。これが履行の要求として解釈される場合には、買主は、引渡しの遅滞の結果として被ったすべての損害の賠償を請求することができる。買主の述べたことが引渡期日の変更として解釈される場合には、買主は、引渡しの遅滞について、一切の損害賠償を受けることができない。

7．買主が契約の履行を請求する権利を行使するためには、買主は、この権利と両立しない救済（例えば、45条［CISG 49条］に基づく契約解除、又は、46条［CISG 50条］に基づく代金減額）を求めたことがあってはならない。

8．注意を要するのは、42条［CISG 46条］の、そして一般的には買主の救済に関する第3節の起草のスタイルである。このスタイルは、売買法に関する成文法は、当事者間の権利及び義務を規律するものであって、裁判所に向けた指示からなるものではないとの多くの法体系の考え方に適合的なものである。その他の法体系においては、相手方の不履行に対して当事者が求めることができる救済は、請求した救済を認める裁判所の判決を求める被害当事者の権利という観点から構成されている[1]。しかしながら、この2つの異なる立法スタイルが意図している目的は同じである。したがって、42条(1)［CISG 46条(1)］は、

---

[1] イギリス：1893年物品売買法52条（抄）：「特定物又は特定された物の引渡しを内容とする契約の違反に関する訴訟において、裁判所は、適切と思料する場合には、原告の請求に基づき、被告に損害賠償を支払って物品を保持する選択権を認めることなく、判決又は命令で、契約の現実の履行を命ずることができる。」。

アメリカ：UCC 2-716条(1)：「物品に代替性がない場合その他の適切な事情の下では特定履行を命ずることができる」。

「買主は、売主に対して……履行を請求することができる」と規定することによって、売主が履行しない場合には、裁判所がその履行を命令し、かつ手続法上認められている手段を用いて、その命令を強制することを予定している。

9．買主は、契約を履行する売主の義務の履行を強制するために、裁判所又は仲裁廷に助力を求める権利を有するが、26条［CISG 28条］がこの権利を一定の限度で制限している。買主が42条［CISG 46条］に基づき売主の義務の履行を請求する権利を有する場合であっても、裁判所は、この条約が規律しない類似の売買契約について自国の法に基づいて現実の履行を命ずる裁判をすることができないときは〔CISGに則せば、「することができないとき」ではなく、「するであろうとはいえないとき」となろう。1978年草案26条の注釈に付した【変更点】参照〕、この条約を準拠法として訴訟が提起された事案において、現実の履行を命ずる裁判をする義務を負わない。しかしながら、裁判所が自国の法に基づいて現実の履行を命ずる裁判をすることができる場合〔CISGに則せば、「することができる場合」ではなく、「するであろう場合」となろう。1978年草案26条の注釈に付した【変更点】参照〕には、42条［CISG 46条］の基準が満たされるならば、裁判所は、現実の履行を命ずる裁判をする義務を負う[2]。

10．契約を履行する売主の義務の履行を強制するために、買主が用いることができるその他の方法の1つは、何らかの形で売主が義務を履行しなかった場合（例えば、期日までに引渡しをしない場合）には、売主が一定の金額を買主に支払わなければならないという売買契約の条項に見出すことができる。こうした条項は、「損害賠償額の予定条項（liquidated damages clause）」と呼ばれることもあれば、「違約罰条項（penalty clause）」と呼ばれることもあるが、それは、証明の困難を緩和するために違反を原因として買主が被る損害額を見積もる機能、及び売主が履行しない可能性を低減するために十分に高額な制裁を創出する機能の両方を果たし得るものである。すべての法体系において、将来の損害額を見積もる条項の有効性と社会的有用性が認められており、このことは、現実の損害額を証明することが困難である場合には、とりわけ妥当する。しかしながら、幾つかの法体系においては、主要な義務の履行を促進するために「違約罰条項」を用いることが認められているが、その他の法体系においては、そのような条項は無効とされている。42条［CISG 46条］は、このような条項の有効性が認められていない法体系において、そうした条項を有効にする効果を

---

(2) 26条［CISG 28条］に関する注釈パラグラフ3も参照。

有するものではない[3]。

11．代替品の引渡しに関する(2)における準則に当たる場合は別として、本条は、不適合が実質的なものではないこと、又は、契約の履行によって買主が得る利益よりも売主が支出する費用の方が大きいことを理由に、売主が履行を拒否することを認めていない。その選択を行うのは、買主なのである。〔代替品引渡請求（1978 年草案 42 条(2)［CISG 46 条(2)］）だけでなく、1980 年外交会議で追加された修補請求権（CISG 46 条(3)）も、「すべての状況に照らして不合理であるとき」は認められない。上記【変更点】②参照。〕

**代替品（本条(2)）**

12．引き渡された物品が契約に適合しない場合には、買主は、適合する代替品を売主に引き渡してもらいたいと考えることがある。しかしながら、契約に適合する二組目の物品を改めて買主に発送する売主の費用、及び既に引き渡した不適合物品を処分する売主の費用が、物品に不適合があることから生ずる買主の損失を大きく上回るという場合もあり得る。それゆえ、(2)は、買主は「代替品の引渡しを請求することができる。ただし、その不適合が重大な違反となり、かつ、その請求を第 37 条［CISG 39 条］に規定する通知の際に又はその後の合理的な期間内に行う場合に限る。」と規定するのである。

13．買主が代替品を引き渡すよう売主に請求する場合には、買主は、不満のある物品を売主に返還する準備を整えていなければならない。それゆえ、67 条(1)［CISG 82 条(1)］は、67 条(2)［CISG 82 条(2)］において規定された 3 つの例外は別として、「買主は、受け取った時と実質的に同じ状態で物品を返還することができない場合には、……売主に代替品の引渡しを請求する権利を失う。」と規定している。

**不適合を追完する買主の権利**

14．本条に従って売主に履行を請求する代わりに、買主が自ら瑕疵のある履行を追完するか、第三者に追完させる方が、買主にとって有利な場合があろう。契約違反を援用する当事者に損失を軽減することを要請する 73 条［CISG 77 条］は、状況に応じて合理的な限り、そうした措置をとる権限を与えるものである。

---

[3] 4 条［CISG 4 条］は、その一部で、この条約は「契約若しくはその条項……の有効性」は規律しないと規定する。

# 第 43 条【履行のための付加期間の付与】

| 1978 年草案 | CISG |
|---|---|
| <u>Article 43</u> [Fixing of additional period for performance]<br>(1) The buyer may fix an additional period of time of reasonable length for performance by the seller of his obligations.<br>(2) Unless the buyer has received notice from the seller that he will not perform within the period so fixed, the buyer may not, during that period, resort to any remedy for breach of contract. However, the buyer is not deprived thereby of any right he may have to claim damages for delay in <u>the</u> performance. | <u>Article 47</u><br>(1) The buyer may fix an additional period of time of reasonable length for performance by the seller of his obligations.<br>(2) Unless the buyer has received notice from the seller that he will not perform within the period so fixed, the buyer may not, during that period, resort to any remedy for breach of contract. However, the buyer is not deprived thereby of any right he may have to claim damages for delay in performance. |
| 第 43 条【履行のための付加期間の付与】<br>(1) 買主は、売主による義務の履行のために合理的な長さの付加期間を定めることができる。<br>(2) 買主は、(1)の規定に基づいて定めた付加期間内に履行をしない旨の通知を売主から受けた場合を除くほか、当該付加期間内は、契約違反についてのいかなる救済も求めることができない。ただし、買主は、これにより、履行の遅滞について損害賠償の請求をする権利を奪われない。 | 第 47 条【履行のための付加期間の付与】<br>(1) 買主は、売主による義務の履行のために合理的な長さの付加期間を定めることができる。<br>(2) 買主は、(1)の規定に基づいて定めた付加期間内に履行をしない旨の通知を売主から受けた場合を除くほか、当該付加期間内は、契約違反についてのいかなる救済も求めることができない。ただし、買主は、これにより、履行の遅滞について損害賠償の請求をする権利を奪われない。 |

## 【CISG における変更点】
(2)の文言に変更があるが、実質に関わる変更点ではない。

## 先行条文
ULIS 27 条(2)、31 条(2)、44 条(2)及び 51 条

## 注釈
**1．**43 条［CISG 47 条］は、売主による義務の履行のために、合理的な長さの付加期間を定める買主の権利を規定するとともに、買主がそのような期間を定

めたことの効果の1つを明らかにしている。

## 付加期間の付与（本条(1)）

2．43条［CISG 47条］は、売主による契約の履行を請求する買主の権利を規定するとともに、そうした権利を実現することへの裁判所又は仲裁廷の助力を期待する42条［CISG 46条］と、組になるものである。売主が契約の履行を遅滞した場合における契約実現のための裁判手続は、買主が待つことのできる期間以上に時間がかかることがあろう。その結果、契約を解除して別の供給者から代替品の購入を行うことが買主の利益になる場合もある。しかしながら、売主の遅滞が、45条(1)(a)［CISG 49条(1)(a)］に基づく契約解除を正当化する重大な契約違反に当たるかどうかが、不明確なことがある。

3．契約の引渡期日に売主が引渡しをしないことを理由とする買主の契約解除権に対する態度は、法体系ごとに異なる。幾つかの法体系においては、契約の引渡期日に売主が引渡しをしない場合、通常、買主は契約の解除をすることが認められる。しかしながら、事案によっては、裁判所又は仲裁廷が、約定の引渡期日における引渡しがされなかったことはそれほど深刻ではない、又は買主は迅速な引渡しを受ける権利を放棄していたとして、その時点で買主は契約を解除することができないと判示することがある。その他の法体系においては、売主は、裁判所又は仲裁廷に対し、猶予期間の付与を要求できるものとされており、それにより事実上新たな引渡期日が定められることになる[1]。さらに別の法体系においては、引渡遅滞による解除の救済が契約に規定されているか、又は、売主の違反後に買主が売主において物品を引き渡すべき期間を具体的に定めたにもかかわらず、その期間内に売主が物品を引き渡さなかったということがない限り、物品の引渡しの遅滞により買主が契約を解除することを認めない、ということが原則とされている。

4．この条約は、国際物品売買に関する商事契約においては、約定の引渡期日が経過し、かつ、売主が未だ物品を引き渡していないことだけを理由に、買主が原則として契約を解除することができるという考えを特に否定するものである。こうした状況の下で、買主が契約を解除することができるのは、唯一、約定の引渡期日に引渡しがないことが、買主に実質的に不利益をもたらし、かつ、売主がそのような結果を予見し、又は予見すべき理由を有した場合に限ら

---

[1] 41条(3)［CISG 45条(3)］と比較せよ。後掲パラグラフ5参照。

れる[(2)]。〔訳注：この部分は 1978 年草案 23 条における重大な違反の定義に則して説明がされている。CISG における重大な契約違反を定義する CISG 25 条に則せば、「買主に、その契約に基づいて期待することができたものを実質的に奪うような不利益をもたらし、かつ、売主がそのような結果を予見し、同様の状況の下において売主と同種の合理的な者がそのような結果を予見したであろう場合」となる。1978 年草案 23 条の注釈に付した【変更点】参照。〕

5．この準則の帰結として、この条約においては、売主が裁判所に対して、幾つかの法体系では許されている、猶予期間付与の申立てを認める理由は存在しない。さらには、猶予期間を裁判所に申し立てる手続は、とりわけ国際商取引の文脈においては、それによって当事者の一方と通常は同じ国籍を有するであろう裁判官の広い裁量に当事者双方を服させることになるため、適切ではない。それゆえ、27 条(3)〔正しくは 41 条(3)［CISG 45 条(3)］〕は、「買主が契約違反についての救済を求める場合には、裁判所又は仲裁廷は、売主に対して猶予期間を与えることができない。」と規定するのである。

6．引渡しの遅滞が重大な違反となる場合であれば、買主は、契約解除の意思表示をすることができるのであるが、これが常に買主にとって満足できる解決となるわけではない。いったん売主が履行を遅滞すれば、買主は、履行が買主にとって必要不可欠なものとなる時期までに、売主が履行できるだろうか疑って当然である。この状態は、62 条、63 条及び 64 条［CISG 71 条、72 条及び 73 条］に基づき、履行期前の違反により生ずる問題に似ている。さらには、物品売買契約のほとんどにおいて、買主の不利益が重大な違反となるのに十分なほど実質的なものとなる時点は、幾分不明確である。それゆえ、43 条(1)［CISG 47 条(1)］は、売主による義務の履行のために合理的な長さの付加期間を買主が定めることを認めている。ここでいう売主による義務の履行には、物品の全部又は一部の引渡し、物品の修補又は代替品の引渡しによる不適合の追完など売主の義務の履行となるすべての行為が含まれる。しかし、45 条(1)(b)［CISG 49 条(1)(b)］に基づいて、買主が契約解除の意思表示をすることができるのは、付加期間内に、売主が物品を引き渡さない場合に限られる。

7．43 条(1)［CISG 47 条(1)］が認める付加期間を定めるという手続（その付加期間内に、物品が引き渡されなかった場合には、買主は契約解除の意思表示

---

[(2)]「重大な違反」を定義する 23 条［CISG 25 条］、及び重大な違反を理由として契約解除の意思表示をすることを買主に認める 45 条(1)(a)［CISG 49 条(1)(a)］。

をすることができる）は、買主が、重大な違反を理由とする45条(1)(a)［CISG 49条(1)(a)］に基づく契約解除の意思表示を正当化しないであろう取るに足らない遅滞を、45条(1)(b)［CISG 49条(1)(b)］に基づく契約解除の意思表示をする理由へと転換できる危険性をはらんだものである。それゆえ、43条(1)［CISG 47条(1)］は、付加期間が「合理的な長さ」のものでなければならないとするのである。この期間は、履行が行われなければならない期限となる日を特定すること（例えば、9月30日）、又は、一定の期間を特定すること（例えば、「本日から1ヵ月以内」）のいずれかにより、定めることができる。買主が売主に対して、履行をすることを求めたり、「速やかに」履行すること、その他類似の一般的要求をしたりするだけでは、43条(1)［CISG 47条(1)］に基づき、期間を「定めた」ことにはならない。

8．43条(1)［CISG 47条(1)］で想定されている手続は、ドイツの「猶予期間（Nachfrist）」の手続、そしてフランスの「付遅滞（mise en demeure）」の手続にその淵源を有しているのは確かであるが、現在の形では、そのいずれとも異なることを指摘しておきたい。特に、43条(1)［CISG 47条(1)］で想定されている手続は、強制的なものではなく、履行の遅滞が重大な違反に当たる場合にはこれを用いることなく契約解除をすることができるのである。

## 買主のその他の救済（本条(2)）

9．買主からの要求に従い、場合によっては相当の費用をかけて、契約を履行する準備を進めているであろう売主を保護するために、要求に応じない旨の通知を売主から受けた場合を除くほか、買主は、合理的な長さの付加期間内は、契約違反についてのいかなる救済も求めることができない。付加期間が売主による履行が行われることなく経過した場合には、買主は45条(1)(b)［CISG 49条(1)(b)］に基づき契約を解除することができるだけでなく、与えられているその他のいかなる救済も求めることができる。

10．特に、買主は履行の遅滞に基づき自らが被ったいかなる損害の賠償も請求することができる。こうした損害は、買主が定めた付加期間内に売主が義務を履行したとしても、生じ得るものである。

## 第44条【不履行を追完する売主の権利】

| 1978年草案 | CISG |
|---|---|
| Article 44 [Seller's right to remedy failure to perform]<br>(1) Unless the buyer has declared the contract avoided in accordance with article 45, the seller may, even after the date for delivery, remedy at his own expense any failure to perform his obligations, if he can do so without such delay as will amount to a fundamental breach of contract and without causing the buyer unreasonable inconvenience or uncertainty of reimbursement by the seller of expenses advanced by the buyer. The buyer retains any right to claim damages as provided for in this Convention.<br>(2) If the seller requests the buyer to make known whether he will accept performance and the buyer does not comply with the request within a reasonable time, the seller may perform within the time indicated in his request. The buyer may not, during that period of time, resort to any remedy which is inconsistent with performance by the seller.<br>(3) A notice by the seller that he will perform within a specified period of time is assumed to include a request, under paragraph (2) of this article, that the buyer make known his decision.<br>(4) A request or notice by the seller under paragraphs (2) and (3) of this article is not effective unless received by the buyer. | Article 48<br>(1) Subject to article 49, the seller may, even after the date for delivery, remedy at his own expense any failure to perform his obligations, if he can do so without unreasonable delay and without causing the buyer unreasonable inconvenience or uncertainty of reimbursement by the seller of expenses advanced by the buyer. However, the buyer retains any right to claim damages as provided for in this Convention.<br>(2) If the seller requests the buyer to make known whether he will accept performance and the buyer does not comply with the request within a reasonable time, the seller may perform within the time indicated in his request. The buyer may not, during that period of time, resort to any remedy which is inconsistent with performance by the seller.<br>(3) A notice by the seller that he will perform within a specified period of time is assumed to include a request, under the preceding paragraph, that the buyer make known his decision.<br>(4) A request or notice by the seller under paragraph (2) or (3) of this article is not effective unless received by the buyer. |
| 第44条【不履行を追完する売主の権利】<br>(1) 買主が第45条の規定に従い契約の解除の意思表示をした場合を除くほか、売主は、引渡しの期日後も、重大な契約違反に当たるような遅滞をせず、かつ、買主に対して不合理な不便又は買 | 第48条【売主の追完権】<br>(1) 次条の規定が適用される場合を除くほか、売主は、引渡しの期日後も、不合理に遅滞せず、かつ、買主に対して不合理な不便又は買主の支出した費用につき自己から償還を受けることにつ |

| | |
|---|---|
| 主の支出した費用につき自己から償還を受けることについての不安を生じさせない場合には、自己の費用負担によりいかなる義務の不履行も追完することができる。買主は、この条約に規定する損害賠償の請求をする権利を保持する。 | いての不安を生じさせない場合には、自己の費用負担によりいかなる義務の不履行も追完することができる。<u>ただし、</u>買主は、この条約に規定する損害賠償の請求をする権利を保持する。 |
| (2) 売主は、買主に対して履行を受け入れるか否かについて知らせることを要求した場合において、買主が合理的な期間内にその要求に応じないときは、当該要求において示した期間内に履行をすることができる。買主は、この期間中、売主による履行と両立しない救済を求めることができない。 | (2) 売主は、買主に対して履行を受け入れるか否かについて知らせることを要求した場合において、買主が合理的な期間内にその要求に応じないときは、当該要求において示した期間内に履行をすることができる。買主は、この期間中、売主による履行と両立しない救済を求めることができない。 |
| (3) 一定の期間内に履行をする旨の売主の通知は、(2)に規定する買主の選択を知らせることの要求を含むものと推定する。 | (3) 一定の期間内に履行をする旨の売主の通知は、(2)に規定する買主の選択を知らせることの要求を含むものと推定する。 |
| (4) (2)<u>及び</u>(3)に規定する売主の要求又は通知は、買主がそれらを受けない限り、その効力を生じない。 | (4) (2)<u>又は</u>(3)に規定する売主の要求又は通知は、買主がそれらを受けない限り、その効力を生じない。 |

## 【CISGにおける変更点】

① (1)については、1978年外交会議で実質的な変更が加えられた。第1に、冒頭部分の文言が、「買主が第45条［CISG 49条］の規定に従い契約の解除の意思表示をした場合を除くほか」から、「［CISG 49条］の規定が適用される場合を除くほか」に変更された。これは売主の追完権と買主の解除権のどちらを優先させるべきかという点をめぐる審議のなかで加えられた変更である。しかし、審議においては売主の追完権が優先することを明確化する別の修正案が明示的に否決されている一方で、追完権が優先する解釈を許す余地を残す文言に修正されており、外交会議の意思決定は必ずしも明確ではない。O.R. 115；341-344, paras 37-77；351-352, paras 5-30 [Docy. Hist. 687；562-565；572-573]．

② (1)については、第2に、売主による追完は、追完による遅滞が「重大な契約違反」に当たる場合には認められないとされていた文言が、追完による遅滞が「不合理」な場合には認められないという文言に変更された。「重大な契約違反」が、

第 44 条【不履行を追完する売主の権利】 149

追完権の制限と解除権の両方において要件となっていることから生ずる混乱を避けると同時に、追完権をより柔軟に制限できるようにする趣旨である。O.R. 115；341 para 40；344, paras 81-90；351-352, paras 5-30 [Docy. Hist. 687；562；565；572-573]。

③ (3)(4)については、文言に変更が加えられているが、それらは実質に関わる変更点ではない。

## 先行条文
ULIS 44 条(1)

## 注釈
**1．** 44 条［CISG 48 条］は、引渡しの期日後に、契約及びこの条約に基づく売主のいかなる義務の不履行も追完することができる売主の権利を規律する。本条は、引渡しの期日前に売主のいかなる義務の不履行も追完することができる売主の権利を規律する 35 条［CISG 37 条］、そして、履行を請求する買主の権利を規律する 42 条及び 43 条［CISG 46 条及び CISG 47 条］と、組になる規定である。引渡しの期日は、31 条［CISG 33 条］に従って定められる。

## 原則（本条(1)）
**2．** (1)は、3 つのことを条件として、売主が引渡しの期日後にいかなる義務の不履行も追完することを認めている。①売主は、重大な契約違反に当たるような遅滞に陥ることなく、履行することができなければならない〔上記【変更点】②参照〕。②売主は、買主に対して不合理な不便又は買主の支出した費用につき売主から償還を受けることについて買主に不合理な不安を生じさせず、履行することができなければならない。③売主は、買主が契約解除の意思表示をする前に不履行を追完する権利を行使しなければならない〔上記【変更点】①参照〕。

**3．** 不履行が重大な違反に当たる場合であっても、この重大な違反が履行の遅滞によるものでない限りは、売主は、本条に基づきその不履行を追完することができる。したがって、引渡しの時点で物品が作動しなかったことが重大な契約違反となるとしても、買主が契約解除の意思表示をすることにより売主の権利を喪失させていない限り、売主は、物品の不適合を物品の修補又は代替品の交付により追完する権利を有する。〔本パラグラフについては、CISG 48 条(1)に

実質に関わる変更が加えられていることに注意が必要である。上記【変更点】①参照。〕

4．売主が不履行を追完したか、又は、重大な契約違反にもはや当たらない程度に追完すれば、買主は、もはや契約解除の意思表示をすることはできない。

5．事案によっては、物品が作動しない、又は物品が契約上の仕様に従った作動をしないことが重大な違反となるのは、そのような作動をしないことが適切な期間内に追完されなかった場合に限られることがある。そのような期間が経過するまで、買主は、契約解除の意思表示をして売主による追完を妨げることはできない。

6．売主は、重大な契約違反に当たるような遅滞をすることなく追完することができる場合に限り、不履行を追完できるとの準則は、2つの異なる場合に適用される。すなわち、物品の引渡しが全く行われていないか、実質的に行われていない場合、及び、引き渡された物品に不適合があり、追完されなければ引渡しの時点又はその後のいずれかの時点で物品の状態が重大な契約違反に当たる場合である。買主が未だ契約解除の意思表示をしていなかったとしても、その遅滞が重大な違反となるに至った後には、売主はもはや不履行を追完する権利を有しない。〔本パラグラフについては、CISG 48条(1)に実質に関わる変更が加えられていることに注意が必要である。上記【変更点】①参照。〕

7．もちろん、売主がもはや本条に基づき不履行を追完する権利を有しない場合であっても、当事者は、売主による追完に合意することができる。

8．売主が物品のごく一部のみを引き渡さなかった場合、又は物品の不適合が小さくて売主の不履行が重大な契約違反に当たることがあり得ないような場合において、不履行を追完する売主の権利が制限されるのは、買主に対して不合理な不便又は買主の支出した費用につき売主から償還を受けることについての不安を生じさせるであろうときは売主は不履行を追完できないという規定が適用される場合のみである。

9．どこかの時点で、買主は、売主が不履行を追完する権利を行使するかもしれないという不安なく、物品を使用又は転売できなければならない。44条(1)〔CISG 48条(1)〕の条文から、買主が代金減額の意思表示をした又は損害賠償を請求したという事実だけでは、不履行を追完する売主の権利を遮断するに十分ではないということは明らかである[1]。しかしながら、買主が代金減額の意思表示をした又は損害賠償を請求したという事実は、売主による不履行の追完が、買主に対して不合理な不便を生じさせるのか否かを決定するファクターた

り得る。

**10．**売主が不履行を追完するために、買主の営業所のなかの広い範囲に立ち入る必要がある場合には、同様に、買主に対して不合理な不便を生じさせるものとされ得る。

**11．**44条(1)［CISG 48条(1)］は、売主が不履行を追完するために、買主において一定の費用を支出しなければならない場合があり得るとの認識に立っている。買主が費用を支出しなければならないこと自体は、買主に、売主による不履行の追完を拒否できる理由を与えるものではない。しかしながら、前払出費の額が買主に対して不合理な不便を生じさせる場合、又はこれらの費用について買主が売主から償還を受けることについて買主に不合理な不安を生じさせる場合には、買主は、売主による不履行の追完を拒否できる。

**12．**44条(1)［CISG 48条(1)］に基づき不履行を追完する売主の権利は、契約の内容に反するものであるという意味で、強力な権利である。例えば、売主が6月1日という約定の引渡期日までに引き渡さなかったが、6月15日に引き渡したという場合には、売主は引渡しをしなかったということについては追完したことになるが、6月1日までの引渡しについての不履行を追完したわけではなく、そのような追完をすることもできない。それにも関わらず、44条(1)［CISG 48条(1)］は、引渡しの遅滞が重大な違反となる前に〔CISGに則していえば「不合理に遅滞となる前に」。上記【変更点】②参照。〕売主が追完をすることができる場合には、上記のような形で売主が不履行を追完することを認めている。

### 売主による通知（本条(2)及び(3)）

**13．**売主が不適合を追完しようとする場合には、通常、売主はその旨を買主に通知するであろう。さらに多くの場合、売主は、買主に契約解除権や代金減額権を行使する意図があるのか否か、又、買主が売主による追完を望むか若しくは受け入れるか否か、問い合わせるであろう。

---

(1) 代金減額という救済は、明示的に、44条(1)［CISG 48条(1)］に基づく売主の追完権に劣後するものとされているため、買主が46条［CISG 50条］に従って代金減額の意思表示をしたという事実によって、売主による瑕疵の追完が妨げられることはない。損害賠償請求権については、44条(1)［CISG 48条(1)］において（35条［CISG 37条］においてと同様に）、買主は保持すると明示的に定められており、損害賠償請求がなされただけでは、売主の追完権は遮断されない。もちろん、当初の損害賠償請求の内容は、追完により変更されることになる。

14．44条(2)［CISG 48条(2)］第1文は、売主が、申し出ている追完をする期間を示さなければならないことを明らかにしている。期間を示さずに追完の申し出をしただけであれば、売主は、買主が回答をしなかったとしてもそのことから、何らの結論も導き出すことはできないし、何らかの権利を得ることもできない。

## 伝達における紛失や誤りのリスク（本条(4)）

15．契約違反をしている売主は、44条(2)及び(3)［CISG 48条(2)又は(3)］に規定する要求又は通知の伝達における紛失や誤りのリスクを負担する。しかしながら、買主による回答は、25条［CISG 27条］の準則によって規律されるのであり、「状況に応じて適切な方法」で行った場合は、それが到達しなくても、又、通信の伝達において遅延や誤りが生じたとしても、有効なものとされる。

16．(2)は、売主がそのような通知を買主に送付した場合には、買主は合理的な期間内に回答しなければならないと規定する。買主が回答しないときは、売主は履行をすることができるのであり、買主は、瑕疵を追完するために必要な期間として売主が示した期間中は、売主による履行と両立しない救済を求めることができない〔さらに、CISGで追加されたCISG 49条(2)(b)(ⅲ)において、CISG 48条(2)に基づいて売主が示した期間の経過した時から合理的な期間内に買主が解除の意思表示をしなければ、買主は、引渡しの遅滞以外を理由とする解除権を喪失することとされた。1978年草案45条の注釈に付した【変更点】②参照〕。売主の通知において、売主は一定の期間内に契約を履行するとだけ述べているような場合であっても、(3)は、買主は自らの選択を知らせなければならないのであって、それを怠ったときには、売主の通知は買主に対する回答の要求を含むものとして取り扱われるべきでない理由があることを買主が証明できるのでない限り、買主は売主による通知の内容に拘束されると規定する。

## 第 45 条【買主の契約解除権】

| 1978 年草案 | CISG |
|---|---|
| **Article 45** [Buyer's right to avoid contract]<br>(1) The buyer may declare the contract avoided :<br>　(a) if the failure by the seller to perform any of his obligations under the contract <u>and</u> this Convention amounts to a fundamental breach of contract ; or<br>　(b) if the seller <u>has not delivered</u> the goods within the additional period of time fixed by the buyer in accordance with paragraph (1) of <u>article 43</u> or <u>has declared</u> that he will not deliver within the period so fixed.<br>(2) However, in cases where the seller has <u>made delivery</u>, the buyer loses <u>his</u> right to declare the contract avoided unless he <u>has done</u> so <u>within a reasonable time</u> :<br>　(a) in respect of late delivery, after he has become aware that delivery has been made ; <u>or</u><br>　(b) in respect of any breach other than late delivery, <u>after he knew or ought to have known of such breach, or after the expiration of any additional period of time fixed by the buyer in accordance with paragraph (1) of article 43, or after the seller has declared that he will not perform his obligations within such an additional period.</u> | **Article 49**<br>(1) The buyer may declare the contract avoided :<br>　(a) if the failure by the seller to perform any of his obligations under the contract <u>or</u> this Convention amounts to a fundamental breach of contract ; or<br>　(b) <u>in case of non-delivery,</u> if the seller <u>does not deliver</u> the goods within the additional period of time fixed by the buyer in accordance with paragraph (1) of <u>article 47</u> or <u>declares</u> that he will not deliver within the period so fixed.<br>(2) However, in cases where the seller has <u>delivered the goods</u>, the buyer loses <u>the</u> right to declare the contract avoided unless he <u>does</u> so :<br>　(a) in respect of late delivery, <u>within a reasonable time</u> after he has become aware that delivery has been made ;<br>　(b) in respect of any breach other than late delivery, <u>within a reasonable time</u> :<br>　　(i) <u>after he knew or ought to have known of the breach</u> ;<br>　　(ii) <u>after the expiration of any additional period of time fixed by the buyer in accordance with paragraph (1) of article 47, or after the seller has declared that he will not perform his obligations within such an additional period</u> ; or<br>　　(iii) <u>after the expiration of any additional period of time indicated by the seller in accordance with paragraph (2) of article 48, or after the buyer has declared that he will not accept performance.</u> |

| 第45条【買主の契約解除権】 | 第49条【契約解除権】 |
|---|---|
| (1) 買主は、次のいずれかの場合には、契約の解除の意思表示をすることができる。<br>　(a) 契約<u>及び</u>この条約に基づく売主の義務の不履行が重大な契約違反となる場合<br>　(b) 買主が<u>第43条</u>(1)の規定に基づいて定めた付加期間内に売主が物品を引き渡さず、又は売主が当該付加期間内に引き渡さない旨の意思表示をした場合<br><br>(2) 買主は、売主が<u>物品の引渡しを行った場合には、次の時から合理的な期間内</u>に契約の解除の意思表示をしない限り、このような意思表示をする権利を失う。<br>　(a) 引渡しの遅滞については、買主が引渡しが行われたことを知った時<br><br>　(b) 引渡しの遅滞を除く違反については、買主が当該違反を知り、若しくは知るべきであった時、又は、買主が<u>第43条</u>(1)の規定に基づいて定めた付加期間を経過した時若しくは売主が当該付加期間内に義務を履行しない旨の意思表示をした時 | (1) 買主は、次のいずれかの場合には、契約の解除の意思表示をすることができる。<br>　(a) 契約<u>又は</u>この条約に基づく売主の義務の不履行が重大な契約違反となる場合<br>　(b) <u>引渡しがない場合において、</u>買主が<u>第47条</u>(1)の規定に基づいて定めた付加期間内に売主が物品を引き渡さず、又は売主が当該付加期間内に引き渡さない旨の意思表示をしたとき。<br><br>(2) 買主は、売主が物品を引き渡した場合には、<u>次の期間内</u>に契約の解除の意思表示をしない限り、このような意思表示をする権利を失う。<br>　(a) 引渡しの遅滞については、買主が引渡しが行われたことを知った時<u>から合理的な期間内</u><br>　(b) 引渡しの遅滞を除く違反については、次の時から合理的な期間内<br>　　(i) <u>買主が当該違反を知り、又は知るべきであった時</u><br>　　(ii) <u>買主が第47条</u>(1)の規定に基づいて定めた付加期間を経過した時又は売主が当該付加期間内に義務を履行しない旨の意思表示をした時<br>　　(iii) <u>売主が前条</u>(2)の規定に基づいて示した期間を経過した時又は買主が履行を受け入れない旨の意思表示をした時 |

【CISGにおける変更点】

　① (1)(b)の冒頭に、(b)の適用場面を明確化するため、「引渡しがない場合において」という文言が追加されている。O.R. 116-117；354, paras 62-66；357, paras 15-

21 [Docy. Hist. 688-689 ; 575 ; 578].

② CISG 49 条⑵(b)には、売主が追完の通知をした場合における買主の解除権喪失事由について⒤が追加されている。外交会議ではこれは形式的な修正と認識されていたようである。O.R. 117, 357, para 7 [Docy. Hist. 688 、578]。

③ ⑴⑵について他に文言と形式の変更はあるが、実質に関わる変更点ではない。⑵につき、O.R. 117, 357, para 7 [Docy. Hist. 688 、578]。

## 先行条文

ULIS 26 条、30 条、32 条、43 条、44 条⑵、51 条、52 条⑶、52 条⑷及び 55 条⑴

## 注釈

1．45 条［CISG 49 条］は、契約解除の意思表示をする買主の権利を規定する。契約解除の意思表示をする売主の権利については、60 条［CISG 64 条］で規定されている。

## 解除の意思表示

2．契約は、売主の違反の結果として、「買主〔が〕……契約の解除の意思表示をする」場合に限り、解除される。これは、買主の意思表示による解除に加え、一定の場合に、自動的解除又は「事実の存在自体による解除」(*ipso facto* avoidance) を規定していた ULIS 26 条及び 30 条の準則を狭めるものである。自動的解除又は「事実の存在自体による解除」は、契約がなお拘束力を有するのか、又は「事実の存在自体による解除」がされたのかについて、不明確さをもたらすとして、この条約の救済体系から削除された。この条約の 45 条［CISG 49 条］では、買主が積極的に契約解除の意思表示をしない限り、契約はなお拘束力を有する。もちろん、買主が契約解除の意思表示をすることを認める要件が満たされているかについての不明確さは、なお存在し得る。

3．24 条［CISG 26 条］は、「契約の解除の意思表示は、相手方に対する通知によって行われた場合に限り、その効力を有する。」と規定する。契約解除の通知が到達しない若しくは適時に到達しない場合、又は通知の内容が不正確に伝達された場合の帰結は、25 条［CISG 27 条］によって規律される。

## 重大な違反（本条⑴(a)）

4．買主が契約解除の意思表示をすることができる典型的な場面は、売主によ

る何らかの義務の不履行が重大な違反となる場合である。重大な違反については、23条［CISG 25条］で定義されている。

5．重大な契約違反があれば、買主は即時に契約解除の意思表示をする権利を有する。買主は、売主に対して、契約解除の意思表示をする意図を事前に通知する必要はないし、44条［CISG 48条］に基づき違反を追完する機会を売主に与える必要もない。

6．しかしながら、売主が買主に不便を生じさせずに物品の不適合を追完することが可能であり、かつ売主にその意思があるという事実があれば、売主が適切な期間内に不適合を追完しなかった場合は別として、重大な違反はないことを意味しよう。

7．買主が契約を解除することができるのは、通常は、重大な契約違反がある場合に限られるという準則は、CIF条件その他の荷為替売買における典型的な実務には合致しない。荷為替取引においては、売主により提示された書類は契約と厳格に一致していなければならないという一般準則があるために、書類に何らかの不一致がある場合には、その不一致に実際上の意味はほとんどないとしても、買主は多くの場合その書類を拒絶することができるのである。

### 売主の履行遅滞（本条(1)(b)）

8．(1)(b)はさらに、1つの限定された場合において、買主が契約解除の意思表示をすることを認めている。売主が物品を引き渡さず、買主が43条［CISG 47条］に基づき売主による履行のために合理的な長さの付加期間を定めた場合には、「買主が43条(1)［CISG 47条(1)］の規定に基づいて定めた付加期間内に売主が物品を引き渡さず、又は売主が当該付加期間内に引き渡さない旨の意思表示をした場合」に、買主は、契約を解除することができるのである(1)。〔上記【変更点】①参照〕

### 解除権の喪失又は停止（本条(2)）

9．45条(2)［CISG 49条(2)］は、売主が物品を引き渡した場合には、買主は、一定の期間内に契約解除の意思表示をしない限り、契約解除権を失うと規定する。すべての物品が引き渡されるまでは、買主が、本規定に基づき契約解除の意思表示をする権利を失うことはない。

---

(1) しかしながら、47条(2)［CISG 51条(2)］及び同条に関する注釈参照。

**10．**契約解除の根拠となっている重大な違反が物品の引渡しの遅滞である場合について、45条(2)(a)［CISG 49条(2)(a)］は、売主がいったん物品の引渡しを行えば、買主は、引渡しが行われたことを知った時から合理的な期間内に契約解除の意思表示をしない限り、契約解除権を失うと規定する。

**11．**売主が物品の引渡しを行ったが、引渡しの遅滞とは別の義務に関する重大な契約違反がある場合、例えば、物品が契約に適合しない場合には、45条(2)(b)［CISG 49条(2)(b)］は、買主がそのような違反を知り、又は知るべきであった時[2]から合理的な期間内に、契約解除の意思表示をしない限り、買主は契約解除の意思表示をする権利を失うと規定する。

**12．**45条(2)(b)［CISG 49条(2)(b)］はさらに、買主が43条(1)［CISG 47条(1)］に基づいて履行のための付加期間を定めた場合にも、買主が契約解除権を失い得ることを規定する。売主が43条［CISG 47条］に基づき買主が定めた付加期間が経過した後に履行した場合、又は売主がその付加期間内に履行をしない旨の意思表示をした後に履行した場合において、付加期間が経過した時から合理的な期間内に、又は売主が当該付加期間内に履行しない旨の意思表示をした時から合理的な期間内に、買主が契約解除の意思表示をしないときは、買主は契約解除権を失うのである。〔CISG 49条(2)(b)(iii)における解除権喪失事由の追加につき、上記【変更点】②参照。〕

**13．**45条(2)［CISG 49条(2)］の下では、すべての物品が引き渡されるまで、買主は契約解除権を失わないため、本規定に基づいて買主が契約解除権を失う前提として、分割履行契約にあってはすべての引渡部分について引渡しがなされている必要がある。しかしながら、64条(2)［CISG 73条(2)］に基づく将来の引渡部分についての契約解除権は、契約解除の根拠となる売主の義務の不履行があった時から「合理的な期間内」に行使されなければならない。

**14．**45条(2)［CISG 49条(2)］の他にも、複数の規定において、契約解除権の喪失又は停止が規定されている。

**15．**67条(1)［CISG 82条(1)］は、67条(2)［CISG 82条(2)］に列挙されている3つの理由のうちのいずれかにより、返還不能が免責されない限り、「買主は、受け取った時と実質的に同じ状態で物品を返還することができない場合には、契約の解除の意思表示をする権利……を失う」と規定する。

**16．**37条［CISG 39条］は、買主が物品の不適合を発見し、又は発見すべき

---

[2] 36条［CISG 38条］参照。

であった時から合理的な期間内に、かつ、買主に物品が現実に交付された日から2年以内に、売主に対して物品の不適合を通知しない場合には、買主は、契約解除権を含め、物品の不適合を援用する権利を失うと規定する。

17．売主が引渡期日後に瑕疵を追完したいと希望する場合には、買主の契約解除権は、追完をするのに必要であるとして売主により示された期間、停止され得る[3]。

### 引渡期日前の解除権

18．約定の引渡期日前に契約を解除する買主の権利については、63条、64条［CISG 72条、73条］、及びそれらに関する注釈参照。

### 解除の効果

19．解除の効果は、66条から69条まで［CISG 81条から84条まで］に規定されている。買主にとって最も重要な解除の効果は、買主はもはや物品の引渡しを受領し、代金を支払う義務を負わなくなるということである。しかしながら、契約の解除によって、売主の不履行により生じた損害を賠償する売主の義務や、紛争解決のための契約条項は消滅しない[4]。このことを規定するのが重要であったのは、多くの法体系においては、契約の解除によって、契約の存在から生ずるすべての権利及び義務は消滅するとされているからである。こうした考え方においては、いったん契約が解除されると、契約違反に基づく損害賠償を請求することができなくなり、また、契約違反に関する、仲裁条項を含む紛争解決のための契約条項、及び「違約罰」や「損害賠償額の予定」を定める条項は、契約の他の部分とともに消滅することになるのである。

---

(3) 44条［CISG 48条］に関する注釈パラグラフ16参照。
(4) 66条(1)［CISG 81条(1)］。

# 第 46 条【代金の減額】

| 1978 年草案 | CISG |
|---|---|
| <u>Article 46</u>［Reduction of the price］<br>　If the goods do not conform with the contract and whether or not the price has already been paid, the buyer may <u>declare the price to be reduced</u> in the same proportion as the value that the goods actually delivered <u>would have</u> had at the time of <u>the conclusion of the contract</u> bears to the value that conforming goods would have had at that time. However, if the seller remedies any failure to perform his obligations in accordance with <u>article 44</u> or if <u>he is not allowed by the buyer to remedy that failure</u> in accordance with <u>that article</u>, the <u>buyer's declaration of reduction of the price is of no effect</u>. | <u>Article 50</u><br>　If the goods do not conform with the contract and whether or not the price has already been paid, the buyer may <u>reduce the price</u> in the same proportion as the value that the goods actually delivered had at the time of <u>the delivery</u> bears to the value that conforming goods would have had at that time. However, if the seller remedies any failure to perform his obligations in accordance with <u>article 37 or article 48</u> or if <u>the buyer refuses to accept performance by the seller</u> in accordance with <u>those articles</u>, the buyer may not reduce the price. |
| <u>第 46 条</u>【代金の減額】<br>　物品が契約に適合しない場合には、代金が既に支払われたか否かを問わず、買主は、現実に引き渡された物品が<u>契約の締結時において有したであろう価値</u>が契約に適合する物品であったとしたならば<u>当該締結時において有したであろう価値</u>に対して有する割合と同じ割合により、代金を<u>減額する意思表示をすること</u>ができる。ただし、売主が<u>第44条</u>の規定に基づきその義務の不履行を追完した場合又は<u>売主が同条の規定に基づき不履行を追完することが買主により許されない場合</u>には、買主の代金を減額する意思表示は効力を生じない。 | <u>第 50 条</u>【代金の減額】<br>　物品が契約に適合しない場合には、代金が既に支払われたか否かを問わず、買主は、現実に引き渡された物品が<u>引渡時において有した価値</u>が契約に適合する物品であったとしたならば当該<u>引渡時</u>において有したであろう価値に対して有する割合と同じ割合により、代金を<u>減額する</u>ことができる。ただし、売主が<u>第37条若しくは第48条</u>の規定に基づきその義務の不履行を追完した場合又は<u>買主がこれらの規定に基づく売主による履行を受け入れることを拒絶した場合には、買主は、代金を減額することができない</u>。 |

【CISG における変更点】

①　1978 年草案 46 条では、買主は「代金を減額する意思表示をすること」ができるという構成になっていたが、CISG 50 条では、買主は「代金を減額すること」ができるという構成となっている。1980 年外交会議では、この変更は、実質に

関わるものではないと認識されている。O.R. 359-360, paras 56-62 [Docy. Hist. 580-581]。

② 代金減額の算定における基準時が、「契約の締結時」から「引渡時」に変更されている。O.R. 357-358, paras 23-41 [Docy. Hist. 578-579]。

③ また、買主の代金減額権喪失事由である売主の追完権行使の根拠規定として、CISG 第 48 条に加え、CISG 第 37 条への言及が追加されている。O.R. 360, paras 63-65 [Docy. Hist. 581]。

④ それ以外に文言の変更があるが、それらは実質に関わる変更点ではない。

⑤ なお、1980 年外交会議で追加された CISG 44 条によって、買主が、CISG 39 条(1) (及び CISG 43 条(1)) に基づく合理的な期間内の通知をしなくても、そのことに合理的な理由がある場合には、買主は CISG 50 条に基づく代金減額権は失わないこととされた。ただし、この例外は CISG 39 条(2)の規定する物品の交付時から 2 年の期間制限には及ばない。

## 先行条文
ULIS 46 条

## 注釈
1. 46 条［CISG 50 条］は、物品が契約に適合していない場合に、買主が代金減額の意思表示をすることができる要件を規定している。

2. 物品は、契約に定める数量、品質及び種類に適合し、かつ、契約に定める方法で収納又は包装され、そして、33 条(1)(a)から(d)まで［CISG 35 条(2)(a)から(d)まで］に規定された 4 つの具体的な要件を満たさない限り、33 条(1)［CISG 35 条(1)］に基づき契約に適合していないものとされ、それゆえ、代金が減額され得ることになる。物品は、39 条又は 40 条［CISG 41 条又は 42 条］の下で第三者の権利又は請求の対象となっている場合であっても、契約に適合するものとされ得る。

3. 代金の減額という救済方法が知られていない法体系もある。そのような法体系においては、この救済方法は契約の不履行に対する損害賠償の一形式として捉えるのが自然であろう。しかしながら、これら 2 つの救済方法は、同一の結果を導く場合もあるものの、買主がどちらを用いるかを選択すべき 2 つの異なった救済である。

4. 代金の減額という救済方法はまた、47 条［CISG 51 条］に基づく契約の一

部解除により生ずる結果と類似の結果を導くものである。

5．第1に、46条［CISG 50条］自体が、買主が既に代金を支払っている場合であっても、買主は代金を減額することができることを明らかにしている[1]。46条［CISG 50条］は、買主が将来支払うべき金額を留保することができることを要件としていない。第2に、売主が65条［CISG 79条］に基づき契約不履行についての損害賠償責任を免責されるとしても、買主はそれにもかかわらず、物品が契約に適合しない場合には、代金を減額することができる。第3に、代金減額権は、70条［CISG 74条］の下で損害賠償請求権が服する制限、すなわち、損害賠償の額は、違反を行った当事者が契約違反から生じ得る結果として契約の締結時に予見し、又は予見すべきであった損失の額を超えることができないとの制限により、影響を受けない。第4に、解除に関して一般的であるように、買主に与えられる金銭的救済の額は、買主に生じた金銭的損失ではなく、支払う必要のない契約価格（既に支払われている場合には、売主に返還請求し得る契約価格）という観点から算定される。このことは、契約の締結時と物品の引渡時との間に物品の価格の変動があった場合には、金銭的救済の算定に対して重要な影響をもち得るものである。〔CISG 50条では、代金減額の額の算定基準時が「引渡時」とされているので、この第4の点に関する説明は、CISGには当てはまらない。上記【変更点】②参照。〕

6．物品の不適合の内容が、引き渡された物品の数量不足である場合には、代金減額という救済と契約解除との間の類似性は明らかである。この側面は、以下の例により示されよう。

　　例46 A：売主は、第1等級の穀物10トンを、市場価格である1トン当たり200ドル、総額2,000ドルで引き渡すことを契約した。売主は2トンしか引き渡さなかった。このような大きく不足した引渡しは重大な違反となるから、買主は契約を解除して穀物を一切受け取らなかった。買主は、購入代金を支払う義務を負わない。

　　例46 B：例46 Aと同一の契約に基づき、売主は9トンを引き渡した。買主はその9トンを受領して代金を10パーセント減額し、1,800ドルを支払った。

---

[1] この点において、46条［CISG 50条］は、66条(2)［CISG 81条(2)］と同様の趣旨に立つものである。なお、もちろん、損害賠償の請求も、買主が将来支払うべき金額を留保できることを要件としていない。

7．引き渡された物品の不適合がその数量ではなく品質に関わる場合にも、算定方法は同一である。このことは、以下の例により示される。

> 例46 C：例46 Aと同一の契約において、売主は、約定の第1等級の穀物10トンではなく第3等級の穀物10トンを引き渡した。契約締結時における第3等級の穀物の市場価格は1トン当たり150ドルであった。第1等級の穀物ではなく、第3等級の穀物を引き渡したことが重大な契約違反に当たる場合には、買主は、契約を解除して契約代金を支払わないということができる。第3等級の穀物を引き渡したことが重大な違反に当たらない場合、又は、買主が契約の解除を選択しない場合には、買主は、2,000ドルから1,500ドルへと代金を減額する意思表示をすることができる。〔例46Cでは「契約締結時」が基準時とされているが、CISG 50条では「引渡時」が基準時となる。上記【変更点】②参照。〕

8．例46 Cのように、引き渡された物品について、契約に基づき引き渡されるべきであった物品の価格とは異なる、明確な市場価格が存在するような品質の不適合の場合には、この原則の適用は容易であるが、その他のタイプの品質の不適合への適用は難しい。例えば、次のような場合である。

> 例46 D：売主は、買主が建築中のオフィスビル用に、一定のデザインの飾り壁板を提供することを契約した。売主が引き渡した壁板は、注文されたものより魅力に劣るデザインのものであった。買主は、「現実に引き渡された物品が契約の締結時において有したであろう価値が、契約に適合する物品であったとしたならば当該締結時において有したであろう価値に対して有する割合と同じ割合により、代金を減額する意思表示をする」権利を有する。〔訳注：例46Dでは「契約締結時」が基準時とされているが、CISG 50条では「引渡時」が基準時となる。上記【変更点】②参照。〕

9．例46 Dにおいては、不適合のために物品の価値が損なわれた程度を決定する簡単な方法が存在しないことがあり得るが、そのことによって原則が左右されることはない。注意されるべきは、減額されるべき金額を決定するのは、買主だということである。ただし、売主がその算定を争う場合には、この問題は最終的には裁判所又は仲裁廷によって解決されなければならない。〔訳注：

1978年草案46条と CISG 50条とでは、代金減額の額の算定基準時が「契約締結時」から「引渡時」へと変更されている。上記【変更点】②参照。そのため、以下のパラグラフ10と11の叙述は、CISG 50条の解釈で参考とするには、その意味をほとんど失っている点に注意が必要である。〕

10．さらに注意を要するのは、算定が「契約の締結時」の物品の価値が損なわれた程度に基づくということである。代金の減額の算定においては、70条から72条まで［CISG 74条から76条まで］に基づく損害賠償額の算定の際には考慮されるような、契約の締結時以後に発生した出来事は考慮しないのである。例46Dのような事例では、損なわれた価値の程度は、契約締結時と不適合な引渡しがなされた時点とで同一であろうから、このことは通常、困難を生ぜしめない。しかしながら、契約締結時と不適合な引渡しがなされた時点との間で物品の価格に変動があった場合には、買主が損害賠償を請求するときと、本条に基づき代金減額の意思表示をするときとでは、異なった結果が生ずることになる。こうした相違は、以下の例により示すことができる。

**例46E**：事案は、例46Cと同一である。売主は、第1等級の穀物10トンを、1トン当たり200ドルの市場価格、総額2,000ドルで引き渡す契約をした。売主は、第3等級の穀物10トンを引き渡した。契約締結時において、第3等級の穀物の市場価格は、1トン当たり150ドルであった。したがって、買主が代金減額の意思表示をした場合には、代金は1,500ドルになる。買主は、事実上、500ドルの金銭的救済を得ることになる。

しかしながら、不適合物品の引渡時までに市場価格が半値に下落し、第1等級の穀物が1トン当たり100ドルで、第3等級の穀物が1トン当たり75ドルで販売されているという場合には、70条［CISG 74条］に基づく買主の損害賠償の額は、1トン当たり25ドル、総額250ドルにしかならない。この場合には、70条［CISG 74条］に基づき損害賠償を請求するよりも、46条［CISG 50条］に基づき代金を減額する方が、買主にとって有利である。

**例46F**：逆に、不適合物品の引渡時に第1等級の穀物の市場価格が1トン当たり400ドルに倍増し、第3等級の穀物の市場価格も1トン当たり300ドルに倍増したという場合には、70条［CISG 74条］に基づく買主の損害賠償の額は、1トン当たり100ドル、総額1,000ドルになる。この場合には、46条［CISG 50条］に基づき代金を減額するよりも、70条［CISG 74条］に基

づく損害賠償を請求した方が、買主にとって有利である。

11．例46E及び例46Fの結果は、代金減額という救済が契約の一部解除に似た効果を有することにより生ずるものである。以下の例で示されるように、買主が完全に契約を解除した場合には、さらに顕著な違いが生ずる。

　　例46G：例46Eにおいては、第1等級の穀物の市場価格が1トン当たり200ドルから1トン当たり100ドルへと半減し、第3等級の穀物の市場価格が1トン当たり150ドルから1トン当たり75ドルへと半減した場合に、買主は、第3等級の穀物を保持しつつ、損害賠償として250ドルを受け取るか、それとも500ドル分代金を減額するか、このいずれかをすることができることが示された。第1等級の穀物ではなく第3等級の穀物を引き渡したことが重大な契約違反に当たり、買主が45条(1)(a)［CISG 49条(1)(a)］に従い契約を解除した場合には、買主は、代替品として第3等級の穀物10トンを750ドルで、すなわち、契約価格より1,250ドル低い代金で、購入することができる。しかしながら、買主が契約解除の意思表示をした場合には、買主は、第1等級の穀物10トンを1,000ドルで、すなわち、契約価格より1,000ドル低い額で、購入する可能性の方が高いだろう。

12．例46Dを除き、上記のすべての例が想定している商品は、代替品が自由に入手可能であって、それゆえ買主が契約を解除することが現実的に可能であり、また、損害賠償額を算定するのに使える市場価格が存在し、そして、得るはずであった利益の喪失その他の追加的な損害賠償が必要ないような、代替性のある商品である。目的物となっている物品にこうした出来合の市場が存在しない場合には、損害の評価の問題がより困難となり、追加的な損害賠償の可能性も高くなる。これらのファクターによって46条［CISG 50条］の機能の仕方が変わるわけではないものの、いずれの救済が買主にとって相対的に有利となるかが変わってき得る。

13．41条(2)［CISG 45条(2)］は、代金の減額が損害賠償の請求ほどの金銭的救済を与えない場合には、買主は代金減額の意思表示をすることに加えて、損害賠償の請求をできることを明らかにしている。例えば、例46Fのような事案において、売主が（代金減額は免れないとしても）65条［CISG 79条］に基づき損害賠償責任から免責されるかどうかが分からないため、あるいは、70

条［CISG 74 条］の下で損害が予見可能であったかどうかが分からないために、損害賠償が得られない可能性が存在する場合には、買主は、2 つの救済を両方とも用いたいと望むであろう。そうすれば、代金減額の意思表示によって、買主は直ちに一定の救済を得たうえで、残りの損害賠償請求について交渉や訴訟を行うことができる。もっとも、もっとありそうなのは、買主が違反により追加的費用を被っているという場合である[2]。

**代金減額権の制限**

**14.** 代金を減額する意思表示をする買主の権利は、44 条［CISG 48 条］に基づいて義務の不履行を追完する売主の権利に明示的に服している[3]。売主が後になって不履行を追完した場合や、売主が不履行を追完することを買主が許さない場合には、買主の「代金を減額する意思表示は効力を生じない」〔CISG 50 条では、「買主は代金を減額することができない」とされている。上記【変更点】①参照〕。

---

(2) 例 70 D 参照。
(3) この準則については、44 条［CISG 48 条］に関する注釈パラグラフ 2 から 12 まで参照。

## 第 47 条【一部不履行】

| 1978 年草案 | CISG |
|---|---|
| <u>Article 47</u> [Partial non-performance]<br>(1)　If the seller delivers only a part of the goods or if only a part of the goods delivered is in conformity with the contract, <u>the provisions of articles 42 to 46</u> apply in respect of the part which is missing or which does not conform.<br>(2)　The buyer may declare the contract avoided in its entirety only if the failure to make delivery completely or in conformity with the contract amounts to a fundamental breach of the contract. | <u>Article 51</u><br>(1)　If the seller delivers only a part of the goods or if only a part of the goods delivered is in conformity with the contract, <u>articles 46 to 50</u> apply in respect of the part which is missing or which does not conform.<br>(2)　The buyer may declare the contract avoided in its entirety only if the failure to make delivery completely or in conformity with the contract amounts to a fundamental breach of the contract. |
| <u>第 47 条【一部不履行】</u><br>(1)　売主が物品の一部のみを引き渡した場合又は引き渡した物品の一部のみが契約に適合する場合には、<u>第 42 条から前条までの規定</u>は、引き渡しのない部分又は適合しない部分について適用する。<br>(2)　買主は、完全な引渡し又は契約に適合した引渡しが行われないことが重大な契約違反となる場合に限り、その契約の全部を解除する旨の意思表示をすることができる。 | <u>第 51 条【一部不履行】</u><br>(1)　売主が物品の一部のみを引き渡した場合又は引き渡した物品の一部のみが契約に適合する場合には、<u>第 46 条から前条までの規定</u>は、引き渡しのない部分又は適合しない部分について適用する。<br>(2)　買主は、完全な引渡し又は契約に適合した引渡しが行われないことが重大な契約違反となる場合に限り、その契約の全部を解除する旨の意思表示をすることができる。 |

【CISG における変更点】

　形式的な文言修正のみ。

## 先行条文

ULIS 45 条

## 注釈

1．47 条［CISG 51 条］は、売主がその義務の一部についてのみ不履行をした場合の買主の救済を規定する。

## 不適合部分についての救済（本条(1)）

2．(1)は、売主が物品の一部のみを引き渡した場合又は引き渡した物品の一部が契約に適合しない場合、つまりは売主が契約に基づく義務の一部についてのみ不履行をした場合には、引渡しのない部分又は契約に適合しない部分について、第42条から第46条まで［CISG 46条から50条まで］が適用されると規定する。結果的に、(1)は、買主が契約の一部について、45条［CISG 49条］に基づく解除をすることができると規定するものである。当事者は契約の一部のみを解除することはできないとする法体系もあるため、この準則が必要とされた。こうした法体系においては、契約をそもそも解除できるかどうかは、契約の全部について要件が満たされているかどうかによって決定されなければならないとされている。しかしながら、47条(1)［CISG 51条(1)］により、この条約の下では、契約の一部に関して解除の要件が満たされていれば、買主はその部分を解除することができることが明らかである。

## 契約の全部についての救済（本条(2)）

3．(2)は、買主は、「完全な引渡し又は契約に適合した引渡しが行われないことが重大な契約違反となる場合に限り」、その契約の全部を解除することができると規定する。本規定は、45条(1)(a)［CISG 49条(1)(a)］から導くことのできる準則を繰り返すものであるが、そのことが明確にされていることは有益である。

4．さらに、47条(2)［CISG 51条(2)］において「に限り」との文言が用いられていることは、物品の一部の引渡しがないこと自体は契約全部の重大な違反とならない場合であっても、43条［CISG 47条］に基づき買主が定めた付加期間内に売主が物品の一部を引き渡さないことを理由に、契約の全部が解除され得るという45条(1)(b)［CISG 49条(1)(b)］から導かれかねない解釈を否定する効果を有する。

## 第 48 条【引渡履行期前の引渡し、数量超過の引渡し】

| 1978 年草案 | CISG |
|---|---|
| <u>Article 48</u> [Early delivery ; delivery of excess quantity]<br>(1)　If the seller delivers the goods before the date fixed, the buyer may take delivery or refuse to take delivery.<br>(2)　If the seller delivers a quantity of goods greater than that provided for in the contract, the buyer may take delivery or refuse to take delivery of the excess quantity. If the buyer takes delivery of all or part of the excess quantity, he must pay for it at the contract rate. | <u>Article 52</u><br>(1)　If the seller delivers the goods before the date fixed, the buyer may take delivery or refuse to take delivery.<br>(2)　If the seller delivers a quantity of goods greater than that provided for in the contract, the buyer may take delivery or refuse to take delivery of the excess quantity. If the buyer takes delivery of all or part of the excess quantity, he must pay for it at the contract rate. |
| <u>第 48 条【引渡履行期前の引渡し、数量超過の引渡し】</u><br>(1)　売主が定められた期日前に物品を引き渡す場合には、買主は、引渡しを受領し、又はその受領を拒絶することができる。<br>(2)　売主が契約に定める数量を超過する物品を引き渡す場合には、買主は、超過する部分の引渡しを受領し、又はその受領を拒絶することができる。買主は、超過する部分の全部又は一部の引渡しを受領した場合には、その部分について契約価格に応じて代金を支払わなければならない。 | <u>第 52 条【引渡履行期前の引渡し、数量超過の引渡し】</u><br>(1)　売主が定められた期日前に物品を引き渡す場合には、買主は、引渡しを受領し、又はその受領を拒絶することができる。<br>(2)　売主が契約に定める数量を超過する物品を引き渡す場合には、買主は、超過する部分の引渡しを受領し、又はその受領を拒絶することができる。買主は、超過する部分の全部又は一部の引渡しを受領した場合には、その部分について契約価格に応じて代金を支払わなければならない。 |

【CISG における変更点】

　変更点はない。

先行条文

ULIS 29 条及び 47 条

## 注釈

1．48条［CISG 52条］は、買主が、買主の処分にゆだねられた物品の引渡しの受領を拒絶できる2つの場合を規定する。

### 引渡履行期前の引渡し（本条(1)）

2．48条(1)［CISG 52条(1)］は、31条［CISG 33条］に従い定められた引渡期日前に、物品が買主に引き渡された場合を対象とする。買主がこれらの物品を受領するよう強制されるとするならば、このことは、予期していたよりも長期にわたり物品を保管することになる点で、買主に不便と費用をもたらすことになる。さらには、契約において引渡しが行われた日が支払期日となるものとされていた場合には、引渡履行期前の引渡しは早期の支払を強いるものであり、買主は結果として得られたはずの利息を失うこととなる。それゆえ、売主が物品を引渡期日前に引き渡す場合には、買主に、物品の引渡しを受領するか、又はその受領を拒絶するかにつき、選択権が与えられるのである。

3．引渡しを受領するか、その受領を拒絶することができるという買主の権利は、引渡履行期前の引渡しという事実があれば、行使することができる。引渡履行期前の引渡しが買主に追加的費用又は不便を生じさせるかどうかは関係ない[1]。

4．しかしながら、買主が48条(1)［CISG 52条(1)］に基づき物品の引渡しの受領を拒絶した場合であっても、75条(2)［CISG 86条(2)］に従い、次の4つの要件が満たされるときには、買主はその拒絶にかかわらず、売主のためにその物品の占有を取得する義務を負うものとする。すなわち、①物品が仕向地で買主の処分にゆだねられたこと、②買主が代金を支払うことなく占有を取得することができること（例、売買契約において、支払が、買主が物品に関する書類の占有を取得する条件とされていない場合）、③占有の取得が買主に不合理な不便又は不合理な費用を伴わないこと、④売主又は売主のために物品の占有を取得する（take possession）権限〔1978年草案75条(2)及びCISG 86条(2)では「物品を管理する（take charge）権限」〕を有する者が物品の仕向地に存在しないこと、である。

5．買主が引渡履行期前の引渡しの受領を拒絶する場合には、売主は、契約上

---

[1] もっとも、6条［CISG 7条(1)］が国際取引における信義の遵守を求めていることから、買主は、引渡しの受領を拒絶することについて、商取引上合理的な必要性を有していなければならない。

の引渡期日に物品を改めて引き渡す義務を負う。

6．買主が引渡履行期前に物品の引渡しを受領する場合には、当該状況の下で引渡履行期前の引渡しを受領（accept）することが、27条［CISG 29条］に従った合意による契約の変更に当たらない限り、買主は、被ったあらゆる損害の賠償も売主に対し請求することができる[2]。

**数量超過の引渡し（本条(2)）**

7．48条(2)［CISG 52条(2)］は、数量を超過する物品が買主に引き渡された場合を対象とする。

8．買主による受領拒絶を正当化する他の根拠が存在しない限り、買主は、少なくとも契約で定められた数量は受領しなければならない。数量を超過する部分に関しては、買主は、引渡しの受領を拒絶するか、それとも、その全部又は一部の引渡しを受領することができる。買主が数量超過部分の引渡しの受領を拒絶する場合には、売主は、買主が被ったあらゆる損害につき賠償する責任を負う。買主が数量超過部分の全部又は一部の引渡しを受領する場合には、買主は、契約価格に応じてその代金を支払わなければならない。

9．買主が数量超過部分のみを拒絶することが現実的にできない場合（例えば、売主が提供した単一の船荷証券が積荷全部をカバーし、積荷全部に対する代金の支払との引換えを引渡しの条件としているような場合）において、そのような数量を超過する引渡しが重大な違反となるときには、買主は契約を解除することができる。数量を超過する引渡しが重大な違反とならない場合、又は、商取引上の理由から買主がその発送分の引渡しを受領しなければならない場合には、買主は、結果として被ったあらゆる損害につき、その賠償を請求することができる。

---

[2] 48条(1)［CISG 52条(1)］は、損害賠償を求める買主の権利について言及していない。もっとも、損害賠償を求める買主の権利は、41条(1)(b)［CISG 45条(1)(b)］に基づく一般的な権利である。

# 第3章　買主の義務

## 第49条【買主の一般的義務】

| 1978年草案 | CISG |
|---|---|
| **Article 49**［General obligations］<br>The buyer must pay the price for the goods and take delivery of them as required by the contract and this Convention. | **Article 53**<br>The buyer must pay the price for the goods and take delivery of them as required by the contract and this Convention. |
| <u>第49条</u>【買主の一般的義務】<br>　買主は、契約及びこの条約に従い、物品の代金を支払い、及び物品の引渡しを受領しなければならない。 | <u>第53条</u>【買主の義務】<br>　買主は、契約及びこの条約に従い、物品の代金を支払い、及び物品の引渡しを受領しなければならない。 |

## 【CISGにおける変更点】
　変更点はない。

## 先行条文
ULIS 56条

## 注釈
　49条［CISG 53条］は、買主の主要な義務を定めるとともに、条約第3部第3章の導入部となっている。買主の主要な義務は、物品の代金を支払うこと、及び物品の引渡しを受領（take delivery）することである。買主は、「契約及びこの条約に従い」、その義務を履行しなければならない。条約5条［CISG 6条］は、当事者において、この条約の適用を排除することができるものとし、［11条［CISG 12条］に従うことを条件として］この条約のいかなる規定も、その適用を制限し、又はその効力を変更することができるとしていることから、契約とこの条約との間に抵触が生じた場合には、買主は、契約の定めるところに従い、その義務を履行しなければならないことになる。

## 第 1 節　代金の支払

### 第 50 条【代金支払義務】

| 1978 年草案 | CISG |
|---|---|
| **Article 50**［Obligation to pay the price］<br>　The buyer's obligation to pay the price includes taking such steps and complying with such formalities as may be required under the contract or any <u>relevant</u> laws and regulations to enable payment to be made. | **Article 54**<br>　The buyer's obligation to pay the price includes taking such steps and complying with such formalities as may be required under the contract or any laws and regulations to enable payment to be made. |
| <u>第 50 条</u>【代金支払義務】<br>　代金を支払う買主の義務には、支払を可能とするため、契約又は<u>関連する法令</u>に従って必要とされる措置をとるとともに手続を遵守することを含む。 | <u>第 54 条</u>【代金支払義務】<br>　代金を支払う買主の義務には、支払を可能とするため、契約又は法令に従って必要とされる措置をとるとともに手続を遵守することを含む。 |

【CISG における変更点】
　文言に変更があるが、実質に関わる変更点ではない。

**先行条文**

ULIS 69 条

**注釈**

1．50 条から 55 条まで［CISG 54 条から 59 条まで］は、49 条［CISG 53 条］に規定されている買主の代金支払義務に関する幾つかの細目を定めている。50 条［CISG 54 条］では、買主の代金支払義務の一部として、代金の支払を可能とするために、幾つかの事前の措置をとる義務について定める。

2．50 条［CISG 54 条］は、代金支払義務の一部として、買主は、支払を可能とするために、契約及び関連する法令（laws and regulations）に従って、必要とされる措置をとるとともに手続を遵守しなければならないことを想定している。こうした措置には、信用状開設や銀行の支払保証を依頼すること、契約を官庁や銀行に登録すること、必要な外貨を調達すること、又は海外送金を行うための許可を申請することが含まれ得る。こうした義務が契約で明確に売主に課さ

れているのでない限り、そうした措置をとらなければならないのは、買主である。

3．50条［CISG 54条］に基づき買主が負う義務は、措置をとることと、手続を遵守することに限定されている。50条［CISG 54条］は、信用状の開設、必要な外貨の調達の許可、さらには代金が最終的に支払われることさえ、買主の努力によって達成されることを保証することまでを要求するものではない。他方で、買主は当然ながら、49条［CISG 53条］に基づき、代金が確実に支払われるように取り計らう義務を負うが、この義務についても、65条［CISG 79条］の免責規定によって一部免責されることがあり得る。

4．もっとも、買主は、資金を利用可能とするために、関連する政府当局を説得するための適切なすべての措置をとる義務を負うのであり、こうした措置をとっていない限り、許可が拒絶されたことを援用することはできない。

5．50条［CISG 54条］の大きな意義は、支払を可能とするために必要とされる措置をとるとともに手続を遵守することが履行しなければならない義務とされていて、それに違反することは、57条から60条まで［CISG 61条から64条まで］に基づく救済を求める権利を生じさせることを明らかにしていることである。支払を可能とするために必要とされる措置をとるとともに手続を遵守することは、「契約の履行の準備又は契約の実際の履行における行動」[1]には当たらず、62条から64条まで［CISG 71条から73条まで］に基づく履行期前の違反の根拠にはならないのである。

---

(1) 引用された文言は62条(1)［CISG 71条(1)］からのものである。〔CISG 71条(1)(b)の文言では「契約の履行の準備又は契約の履行における行動」となっている。〕

## 第51条【代金の決定】

| 1978年草案 | CISG |
|---|---|
| **Article 51** [Calculation of the price]<br>If a contract has been validly concluded but does not state the price or expressly or impliedly make provision for the determination of the price of the goods, the buyer must pay the price generally charged by the seller at the time of the conclusion of the contract. If no such price is ascertainable, the buyer must pay the price generally prevailing at the aforesaid time for such goods sold under comparable circumstances. | **Article 55**<br>Where a contract has been validly concluded but does not expressly or implicitly fix or make provision for determining the price, the parties are considered, in the absence of any indication to the contrary, to have impliedly made reference to the price generally charged at the time of the conclusion of the contract for such goods sold under comparable circumstances in the trade concerned. |
| **第51条【代金の決定】**<br>契約が有効に締結されている場合において、当該契約が代金を示さず、又は明示的若しくは黙示的に物品の代金の決定方法について規定していないときは、買主は、契約の締結時に一般的に売主により請求されていた価格を支払わなければならない。このような価格を確認できないときは、買主は、同様の状況の下で売却された同種の物品の、上記の時点における一般的な実勢価格を支払わなければならない。 | **第55条【代金の不確定】**<br>契約が有効に締結されている場合において、当該契約が明示的又は黙示的に、代金を定めず、又は代金の決定方法について規定していないときは、当事者は、反対の意思を示さない限り、関係する取引分野において同様の状況の下で売却された同種の物品について、契約の締結時に一般的に請求されていた価格を黙示的に適用したものとする。 |

## 【CISGにおける変更点】

① 契約に代金又は代金の決定方法についての定めがない場合において、裁判所が用いる決定方法が変更されている。最も大きな変更は、1978年草案では原則として売主が請求していた価格を基準とするのに対して、CISGでは市場価格が基準とされている点である。

② なお、注釈パラグラフ2における1978年草案12条(1)[CISG 14条(1)]と51条[CISG 55条]の関係に関する解説については、1980年外交会議における審議で、異なる見解も有力に主張されていた点も注意を要する。O.R. 275-276, paras 67-94；292-294, paras 47-69；363-365, paras 21-62；392-393, paras 44-62 [Docy.

Hist. 496-497；513-515；584-585；613-614］．

## 先行条文
ULIS 57 条

## 注釈
1．51条［CISG 55条］は、契約が有効に締結されている場合において、当該契約が代金を定めず、又は明示的若しくは黙示的に物品の代金の決定方法について規定していないときに、代金を決定する方法を定めている。

2．12条(1)［CISG 14条(1)］は、契約を締結するための申入れにつき、とりわけ、「明示的又は黙示的に……代金を定め、又は〔代金の〕決定方法について規定している」場合には、それは十分に確定しているのであって、申込みとなると規定している。したがって、51条［CISG 55条］は、当事者の一方の営業所が、この条約の第3部（物品の売買）については批准又は受諾しているが、第2部（契約の成立）については批准又は受諾していない締約国にあり、かつ、その国の法において、契約が明示的又は黙示的に代金を定めず、又は代金の決定方法について規定していない場合であっても、契約が有効に締結できるとされているときに限り、意味がある。〔上記【変更点】②参照〕

## 代金決定の基準時
3．51条［CISG 55条］の適用によって決定される代金は、契約の締結時に請求されていた代金である。この代金は、当事者が契約の締結時に代金を合意していたとすれば、その時に合意したと推定できる代金である。さらに、本条は、代金を具体的に示すことなく契約が有効に締結された場合において、契約締結時に売主が請求していた実勢価格よりも引渡時の実勢価格が高くても、売主は後になって引渡時の実勢価格を請求することができないことを確認するものである。

## 第 52 条【重量に基づいた代金の決定】

| 1978 年草案 | CISG |
|---|---|
| <u>Article 52</u>［Price fixed by weight］<br>If the price is fixed according to the weight of the goods, in case of doubt it is to be determined by the net weight. | <u>Article 56</u><br>If the price is fixed according to the weight of the goods, in case of doubt it is to be determined by the net weight. |
| <u>第 52 条</u>【重量に基づいた代金の決定】<br>　代金が物品の重量に基づいて定められる場合において、疑義があるときは、代金は、正味重量によって決定する。 | <u>第 56 条</u>【重量に基づいた代金】<br>　代金が物品の重量に基づいて定められる場合において、疑義があるときは、代金は、正味重量によって決定する。 |

### 【CISG における変更点】

　変更点はない。

### 先行条文

ULIS 58 条

### 注釈

1．52 条［CISG 56 条］は、簡便な契約解釈準則を定めるものである。当事者が明示的又は黙示的に別段の定めをしていない場合には、買主は、包装材の重量について代金を支払う必要はない。

## 第 53 条【支払の場所】

| 1978 年草案 | CISG |
|---|---|
| <u>Article 53</u>［Place of payment］<br>(1)　If the buyer is not bound to pay the price at any other particular place, he must pay it to the seller：<br>　(a)　at the seller's place of business；or<br>　(b)　if the payment is to be made against the handing over of the goods or of documents, at the place where the handing over takes place.<br>(2)　The seller must bear any increase in the expenses incidental to payment which is caused by a change in <u>the place of business of the seller</u> subsequent to the conclusion of the contract. | <u>Article 57</u><br>(1)　If the buyer is not bound to pay the price at any other particular place, he must pay it to the seller：<br>　(a)　at the seller's place of business；or<br>　(b)　if the payment is to be made against the handing over of the goods or of documents, at the place where the handing over takes place.<br>(2)　The seller must bear any increase<u>s</u> in the expenses incidental to payment which is caused by a change in <u>his place of business</u> subsequent to the conclusion of the contract. |
| <u>第 53 条</u>【支払の場所】<br>(1)　買主は、次の (a) 又は (b) に規定する場所以外の特定の場所において代金を支払う義務を負わない場合には、次のいずれかの場所において売主に対して代金を支払わなければならない。<br>　(a)　売主の営業所<br>　(b)　物品又は書類の交付と引換えに代金を支払うべき場合には、当該交付が行われる場所<br>(2)　売主は、契約の締結後に営業所を変更したことによって生じた支払に付随する費用の増加額を負担する。 | <u>第 57 条</u>【支払の場所】<br>(1)　買主は、次の (a) 又は (b) に規定する場所以外の特定の場所において代金を支払う義務を負わない場合には、次のいずれかの場所において売主に対して代金を支払わなければならない。<br>　(a)　売主の営業所<br>　(b)　物品又は書類の交付と引換えに代金を支払うべき場合には、当該交付が行われる場所<br>(2)　売主は、契約の締結後に営業所を変更したことによって生じた支払に付随する費用の増加額を負担する。 |

## 【CISG における変更点】

　文言に変更があるが、実質に関わる変更点ではない。

## 先行条文

ULIS 59 条

## 注釈

1. 53条［CISG 57条］は、代金支払がなされるべき場所についての準則を定める。その重要性に鑑みて、契約では通常、支払の方法及び場所に関して、特に規定が設けられているものである。したがって、53条［CISG 57条］の規定には、同条が適用されるのは、買主が「次の(a)又は(b)に規定する場所以外の特定の場所において代金を支払う義務を負わない場合」に限られることが、明記されている[1]。

2. 国際物品売買契約においては、支払場所が明確に確定されることが、重要である。買主にとっては、自国で代金を支払うことが外国為替管理が存在することからとりわけ望ましいことになろうし、他方で売主にとっては、自由に売却代金を用いることができる自国又は第三国で支払を受けることが、同様に望ましいことであり得るのである。

3. この条約は、外国為替管理に関する規制や経済公序に関するその他の準則によって、買主の売主に対する特定の時期若しくは場所又は特定の方法による支払義務が、どのように修正されるかについては規律しない。代金支払を可能とするために必要な措置をとる買主の義務は、50条［CISG 54条］において規定されている。合意どおりに支払わないことに基づく買主の損害賠償責任が、外国為替管理規制その他の理由によって免責され得る範囲は、65条［CISG 79条］により規律される[2]。

## 支払の場所（本条(1)）

4. 53条(1)(a)［CISG 57条(1)(a)］は、買主は売主の営業所で代金を支払わなければならないという主たる準則を定めている。売主が二以上の営業所を有している場合には、支払がなされるべき営業所は、「契約及びその履行に最も密接な関係を有する営業所」である[3]。

5. 物品又は書類の交付と引換えに代金を支払うべき場合については、53条(1)(b)［CISG 57条(1)(b)］が、当該交付が行われる場所で支払がなされなければならないと定める。この準則は、書類引換払条件（payment against documents）が

---
(1) この結論は、5条［CISG 6条］を通じてももたらされるものである。しかしながら、この原則が明示的に繰り返されることによって、契約において通常、代金支払場所が重要視されていることが強調されている。
(2) 買主が合意どおりに支払わない場合に、売主が物品引渡義務を免れる範囲については、54条(1)、60条、62条、63条及び64条［CISG 58条(1)、64条、71条、72条及び73条］参照。
(3) 9条(a)［CISG 10条(a)］。ただし、53条(2)［CISG 57条(2)］及び後掲パラグラフ6も参照。

約定されている場合に、最も頻繁に適用されることになろう[4]。書類は、買主に直接交付することも可能であるが、多くの場合、当該取引において買主を代理する銀行に交付される。「交付」（handing over）がなされる場所は、買主の国、売主の国又は第三国のいずれでもあり得る。

**例53 A**：X国に営業所のある売主とY国に営業所のある買主との間の売買契約において、書類引換払条件が定められていた。書類は、Z国にある買主の取引銀行に対して、買主のために、交付すべきものとされていた。53条(1)(b)［CISG 57条(1)(b)］に基づき、買主はZ国にある自己の取引銀行において、代金を支払わなければならない。

### 売主の営業所の変更（本条(2)）

**6．**売主が契約の締結後に、買主が支払をすべき営業所を変更した場合には、買主は、売主の新たな営業所で支払をしなければならない。しかしながら、代金支払に付随する費用の増加額については、売主の負担とされる。

---

[4] 53条(1)(b)［CISG 57条(1)(b)］にいう書類は、28条及び32条［CISG 30条及び34条］に基づき売主が交付する義務を負う書類である。

## 第 54 条【支払の時期、交付の条件としての支払、支払前の検査】

| 1978 年草案 | CISG |
|---|---|
| <u>Article 54</u> [Time of payment; payment as condition for handing over; examination before payment]<br>(1)　The <u>buyer</u> must pay <u>the price</u> when the seller places either the goods or documents controlling their disposition at the buyer's disposal in accordance with the contract and this Convention. The seller may make such payment a condition for handing over the goods or documents.<br><br>(2)　If the contract involves carriage of the goods, the seller may dispatch the goods on terms whereby the goods, or documents controlling their disposition, will not be handed over to the buyer except against payment of the price.<br>(3)　The buyer is not bound to pay the price until he has had an opportunity to examine the goods, unless the procedures for delivery or payment agreed upon by the parties are inconsistent with his having such an opportunity. | Article 58<br><br>(1)　<u>If the buyer is not bound to pay the price at any other specific time, he</u> must pay <u>it</u> when the seller places either the goods or documents controlling their disposition at the buyer's disposal in accordance with the contract and this Convention. The seller may make such payment a condition for handing over the goods or documents.<br>(2)　If the contract involves carriage of the goods, the seller may dispatch the goods on terms whereby the goods, or documents controlling their disposition, will not be handed over to the buyer except against payment of the price.<br>(3)　The buyer is not bound to pay the price until he has had an opportunity to examine the goods, unless the procedures for delivery or payment agreed upon by the parties are inconsistent with his having such an opportunity. |
| 第 54 条【支払の時期、交付の条件としての支払、支払前の検査】<br>(1)　買主は、売主が契約及びこの条約に従い物品又はその処分を支配する書類を買主の処分にゆだねた時に代金を支払わなければならない。売主は、その支払を物品又は書類の交付の条件とすることができる。<br>(2)　売主は、契約が物品の運送を伴う場合には、代金の支払と引換えでなければ物品又はその処分を支配する書類を買主に交付しない旨の条件を付して、物品を | 第 58 条【支払の時期、交付の条件としての支払、支払前の検査】<br>(1)　買主は、<u>いずれか特定の期日に代金を支払う義務を負わない場合には</u>、売主が契約及びこの条約に従い物品又はその処分を支配する書類を買主の処分にゆだねた時に代金を支払わなければならない。売主は、その支払を物品又は書類の交付の条件とすることができる。<br>(2)　売主は、契約が物品の運送を伴う場合には、代金の支払と引換えでなければ物品又はその処分を支配する書類を買主に交付しない旨の条件を付して、物品を |

| 発送することができる。 | 発送することができる。 |
| (3) 買主は、物品を検査する機会を有する時まで代金を支払う義務を負わない。ただし、当事者の合意した引渡し又は支払の手続が、買主がそのような機会を有することと両立しない場合は、この限りでない。 | (3) 買主は、物品を検査する機会を有する時まで代金を支払う義務を負わない。ただし、当事者の合意した引渡し又は支払の手続が、買主がそのような機会を有することと両立しない場合は、この限りでない。 |

## 【CISG における変更点】

(1)について、53条［CISG 57条］と表現の平仄をあわせるための変更がある。O.R. 369-370, paras 36-48 [Docy. Hist. 590-591]．

## 先行条文

ULIS 71 条及び 72 条

## 注釈

**1．** 54 条［CISG 58 条］は、売主の履行との関係において、買主が支払をすべき時期を規律する。

## 原則（本条(1)）

**2．** 54 条(1)［CISG 58 条(1)］は、別段の合意がない場合には、売主は買主に対して信用供与を行う義務を負わないとの認識に立っている。したがって、(1)で規定されている原則は、売主が物品又はその処分を支配する書類を、買主の処分にゆだねることによって、物品を買主に利用可能とした時に、買主は代金を支払う義務を負うというものである。買主がこの時点で支払わない場合には、売主は物品又は書類の交付を拒絶することができる。

**3．** この準則を逆から言えば、別段の合意がない限り、売主が物品又はその処分を支配する書類を買主の処分にゆだねるまで、買主は代金を支払う義務を負わないということである。さらには、54 条(3)［CISG 58 条(3)］では、後に詳論するように、買主は、物品を検査する機会を有する時までは、代金を支払う義務を負わないとされている。

## 契約が物品の運送を伴う場合（本条(2)）

**4．** (2)は、物品の運送を伴う売買契約に、(1)を適用するための具体的な準則を

定める。その場合、「売主は、代金の支払と引換えでなければ物品又はその処分を支配する書類を買主に交付しない旨の条件を付して、物品を発送することができる」。ただし、そのように物品を発送することができるのは、契約に別段の定め、とりわけ信用供与に関する条項がない場合に限られる。

### 支払と物品の検査（本条(3)）

5．(3)は、買主は、物品を検査する機会を有する時まで代金を支払う義務を負わないとの原則を規定する。支払及び交付の前に買主が検査をすることができるようにするのは、売主の義務である。

6．売買契約が物品の運送を伴う場合において、売主が、代金の支払前は物品又は書類を買主に交付しない旨の条件を付して物品を発送するという、54条(2)［CISG 58条(2)］に基づく権利を行使することを望む場合には、売主は、買主が物品を検査する権利を失わないようにしなければならない。買主は通常、物品を到達地で検査するので[1]、売主は、買主の検査を可能とするために、物品又は書類が交付される時点よりも前に、到達地で買主が物品にアクセスすることを認めるよう、運送人との間で特別な手配を行う義務を負う場合があろう。

7．当事者の合意した引渡し又は支払の手続が、買主が検査の機会を有することと両立しない場合には、買主は支払前に物品を検査する権利を失う。この条約は、引渡し又は支払の手続としていかなる手続が、買主が支払前に物品を検査する権利と両立しないものであるかについて、規定していない。しかしながら、最も典型的な事例は、物品が到達しているか否かにかかわらず、物品の処分を支配する書類と引換えに代金を支払わなければならないとの合意であろう。価格が CIF 条件による場合には、こうした合意が含まれている[2]。

8．注意を要するのは、買主が代金の支払前に物品を検査する権利を失うのは、「当事者の合意した」引渡し又は支払の手続が、こうした権利と両立しない場合に限られるのであり、契約において、物品の到達後、書類の交付と引換えに代金を支払わなければならないと定めている場合には、買主は代金の支払前に物品を検査する権利を失わないということである。支払が、物品の到達後

---

(1) 36条(2)［CISG 38条(2)］参照。
(2) インコタームズ［1976］CIF 条件 B.1 では、買主は、「売主が書類を提供した場合には、それが売買契約に合致するならば、これを受領して、契約に定められた代金を支払わなければならない」と規定している〔訳注：インコタームズ 2010 CIF 条件 B1 は、「買主は、売買契約の規定に従って、代金を支払わなければならない」とのみ規定している〕。

第 54 条【支払の時期、交付の条件としての支払、支払前の検査】 183

にされるべきとされているのであるから、引渡し及び支払の手続は、支払前の検査権と両立する。同様に、代金の支払と引換えでなければ物品の処分を支配する書類を買主に交付しない旨の条件を付して物品を発送するという、54条(2)［CISG 58 条(2)］に基づく権利を売主が行使した場合にも、買主は、代金の支払前に物品を検査する権利を失わない。

9．売買契約が物品の運送を伴う場合における、買主が物品を検査する権利について、以下、例を用いて説明することにしよう。

**例 54 A**：売買契約において、CIF 条件により価格が定められたとしよう。その場合には、次のような仕方で支払が行われることが想定されている。まず、売主は、購入代金について、買主を支払人とする為替手形を振り出す。そして、売主は、為替手形に船荷証券（さらには契約で定められたその他の書類）を添付して、買主の所在地の取立銀行に送付する。契約では、船荷証券（及びその他の書類）は、為替手形の支払と引換えでのみ、銀行から買主に交付される旨が定められている。この合意された支払の手続では、為替手形が呈示された時──この時点では物品はなお運送中であることがしばしばであろうが──に支払がされなければならないとしているのであるから、この支払方法は、支払前に物品を検査する買主の権利と両立しない。したがって、この事例では、買主はそのような権利を有しないことになる。

**例 54 B**：売買契約において、CIF 条件が用いられず、また支払の時期及び場所につき、何も条項には定められていなかった。それゆえ、54 条(2)［CISG 58 条(2)］に基づく権限に従って、売主は例 54 A におけるのと同様の行動をとった。売主は、購入代金について、買主を支払人とする為替手形を振り出し、この為替手形に船荷証券を添付して、売主の銀行を通じて買主の所在地の取立銀行に送付した。売主は、取立銀行に対して、買主が為替手形の支払をするまで、船荷証券を買主に交付してはならないとの指図を行った。

この例では、支払方法は、54 条(2)［CISG 58 条(2)］で認められたものではあって、54 条(3)［CISG 58 条(3)］で要求されているような、「当事者の合意した」ものとはいえない。したがって、買主は、代金の支払前に、すなわち為替手形の支払前に、物品を検査する権利を失わない。支払前に検査を行う機会を買主に保証することは、売主の義務である。

**例 54** C：売買契約において、代金の支払は、物品の到達地において書類の提示と引換えに、物品の到達後にされるべきことが定められていた。この場合、当事者が明示的に合意した引渡しと支払の手続は、代金の支払が書類の提示と引換えになされるべきものとされていても、支払前に物品を検査する買主の権利と両立しないとはいえない。

## 第 55 条【催告の不要性】

| 1978 年草案 | CISG |
|---|---|
| <u>Article 55</u> [Payment due without request]<br>The buyer must pay the price on the date fixed by or determinable from the contract and this Convention without the need for any request or <u>other</u> formality on the part of the seller. | <u>Article 59</u><br>The buyer must pay the price on the date fixed by or determinable from the contract and this Convention without the need for any request or <u>compliance with any</u> formality on the part of the seller. |
| <u>第 55 条</u>【催告の不要性】<br>　売主によるいかなる要求又は<u>その他の手続</u>も要することなく、買主は、契約若しくはこの条約によって定められた期日又はこれらから決定することができる期日に代金を支払わなければならない。 | <u>第 59 条</u>【催告の不要性】<br>　売主によるいかなる要求又は<u>いかなる手続の遵守</u>も要することなく、買主は、契約若しくはこの条約によって定められた期日又はこれらから決定することができる期日に代金を支払わなければならない。 |

## 【CISG における変更点】
　文言に変更があるが、実質に関わる変更点ではない。

## 先行条文
ULIS 60 条

## 注釈
　55 条［CISG 59 条］は、支払の期限が到来するためには、売主が買主に方式に則った要求を行わなければならないとする、幾つかの法体系でとられている準則の適用を否定することを意図したものである。55 条［CISG 59 条］に基づき、買主は、売主が支払を要求したか否かにかかわらず、契約及びこの条約によって定められた期日又はこれらから決定することができる期日に代金を支払わなければならない[1]。

---
(1) 例えば、支払期日は、慣習（8 条［CISG9 条］）又は 54 条(1)［CISG 58 条(1)］に定める準則によって確定することができる。

## 第2節　引渡しの受領

### 第56条【引渡受領義務】

| 1978年草案 | CISG |
|---|---|
| **Article 56** [Obligation to take delivery]<br>The buyer's obligation to take delivery consists :<br>(a) in doing all the acts which could reasonably be expected of him in order to enable the seller to make delivery ; and<br>(b) in taking over the goods. | **Article 60**<br>The buyer's obligation to take delivery consists :<br>(a) in doing all the acts which could reasonably be expected of him in order to enable the seller to make delivery ; and<br>(b) in taking over the goods. |
| 第56条【引渡受領義務】<br>引渡しを受領する買主の義務は、次のことから成る。<br>(a) 売主による引渡しを可能とするために買主に合理的に期待することのできるすべての行為を行うこと。<br>(b) 物品を受け取ること。 | 第60条【引渡受領義務】<br>引渡しを受領する買主の義務は、次のことから成る。<br>(a) 売主による引渡しを可能とするために買主に合理的に期待することのできるすべての行為を行うこと。<br>(b) 物品を受け取ること。 |

【CISGにおける変更点】

変更点はない。

先行条文

ULIS 65条

注釈

1. 56条［CISG 60条］は、49条［CISG 53条］に規定されている買主の二番目の義務、すなわち、物品の引渡しを受領する義務について規定する。

2. 買主の引渡受領義務は、2つの要素から成る。第1の要素は、「売主による引渡しを可能とするために買主に合理的に期待することのできるすべての行為を行うこと」である。例えば、売買契約に基づき、買主が物品の運送について手配をなすべきものとされていた場合には、買主は、売主が「買主に送付するために物品を最初の運送人に交付すること」ができるように[1]、必要な運送契約を締結しなければならない。

**3**．買主の義務は、「買主に合理的に期待することのできる……行為」を行うことに限定される。買主は、ULIS におけるように、「売主による物品の交付を可能とするために必要なすべての行為」を行う義務[2]は負わない。

**4**．買主の引渡受領義務の第 2 の要素は、「物品を受け取ること」（taking over the goods）である。引渡受領義務のこの側面は、特定の場所又は売主の営業所で物品を買主の処分にゆだねることによって、売主が引渡しを行うべきことが契約で定められている場合に、重要である[3]。このような場合には、買主の引渡受領義務を履行するために、買主は、物品をこのような場所から物理的に引き取らなければならない[4]。

---

(1) 29 条(a)［CISG 31 条(a)］。30 条(2)［CISG 32 条(2)］と比較せよ。
(2) ULIS 65 条。
(3) 29 条(b)及び(c)［CISG 31 条(b)及び(c)］。
(4) 買主に対して送付された物品が仕向地で買主の処分にゆだねられた場合において、買主が当該物品を拒絶する権利を行使するときは、買主は売主のために当該物品の占有を取得しなければならないという、75 条(2)［CISG 86 条(2)］に基づく買主の義務と比較せよ。

## 第3節　買主による契約違反についての救済

### 第57条【売主の救済方法一般、損害賠償の請求、猶予期間の不許】

| 1978年草案 | CISG |
|---|---|
| **Article 57** [Seller's remedies in general ; claim for damages ; no period of grace]<br>(1) If the buyer fails to perform any of his obligations under the contract <u>and</u> this Convention, the seller may：<br>　(a) exercise the rights provided in <u>articles 58 to 61</u>；<br>　(b) claim damages as provided in <u>articles 70 to 73</u>.<br>(2) The seller is not deprived of any right he may have to claim damages by exercising his right to other remedies.<br>(3) No period of grace may be granted to the buyer by a court or arbitral tribunal when the seller resorts to a remedy for breach of contract. | **Article 61**<br>(1) If the buyer fails to perform any of his obligations under the contract <u>or</u> this Convention, the seller may：<br>　(a) exercise the rights provided in <u>articles 62 to 65</u>；<br>　(b) claim damages as provided in <u>articles 74 to 77</u>.<br>(2) The seller is not deprived of any right he may have to claim damages by exercising his right to other remedies.<br>(3) No period of grace may be granted to the buyer by a court or arbitral tribunal when the seller resorts to a remedy for breach of contract. |
| <u>第57条【売主の救済方法一般、損害賠償の請求、猶予期間の不許】</u><br>(1) 売主は、買主が契約<u>及び</u>この条約に基づく義務を履行しない場合には、次のことを行うことがができる。<br>　(a) <u>次条から第61条までに</u>規定する権利を行使すること。<br>　(b) <u>第70条から第73条までの</u>規定に従って損害賠償の請求をすること。<br>(2) 売主は、損害賠償の請求をする権利を、その他の救済を求める権利の行使によって奪われない。<br>(3) 売主が契約違反についての救済を求める場合には、裁判所又は仲裁廷は、買主に対して猶予期間を与えることができない。 | <u>第61条【売主の救済方法】</u><br>(1) 売主は、買主が契約<u>又は</u>この条約に基づく義務を履行しない場合には、次のことを行うことがができる。<br>　(a) <u>次条から第65条までに</u>規定する権利を行使すること。<br>　(b) <u>第74条から第77条までの</u>規定に従って損害賠償の請求をすること。<br>(2) 売主は、損害賠償の請求をする権利を、その他の救済を求める権利の行使によって奪われない。<br>(3) 売主が契約違反についての救済を求める場合には、裁判所又は仲裁廷は、買主に対して猶予期間を与えることができない。 |

第57条【売主の救済方法一般、損害賠償の請求、猶予期間の不許】 189

## 【CISG における変更点】
　文言に変更があるが、実質に関わる変更点ではない。

## 先行条文
ULIS 61 条〜64 条、66 条〜68 条、70 条

## 注釈
**1**．57 条［CISG 61 条］は、買主が契約及び［CISG では「又は」］この条約に基づく義務を履行しない場合に、売主が求めることができる救済の一覧表として役立つとともに、売主の損害賠償請求権の根拠規定としての役割も有する。57 条［CISG 61 条］は、買主が求めることができる救済に関する 41 条［CISG 45 条］と対になっている。

**2**．57 条(1)(a)［CISG 61 条(1)(a)］は、買主の違反の場合に、売主は「次条から第 61 条まで［CISG 第 62 条から第 65 条まで］に規定する権利を行使すること」ができると規定する。次条（58 条）から第 61 条まで［CISG 62 条から 65 条まで］の、売主が求めることができる救済に関する規定は、42 条から 48 条まで［CISG 46 条から 52 条まで］の、買主が求めることができる救済に関する規定と対になるように起草されているが、それらほど複雑ではない。その理由は、買主は 2 つの主要な義務、すなわち代金支払義務と物品引渡受領義務を負うのみであるのに対して、売主の義務はより複雑だからである。それゆえ、売主は、買主であれば求めることができる次の救済を、求めることができない。すなわち、物品の不適合に基づく代金減額権（46 条［CISG 50 条］）、物品の一部引渡しの場合に救済の一部を求める権利（47 条［CISG 51 条］）[1]、そして、物品の引渡履行期前の引渡し又は数量超過の引渡しの場合における受領拒絶権（48 条［CISG 52 条］）である。

**3**．57 条(1)(b)［CISG 61 条(1)(b)］は、売主は、「買主が契約及び［CISG では「又は」］この条約に基づく義務を履行しない場合には、……第 70 条から第 73 条まで［CISG 74 条から第 77 条まで］の規定に従って損害賠償の請求をすること」ができると規定する。損害賠償の請求をするためには、幾つかの法体系においては証明の求められている、過失（fault）、信義則違反、又は明示の約

---
[1]　ただし、64 条(1)［CISG 73 条(1)］は、1 つの引渡部分についての買主の不履行が、当該引渡部分について重大な違反となる場合には、当該引渡部分について契約解除の意思表示をすることを、売主に認めている。

束の違反を証明する必要はない。損害賠償は、買主による、その義務の客観的不履行から生ずる損失について、求めることができる。57条(1)(b)［CISG 61条(1)(b)］が言及する、70条から73条まで［CISG 74条から77条まで］は、損害賠償請求をすることができるか否かに関する実体的な要件を規定するものではなく、損害賠償額の算定に関する準則を規定するものである。

4．買主による契約違反についての救済規定をまとめた規定を置くことによって、多くの重要な利点がもたらされる。第1に、救済に関する規定が繰り返されることの複雑さからくる混乱を生じさせることなく、買主のすべての義務が一箇所に網羅される。このことにより、商人にとって主要な関心事である、買主は何をなすべきかに関する準則を、より容易に理解できるようになる。第2に、救済規定をまとめて規定したことによって、分類の問題が減少することになる。第3に、複雑な相互参照の必要性が小さくなる。

5．(2)は、当事者が、契約又はこの条約に基づき求めることができる救済を求めたからといって、被った損害の賠償の請求をする権利を奪われないと規定する。

6．(3)は、売主が契約違反についての救済を求める場合には、裁判所又は仲裁廷は、売主が救済を求める前、求めるのと同時、求めた後のいずれにおいても、猶予期間を与えることによって、救済の実行を遅らせてはならないと定める。本規定の趣旨は、43条［CISG 47条］の注釈パラグラフ3から5までにおいて検討されている。こうした規定は、国際取引において、望ましいものと思われる。

## 第58条【売主の履行請求権】

| 1978年草案 | CISG |
|---|---|
| <u>Article 58</u> [Seller's right to require performance]<br><br>The seller may require the buyer to pay the price, take delivery or perform his other obligations, unless the seller has resorted to a remedy which is inconsistent with <u>such</u> requirement. | <u>Article 62</u><br><br>The seller may require the buyer to pay the price, take delivery or perform his other obligations, unless the seller has resorted to a remedy which is inconsistent with <u>this</u> requirement. |
| <u>第58条</u>【売主の履行請求権】<br>　売主は、買主に対して代金の支払、引渡しの受領その他の買主の義務の履行を請求することができる。ただし、売主がその請求と両立しない救済を求めた場合は、この限りでない。 | <u>第62条</u>【履行請求権】<br>　売主は、買主に対して代金の支払、引渡しの受領その他の買主の義務の履行を請求することができる。ただし、売主がその請求と両立しない救済を求めた場合は、この限りでない。 |

## 【CISGにおける変更点】

　文言に変更があるが、実質に関わる変更点ではない。

## 先行条文

ULIS 61条及び62条(1)

## 注釈

1．58条［CISG 62条］は、買主に対して契約及びこの条約に基づく義務の履行を請求する売主の権利を規定する。

## 代金支払の不履行

2．本条は、売主の主たる関心事が、買主が支払期日に代金を支払うことであるとの認識に立っている。それゆえ、54条及び55条［CISG 58条及び59条］の規定に基づき代金の支払期日が到来したにもかかわらず、買主が代金を支払わない場合には、本条は、売主が、買主に対して代金の支払を請求することを認めている。

3．58条［CISG 62条］は、代金に関する売主の救済が制限されている幾つかの国の法とは異なるものである。それらの国では、買主は、契約に基づく実体

的な支払義務を負うものの、原則として、売主は第三者に物品を再売却するための合理的な努力を行い、契約価格と代替取引で得た価格との差額を損害賠償として請求しなければならないとされる。そこでは、売主が代金を請求することができるのは、第三者への再売却が合理的に不可能である場合とされる。

4．これに対して、58条［CISG 62条］においては、買主が54条及び55条［CISG 58条及び59条］に基づき代金を支払う実体的な義務を負う場合には、売主は、買主に対する代金の支払請求という救済を求めることができる[(1)]。

5．ここで、58条［CISG 62条］の、そして一般的には買主〔「売主」の誤りであろう〕の救済に関する第3節の起草のスタイルに注意を喚起したい。このスタイルは、売買法に関する成文法は、当事者間の権利及び義務を規律するものであって、裁判所に向けた指示からなるものではないとの多くの法体系の考え方に、適合的なものである。その他の法体系においては、相手方の不履行があった場合に当事者が求めることができる救済は、請求した救済を認める裁判所の判決を求める被害当事者の権利という観点から構成されている[(2)]。しかしながら、この2つの異なる立法スタイルが意図している目的は同じである。したがって、58条［CISG 62条］は、「売主は、買主に対して代金の支払、引渡しの受領その他の買主の義務の履行を請求することができる」と規定することによって、買主が履行しない場合には、裁判所がその履行を命令し、かつ手続法上認められている手段を用いて、その命令を強制することを予定している。

6．売主は、代金の支払、引渡しの受領、その他の買主の義務の履行を強制するために、裁判所又は仲裁廷に助力を求める権利を有するのではあるが、26条［CISG 28条］がこの権利を一定の限度で、制限している。売主が58条［CISG 62条］に基づき買主の義務の履行を請求する権利を有する場合であっても、裁判所は、この条約が規律しない類似の売買契約について自国の法に基づいて現実の履行を命ずる裁判をすることができないときは〔CISGに則せば、「することができないとき」ではなく、「するであろうとはいえないとき」となろう。1978年草案26条の注釈に付した【変更点】参照〕、この条約を準拠法として訴訟が提起された事案において、現実の履行を命ずる裁判をする義務を負わない。しかしながら、裁判所が自国の法に基づいて現実の履行を命ずる裁判をすることができる場合〔CISGに則せば、「することができる場合」ではなく、「す

---

(1) 損害軽減の原則と、代金支払請求権との関係については、73条［CISG 77条］に関する注釈パラグラフ3を参照。
(2) 42条［CISG 46条］に関する注釈パラグラフ8の注(1)の例を参照。

るであろう場合」となろう。1978年草案26条の注釈に付した【変更点】参照〕には、58条［CISG 62条］の基準が満たされるならば、裁判所は現実の履行を命ずる裁判をする義務を負う。

7．売主は、本条に基づいて履行を請求するとともに、損害賠償を請求することもできる。買主の義務の不履行が、代金支払の遅滞である場合には、売主の損害賠償額には通常、利息が含まれる。〔1980年外交会議で追加されたCISG 78条では、損害賠償請求とは別個に利息請求権が認められた。同条は、「当事者の一方が代金その他の金銭を期限を過ぎて支払わない場合には、相手方は、第74条［1978年草案70条］の規定に従って求めることができる損害賠償の請求を妨げられることなく、その金銭の利息を請求することができる。」と定める。〕

### その他の義務の不履行

8．58条［CISG 62条］は、続けて、売主が、買主に対して「引渡しの受領その他の買主の義務」の履行を請求することを認めている[3]。

9．買主が履行をしなかった義務について、売主が自ら代替して履行をする権限を有すること又は義務を負うことがある。61条［CISG 65条］は、仕様の指定がされることになっている売買の場合において、合意した期日に又は売主から要求を受けた時から合理的な期間内に買主がその指定を行わないときは、売主は、自らその指定を行なうことができると規定する。同様に、買主が、契約上、物品を運送するべき船舶を指定する義務を負うとされていたにもかかわらず適時にそれを行わない場合には、契約違反を援用する当事者に損失を軽減することを求める73条［CISG 77条］により、売主に、買主の損失を軽減するために船舶を指定する権限が与えられることがあり得る。

### 売主による両立しない行動

10．58条［CISG 62条］は、さらに、売主が契約の履行を請求する権利を行使するためには、例えば、60条［CISG 64条］に基づき契約を解除する等、売主がその権利と両立しない行動をしていてはならないと規定している。

---

[3] 「引渡しの受領」（take delivery）をする義務が特に言及されているのは、これが49条［CISG 53条］が規定する買主の2つの義務のうちの第二番目のものだからである。引渡しの受領の定義は、56条［CISG 60条］においてなされている。

194　第3部　物品の売買

## 第59条【履行のための付加期間の付与】

| 1978年草案 | CISG |
|---|---|
| **Article 59** [Fixing of additional period for performance]<br>(1) The seller may fix an additional period of time of reasonable length for performance by the buyer of his obligations.<br>(2) Unless the seller has received notice from the buyer that he will not perform within the period so fixed, the seller may not, during that period, resort to any remedy for breach of contract. However, the seller is not deprived thereby of any right he may have to claim damages for delay in the performance. | **Article 63**<br>(1) The seller may fix an additional period of time of reasonable length for performance by the buyer of his obligations.<br>(2) Unless the seller has received notice from the buyer that he will not perform within the period so fixed, the seller may not, during that period, resort to any remedy for breach of contract. However, the seller is not deprived thereby of any right he may have to claim damages for delay in performance. |
| 第59条【履行のための付加期間の付与】<br>(1)　売主は、買主による義務の履行のために合理的な長さの付加期間を定めることができる。<br>(2)　売主は、(1)の規定に基づいて定めた付加期間内に履行をしない旨の通知を買主から受けた場合を除くほか、当該付加期間内は、契約違反についてのいかなる救済も求めることができない。ただし、売主は、これにより、履行の遅滞について損害賠償の請求をする権利を奪われない。 | 第63条【履行のための付加期間の付与】<br>(1)　売主は、買主による義務の履行のために合理的な長さの付加期間を定めることができる。<br>(2)　売主は、(1)の規定に基づいて定めた付加期間内に履行をしない旨の通知を買主から受けた場合を除くほか、当該付加期間内は、契約違反についてのいかなる救済も求めることができない。ただし、売主は、これにより、履行の遅滞について損害賠償の請求をする権利を奪われない。 |

## 【CISGにおける変更点】

　文言に変更があるが、実質に関わる変更点ではない。

## 先行条文

ULIS 66条(2)

## 注釈

**1.** 59条[CISG 63条]は、買主による義務の履行のために、合理的な長さの付加期間を定める売主の権利を規定するとともに、売主がそのような期間を定

めたことの効果の1つを明らかにしている。

## 付加期間の付与（本条(1)）

2．59条［CISG 63条］は、買主による契約の履行を請求する売主の権利を規定するとともに、そうした権利を実現することへの裁判所又は仲裁廷の助力を期待する58条［CISG 62条］と、組になるものである。買主が契約の履行を遅滞した場合に履行の強制のために裁判手続を用いることは、現実的でなかったり、売主が待つことのできる期間以上に時間がかかったりすることがあろう。これはとりわけ、買主の不履行が、信用状や銀行保証状など、支払を保証する書類の発行を得ること、あるいは物品の輸入の許可や、外国為替規制の下で代金支払の許可を得ることの遅滞からなる場合に当てはまるだろう。そのため、契約を解除して別の購入者に代替的な売却を行うことが売主の利益になる場合もある。しかしながら、その時点では、買主の遅滞が、60条(1)(a)［CISG 64条(1)(a)］に基づく契約解除を正当化する重大な契約違反に当たるかどうかが、不明確なことがある。

3．契約で定めた期日に買主が代金支払やその他の義務を履行しないことを理由とする売主の契約解除権に対する態度は、法体系ごとに異なる。幾つかの法体系においては、約定の期日に買主が履行しない場合、通常、売主は契約の解除をすることが認められる。しかしながら、事案によっては、裁判所又は仲裁廷が、約定の期日に履行されなかったことはそれほど深刻ではない、又は売主は迅速な履行を受ける権利を放棄していたとして、その時点で売主は契約を解除することができないと判示することがある。その他の法体系においては、買主は、裁判所又は仲裁廷に対し、猶予期間の付与を要求できるものとされており、それにより事実上新たな履行期日が定められることになる[1]。さらに別の法体系においては、履行遅滞による解除の救済が契約に規定されていない限り、又は、買主の違反後に売主が買主の履行すべき期間を具体的に定めたにもかかわらず、その期間内に買主が履行をしなかったということがない限り、履行の遅滞により売主が契約を解除することを認めない、ということが原則とされている。

4．この条約は、物品売買に関する商事契約においては、約定の履行期日が経過し、かつ、買主が未だ自らの義務を1つ以上履行していないことだけを理

---

[1] 57条(3)［CISG 61条(3)］と比較せよ。後掲パラグラフ5参照。

由に、売主が原則として契約を解除することができるという考えを特に否定するものである。こうした状況の下で、売主が契約を解除することができるのは、唯一、約定の履行期日に履行をしないことが、売主に実質的に不利益をもたらし、かつ、買主がそのような結果を予見し、又は予見すべき理由を有した場合に限られる[2]。〔訳註：この部分は1978年草案23条における重大な違反の定義に則して説明がされている。CISGにおける重大な契約違反を定義するCISG 25条に則せば、「売主に、その契約に基づいて期待することができたものを実質的に奪うような不利益をもたらし、かつ、買主がそのような結果を予見し、又は同様の状況の下において買主と同種の合理的な者がそのような結果を予見したであろう場合」となる。1978年草案23条の注釈に付した【変更点】参照。〕

**5．**この準則の帰結として、この条約においては、買主が裁判所に対して、幾つかの法体系では許されている、猶予期間の付与の申立てを認める理由は存在しない。さらには、猶予期間を裁判所に申し立てる手続は、とりわけ国際商取引の文脈においては、それによって当事者の一方と同じ国籍を通常は有するであろう裁判官の広い裁量に当事者双方を服させることになるため、適切ではない。それゆえ、57条(3) [CISG 61条(3)] は、「売主が契約違反についての救済を求める場合には、裁判所又は仲裁廷は、買主に対して猶予期間を与えることができない。」と規定するのである。

**6．**履行の遅滞が重大な違反に当たる場合であれば、売主は、契約解除の意思表示をすることができるのであるが、これが常に売主にとって満足できる解決となるわけではない。いったん買主が履行を遅滞すれば、売主は、履行が売主にとって必要不可欠なものとなる時期までに、買主が履行できるだろうか疑って当然である。この状態は、62条、63条及び64条 [CISG 71条、72条及び73条] に基づき、履行期前の違反により生ずる問題に似ている。さらには、物品売買契約のほとんどにおいて、売主の不利益が重大な違反となるのに十分なほど実質的なものとなる時点は、幾分不明確である。それゆえ、59条(1) [CISG 63条(1)] は、買主による義務の履行のために合理的な長さの付加期間を売主が定めることを認めている。しかし、60条(1)(b) [CISG 64条(1)(b)] に基づいて、売主が契約解除の意思表示をすることができるのは、付加期間内に、買主が代金の支払義務[3]を履行しなかったか、若しくは物品の引渡しを受領しなかった

---

[2] 「重大な違反」を定義する23条 [CISG 25条]、及び重大な違反を理由として契約解除の意思表示をすることを売主に認める60条(1)(a) [CISG 64条(1)(a)]。

[3] 買主の代金支払義務に関しては、50条 [CISG 54条] 及び同条に関する注釈参照。

場合[4]、又は買主が当該付加期間内にそれらの義務を履行しない旨の意思表示をした場合に限られる。

7．59条(1)［CISG 63条(1)］が認める付加期間を定めるという手続（その付加期間内に、買主が代金支払義務や物品の引渡受領義務の履行をしなかった場合には、売主は契約解除の意思表示をすることができる）は、売主が、重大な違反を理由とする60条(1)(a)［CISG 64条(1)(a)］に基づく契約解除の意思表示を正当化しないであろう取るに足らない遅滞を、60条(1)(b)［CISG 64条(1)(b)］に基づく契約解除の意思表示をする理由へと転換できる危険性をはらんだものである。それゆえ、59条(1)［CISG 63条(1)］は、付加期間が「合理的な長さ」のものでなければならないとするのである。この期間は、履行が行われなければならない期限となる日を特定すること（例えば、9月30日）、又は、一定の期間を特定すること（例えば、「本日から1ヵ月以内」）のいずれかにより、定めることができる。売主が買主に対して、履行をすることを求めたり、「速やかに」履行すること、その他類似の一般的要求をするだけでは、59条(1)［CISG 63条(1)］に基づき、期間を「定めた」ことにはならない。

8．59条(1)［CISG 63条(1)］で想定されている手続は、ドイツの「猶予期間（Nachfrist）」の手続、そしてフランスの「付遅滞（mise en demeure）」の手続にその淵源を有しているのは確かであるが、現在の形では、そのいずれとも異なることを指摘しておきたい。特に、59条(1)［CISG 63条(1)］で想定されている手続は、強制的なものではなく、履行の遅滞が重大な違反に当たる場合にはこれを用いることなく契約解除をすることができるのである。

### 売主のその他の救済（本条(2)）

9．売主からの要求に従い、場合によっては相当な費用をかけて、契約を履行する準備を進めているであろう買主を保護するために、要求に応じない旨の通知を買主から受けた場合を除くほか、売主は、合理的な長さの付加期間内は、契約違反についてのいかなる救済も求めることができない。付加期間が買主による履行が行われることなく経過した場合には、売主は60条(1)(b)［CISG 64条(1)(b)］に基づき契約を解除することができるだけでなく、与えられているその他のいかなる救済も求めることができる。

10．特に、売主は履行の遅滞に基づき自らが被ったいかなる損害の賠償も請

---

(4) 買主の物品の引渡受領義務に関しては、56条［CISG 60条］及び同条に関する注釈参照。

求することができる。こうした損害は、売主が定めた付加期間内に買主が義務を履行したとしても、生じ得るものである。

## 第60条【売主の契約解除権】

| 1978年草案 | CISG |
|---|---|
| <u>Article 60</u> [Seller's right to avoid contract]<br>(1) The seller may declare the contract avoided :<br>　(a) if the failure by the buyer to perform any of his obligations under the contract <u>and</u> this Convention amounts to a fundamental breach of contract ; or<br>　(b) if the buyer <u>has</u> not, within the additional period of time fixed by the seller in accordance with paragraph (1) of article <u>59</u>, <u>performed</u> his obligation to pay the price or <u>taken</u> delivery of the goods, or if he <u>has declared</u> that he will not do so within the period so fixed.<br>(2) However, in cases where the buyer has paid the price, the seller loses <u>his</u> right to declare the contract avoided <u>if he has not done</u> so :<br>　(a) in respect of late performance by the buyer, before the seller has become aware that performance has been rendered ; or<br>　(b) in respect of any breach other than late performance<u>, within a reasonable time after he knew or ought to have known of such breach, or within a reasonable time after the expiration of any additional period of time fixed by the seller in accordance with paragraph (1) of article 59, or the declaration by the buyer that he will not perform his obligations within such an additional period.</u> | <u>Article 64</u><br>(1) The seller may declare the contract avoided :<br>　(a) if the failure by the buyer to perform any of his obligations under the contract <u>or</u> this Convention amounts to a fundamental breach of contract ; or<br>　(b) if the buyer <u>does</u> not, within the additional period of time fixed by the seller in accordance with paragraph (1) of article <u>63</u>, <u>perform</u> his obligation to pay the price or <u>take</u> delivery of the goods, or if he <u>declares</u> that he will not do so within the period so fixed.<br>(2) However, in cases where the buyer has paid the price, the seller loses <u>the</u> right to declare the contract avoided <u>unless he does</u> so :<br>　(a) in respect of late performance by the buyer, before the seller has become aware that performance has been rendered ; or<br>　(b) in respect of any breach other than late performance <u>by the buyer, within a reasonable time :</u><br>　　(i) <u>after the seller knew or ought to have known of the breach ; or</u><br>　　(ii) <u>after the expiration of any additional period of time fixed by the seller in accordance with paragraph (1) of article 63, or after the buyer has declared that he will not perform his obligations within such an additional period.</u> |

| 第 60 条【売主の契約解除権】 | 第 64 条【契約解除権】 |
|---|---|
| (1) 売主は、次のいずれかの場合には、契約の解除の意思表示をすることができる。<br>　(a) 契約<u>及び</u>この条約に基づく買主の義務の不履行が重大な契約違反となる場合<br>　(b) 売主が前条(1)の規定に基づいて定めた付加期間内に買主が代金の支払義務若しくは物品の引渡しの受領義務を履行<u>しなかった</u>場合又は買主が当該付加期間内にそれらの義務を履行しない旨の意思表示をした場合<br>(2) 売主は、買主が代金を支払った場合において、次の時期に契約の解除の意思表示をしない限り、このような意思表示をする権利を失う。<br>　(a) 買主による履行の遅滞については、売主が履行のあったことを知る前<br>　(b) 履行の遅滞を除く違反については、<u>売主が当該違反を知り、又は知るべきであった時から合理的な期間内、又は売主が前条(1)の規定に基づいて定めた付加期間を経過した時若しくは買主が当該付加期間内に義務を履行しない旨の意思表示をした時から合理的な期間内</u> | (1) 売主は、次のいずれかの場合には、契約の解除の意思表示をすることができる。<br>　(a) 契約<u>又は</u>この条約に基づく買主の義務の不履行が重大な契約違反となる場合<br>　(b) 売主が前条(1)の規定に基づいて定めた付加期間内に買主が代金の支払義務若しくは物品の引渡しの受領義務を履行<u>しない</u>場合又は買主が当該付加期間内にそれらの義務を履行しない旨の意思表示をした場合<br>(2) 売主は、買主が代金を支払った場合には、次の時期に契約の解除の意思表示をしない限り、このような意思表示をする権利を失う。<br>　(a) 買主による履行の遅滞については、売主が履行のあったことを知る前<br>　(b) 履行の遅滞を除く<u>買主による</u>違反については、<u>次の時から合理的な期間内</u><br>　　(i) <u>売主が当該違反を知り、又は知るべきであった時</u><br>　　(ii) <u>売主が前条(1)の規定に基づいて定めた付加期間を経過した時又は買主が当該付加期間内に義務を履行しない旨の意思表示をした時</u> |

## 【CISG における変更点】

文言と形式に変更があるが、実質に関わる変更点ではない。

## 先行条文

ULIS 61 条(2)、62 条、66 条及び 70 条

## 注釈

**1．** 60 条［CISG 64 条］は、契約解除の意思表示をする売主の権利を規定する。

契約解除の意思表示をする買主の権利については、45条［CISG 49条］で規定されている。

**解除の意思表示**
2．契約は、買主の違反の結果として、「売主〔が〕……契約の解除の意思表示をする」場合に限り、解除される。これは、売主の意思表示による解除に加え、一定の場合に、自動的解除又は「事実の存在自体による解除」(*ipso facto avoidance*) を規定していたULIS 61条及び62条の準則を狭めるものである。自動的解除又は「事実の存在自体による解除」は、契約がなお拘束力を有するのか、又は「事実の存在自体による解除」がされたのかについて、不明確さをもたらすとして、この条約の救済体系から削除された。この条約の60条［CISG 64条］では、買主〔「売主」の誤りか〕が積極的に契約解除の意思表示をしない限り、契約はなお拘束力を有する。もちろん、買主〔同上〕が契約解除の意思表示をすることを認める要件が満たされているかについての不明確さは、なお存在し得る。
3．24条［CISG 26条］は、「契約の解除の意思表示は、相手方に対する通知によって行われた場合に限り、その効力を有する。」と規定する。契約の解除の通知が到達しない若しくは適時に到達しない場合、又は通知の内容が不正確に伝達された場合の帰結は、25条［CISG 27条］によって規律される。

**重大な違反（本条(1)(a)）**
4．売主が契約解除の意思表示をすることができる典型的な場面は、買主による何らかの義務の不履行が重大な違反となる場合である。重大な違反については、23条［CISG 25条］で定義されている。
5．重大な契約違反があれば、売主は即時に契約解除の意思表示をする権利を有する。売主は、買主に対して、契約解除の意思表示をする意図を事前に通知する必要はない。しかしながら、代金の支払、物品の引渡しの受領、契約及びこの条約に基づく買主のその他の義務の不履行が、履行期日に履行されないことによって、直ちに重大な契約違反となることがどれほどあるのかについては、疑問が生じ得るところである。ほとんどの場合には、買主の不履行が23条［CISG 25条］に定義されているような意味での重大な違反となるのは、一定の期間の経過があった後ということになろう。

### 買主の履行遅滞（本条(1)(b)）

6．(1)(b)はさらに、1つの限定された場合において、売主が契約解除の意思表示をすることを認めている。買主が代金の支払又は物品の引渡しの受領をしないために、売主が59条［CISG 63条］に従って買主に履行を求めたならば、「売主が［59条］(1)［CISG 63条(1)］の規定に基づいて定めた付加期間内に買主が代金の支払義務若しくは物品の引渡しの受領義務を履行しなかった〔訳注：CISG 64条(1)(b)では「履行しない」〕場合又は買主が当該付加期間内にそれらの義務を履行しない旨の意思表示をした場合」に、売主は、契約を解除することができるのである。

7．買主の代金支払義務には、契約を官庁や銀行に登録すること、必要な外貨を調達すること、そして信用状開設や銀行の支払保証を依頼して支払を促進することなど、支払を可能とするために、契約及び関連する法令に従って、必要とされる措置をとるとともに手続を遵守することが含まれる[1]。したがって、59条［CISG 63条］に従って売主が定めた付加期間内に、そうした措置を買主がとらない場合には、売主は、60条(1)(b)［CISG 64条(1)(b)］に基づき契約解除の意思表示をすることが認められる。売主は、重大な違反に関する60条(1)(a)［CISG 64条(1)(a)］、又は履行期前の違反に関する63条［CISG 72条］の手続をとる必要はない。

### 解除権の喪失又は停止（本条(2)）

8．60条(2)［CISG 64条(2)］は、買主が代金を支払った場合には、売主は、一定の期間内に契約解除の意思表示をしない限り、契約解除権を失うと規定する。代金の総額が支払われるまでは、売主が、契約解除の意思表示をする権利を失うことはない。

9．契約解除の根拠となっている重大な違反が買主による履行の遅滞である場合について、本条(2)(a)は、買主が代金の支払を行えば、売主が履行のあったことを知った時に、売主は契約解除の意思表示をする権利を失うと規定する。ここで問題とされている履行の遅滞は、ほとんどは代金の支払に関するものであろうから、本条が適用されるほとんどの場合において、売主は代金が支払われたことを知った時に、60条(1)(a)［CISG 64条(1)(a)］に基づいて契約解除の意思表示をする権利を失うことになる。

---

(1) 50条［CISG 54条］及び同条に関する注釈参照。

10．買主が代金を支払ったが、履行遅滞以外の、買主の義務に関する重大な契約違反がある場合には、本条(2)(b)は、売主がそのような違反を知り、又は知るべきであった時から合理的な期間内に、契約解除の意思表示をしない限り、売主は契約解除の意思表示をする権利を失うと規定する。

11．60条(2)(b)[CISG 64条(2)(b)]はさらに、売主が59条(1)[CISG 63条(1)]に基づいて履行のための付加期間を定めた場合にも、売主が契約解除権を失い得ることを規定する。59条(1)[CISG 63条(1)]に基づいて売主が定めた付加期間が経過した後に買主が履行した場合、又は買主がその付加期間内に履行しない旨の意思表示をした後に履行した場合において、付加期間が経過した時から合理的期間内に、又は買主が当該付加期間内に義務を履行しない旨の意思表示をした時から合理的な期間内に、売主が契約解除の意思表示をしないときは、売主は契約解除権を失うのである。

12．60条(2)[CISG 64条(2)]の下では、代金の総額が支払われるまで、売主は契約解除権を失わないため、本規定に基づいて売主が契約解除権を失う前提として、分割履行契約にあってはすべての引渡部分について支払がなされている必要がある。しかしながら、64条(2)[CISG 73条(2)]に基づく将来の引渡部分についての契約解除権は、契約解除の根拠となる買主の義務の不履行があった時から「合理的な期間内」に行使されなければならない。

### 履行期前の解除権

13．約定の履行期日前に契約を解除する売主の権利については、63条、64条[CISG 72条、73条]、及びそれらに関する注釈参照。

### 解除の効果

14．売主による解除の効果は、66条及び69条[CISG 81条及び84条]に規定されている。売主にとって最も重要な解除の効果は、売主はもはや物品の引渡義務を負わなくなるとともに、既に引渡しを行っている場合にはその返還を請求することができるということである。

15．契約の解除によって、買主の不履行により生じた損害を賠償する買主の義務や、紛争解決のための契約条項は消滅しない[2]。このことを規定するのが重要であったのは、多くの法体系においては、契約の解除によって、契約の存

---

(2) 66条(1)[CISG 81条(1)]。

在から生ずるすべての権利及び義務は消滅するとされているからである。こうした考え方においては、いったん契約が解除されると、契約違反に基づく損害賠償を請求することができなくなり、また、紛争解決のための契約条項——通常は仲裁条項を意味することになろう——も契約の他の部分とともに失効することになるのである。

## 第 61 条【売主による仕様の指定】

| 1978 年草案 | CISG |
|---|---|
| Article 61 [Specification by seller]<br>(1) If under the contract the buyer is to specify the form, measurement or other features of the goods and he fails to make such specification either on the date agreed upon or within a reasonable time after receipt of a request from the seller, the seller may, without prejudice to any other rights he may have, make the specification himself in accordance with <u>any</u> requirement of the buyer that may be known to him.<br>(2) If the seller makes the specification himself, he must inform the buyer of the details thereof and must fix a reasonable time within which the buyer may make a different specification. If the buyer fails to do so <u>after receipt of such a communication</u>, the specification made by the seller is binding. | Article 65<br>(1) If under the contract the buyer is to specify the form, measurement or other features of the goods and he fails to make such specification either on the date agreed upon or within a reasonable time after receipt of a request from the seller, the seller may, without prejudice to any other rights he may have, make the specification himself in accordance with <u>the</u> requirement<u>s</u> of the buyer that may be known to him.<br>(2) If the seller makes the specification himself, he must inform the buyer of the details thereof and must fix a reasonable time within which the buyer may make a different specification. If<u>, after receipt of such a communication,</u> the buyer fails to do so <u>within the time so fixed</u>, the specification made by the seller is binding. |
| 第 61 条【売主による仕様の指定】<br>(1) 買主が契約に従い物品の形状、寸法その他の特徴を指定すべき場合において、合意した期日に又は売主から要求を受けた時から合理的な期間内に買主がその指定を行わないときは、売主は、自己が有する他の権利の行使を妨げられることなく、自己の知ることができた買主の必要に応じて、自らその指定を行うことができる。<br>(2) 売主は、自ら(1)に規定する指定を行う場合には、買主に対してその詳細を知らせ、かつ、買主がそれと異なる指定を行うことができる合理的な期間を定めなければならない。買主がその通信を受けた後<u>に</u>、異なる指定を行わない場合には、売主の行った指定は、拘束力を有する。 | 第 65 条【売主による仕様の指定】<br>(1) 買主が契約に従い物品の形状、寸法その他の特徴を指定すべき場合において、合意した期日に又は売主から要求を受けた時から合理的な期間内に買主がその指定を行わないときは、売主は、自己が有する他の権利の行使を妨げられることなく、自己の知ることができた買主の必要に応じて、自らその指定を行うことができる。<br>(2) 売主は、自ら(1)に規定する指定を行う場合には、買主に対してその詳細を知らせ、かつ、買主がそれと異なる指定を行うことができる合理的な期間を定めなければならない。買主がその通信を受けた後、<u>その定められた期間内に</u>異なる指定を行わない場合には、売主の行った指定は、拘束力を有する。 |

【CISGにおける変更点】
　文言に変更があるが、実質に関わる変更点ではない。

## 先行条文
ULIS 67 条

## 注釈
**1**．61 条［CISG 65 条］は、買主が、注文した物品について特徴や品質などを指定する義務を負っているにもかかわらず、期日までにそれを行わない場合における、売主の権利を規定する。

**2**．買主が物品を購入する契約を望みつつ、その時点では、注文する物品の特徴についてまだ決めていないという場合が、しばしばある。例えば、4月1日に、買主は1,000 足の靴を、一定の価格で、10月1日までの引渡しという条件で注文をしたとする。その契約でさらに、買主は9月1日までに売主に型と寸法を指定すべきであると定めている場合もあろうし、あるいは、買主は指定を行う義務ではなくて権利を有すると定めている場合もあろう。売主は、引き渡すべき数量を在庫から取り揃える商人である場合もあろうし、通知の後に、買主の指定に従って商品を製造する製造業者である場合もあろう。

**3**．このように、買主が仕様の指定を行う義務を負う場合であっても、指定をしなければならない期日──この例では9月1日──までに、失念によりあるいはもはや1,000 足の靴を受け取りたくないために、その指定を行わないことがあり得る。買主がもはや靴を受け取りたくないとすれば、それは通常、商況の変化のために1,000 足の靴に対する需要が減退したか、又はその価格が下落して他所でより安価に靴を購入することができるためであろう。

## 売主の救済（本条(1)）
**4**．61 条［CISG 65 条］は、買主が売主に対して仕様を指定する通知を行うまで契約は完全ではないという見解や、買主による指定の通知が、売主の物品引渡権及び代金支払請求権の前提条件となっているという見解を、否定するものである。

**5**．61 条(1)［CISG 65 条(1)］は、売主の選択により、売主が自ら仕様の指定を行うか、あるいは買主の違反に対して契約及びこの条約に基づいて売主に与えられているその他の権利を行使することを認めている。もちろん、買主におい

て指定を行わないことが契約違反となるのは、その義務を買主が負っていた場合に限られるのであって、買主が単に仕様を指定する権限を有していたにすぎない場合には、契約違反とはならない。

6．買主が仕様の指定を行わないことが契約違反となる場合には、売主は、61条［CISG 65条］に基づき、自ら指定を行うことに代えて又はそれとともに、契約違反についての救済を求めることができる。したがって、売主は、①57条(1)(b)［CISG 61条(1)(b)］に基づいて損害賠償の請求をすること、②買主がすべき指定を行わないことが重大な契約違反となる場合には、60条(1)(a)［CISG 64条(1)(a)］に基づいて契約を解除し、損害賠償の請求をすること[1]、又は③59条(1)［CISG 63条(1)］に基づいて買主による義務の履行のために合理的な長さの付加期間を定めることができる。売主が、59条［CISG 63条］に従って買主による義務の履行のために合理的な長さの付加期間を定めたが、買主がこの付加期間内に履行しなかった場合には、買主が指定を行わないことが重大な契約違反とならないときであっても、売主は、60条(1)(b)［CISG 64条(1)(b)］に基づき、契約を解除して、損害賠償の請求をすることができる。

7．売主が61条(1)［CISG 65条(1)］に従い、自ら仕様の指定を行う権利を行使することを選択した場合には、買主が指定を行うものとして契約で合意されていた期日の経過後直ちに、それを行うことができる。それに代えて、売主は買主に仕様の指定を要求することができるが、この場合には売主は、買主が売主から要求を受けた時から合理的な期間待ってからでなければ、自ら指定を行うことはできない[2]。

## 買主に対する通知（本条(2)）

8．61条［CISG 65条］は、自ら仕様の指定を行おうとする売主に、3つの義務を課している。61条(1)［CISG 65条(1)］によれば、売主は、「自己の知ることができた買主の必要に応じて」、仕様の指定を行わなければならない。61条(2)［CISG 65条(2)］によれば、売主は、買主に対して仕様の指定とその詳細を知らせ、かつ、買主がそれと異なる指定を行うことができる合理的な期間を定

---

[1] 66条(1)［CISG 81条(1)］は、契約が解除された場合にも、損害賠償を請求する権利を存続させている。
[2] 注意を要するのは、ここで問題となっている仕様の指定の要求は、61条(1)［CISG 65条(1)］に基づくものであり、上記パラグラフ6で取り上げたような、59条［CISG 63条］に基づいてのものではないことである。

めなければならない。

9．売主が買主の必要に応じた仕様の指定を行わなかった場合、又は買主に対して仕様の指定とその詳細を知らせなかった場合には、その仕様の指定は買主に対して拘束力を有しない。売主が、買主がそれと異なる指定を行うことができる合理的な期間を定めなかった場合には、買主には、それにもかかわらず、仕様の指定を行うための期間を与えられる。

10．売主は、買主に対して仕様の指定を知らせる通知において、期間を定めることを要求されるのであるが、その期間の長さの合理性は、買主がその仕様の指定の通知を受けた時を起算点として判断される。その仕様の指定の通知が買主に到達しなければ、その仕様の指定が買主に対して拘束力を有することはない[3]。

11．買主は、仕様の指定の通知を受けた後、合理的な期間内に新たな指定を行わなければならず、これを行わない場合には、売主の行った指定が拘束力を有する。

---

(3) 買主が売主からの仕様の指定の通知を受けなければならないという要件は、伝達上のリスクを通知の発信者に負わせるものであり、それゆえ25条［CISG 27条］が定める一般準則を逆転させるものである。

# 第4章　売主及び買主の義務に共通する規定

【CISG における変更点】
　1978 年草案第 3 部と CISG 第 3 部とでは、第 4 章と第 5 章の順序が入れ代わっている。また、1978 年草案第 3 部第 4 章と比較して、CISG 第 3 部第 5 章では、節の追加と順序の変更がある。簡単には条文番号対応表を参照されたい。

## 第 1 節　履行期前の違反及び分割履行契約

### 第 62 条【履行の停止】

| 1978 年草案 | CISG |
|---|---|
| **Article 62** [**Suspension of performance**]<br>(1)　A party may suspend the performance of his obligations if <u>it is reasonable to do so because</u>, after the conclusion of the contract, <u>a serious deterioration in the ability to perform or in the creditworthiness of the other party or his conduct in preparing to perform or in actually performing the contract gives good grounds to conclude</u> that the other party will not perform a substantial part of his obligations.<br>(2)　If the seller has already dispatched the goods before the grounds described in <u>paragraph (1) of this article</u> become evident, he may prevent the handing over of the goods to the buyer even though the buyer holds a document which entitles him to obtain them. <u>This paragraph</u> relates only to the rights in the goods as between the buyer and the seller.<br>(3)　A party suspending performance, whether before or after dispatch of the goods, must immediately give notice to the other party <u>thereof</u> and must continue with performance if the other party provides adequate assurance of his performance. | **Article 71**<br>(1)　A party may suspend the performance of his obligations if, after the conclusion of the contract, <u>it becomes apparent</u> that the other party will not perform a substantial part of his obligations <u>as a result of</u>：<br>(a)　<u>a serious deficiency in his ability to perform or in his creditworthiness</u>；or<br>(b)　<u>his conduct in preparing to perform or in performing the contract</u>.<br>(2)　If the seller has already dispatched the goods before the grounds described in <u>the preceding paragraph</u> become evident, he may prevent the handing over of the goods to the buyer even though the buyer holds a document which entitles him to obtain them. <u>The present paragraph</u> relates only to the rights in the goods as between the buyer and the seller.<br>(3)　A party suspending performance, whether before or after dispatch of the goods, must immediately give notice <u>of the suspension</u> to the other party and must continue with performance if the other party provides adequate assurance of his performance. |

| 第62条【履行の停止】 | 第71条【履行の停止】 |
|---|---|
| (1) 当事者の一方は、<u>契約の締結後に、相手方の履行をする能力若しくは相手方の信用力の著しい悪化</u>、又は契約の履行の準備若しくは契約の<u>実際の履行における相手方の行動</u>が、相手方がその義務の実質的な部分を履行しないであろうと<u>判断する十分な根拠を与える場合</u>において、そうすることが合理的であるときには、自己の義務の履行を停止することができる。 | (1) 当事者の一方は、<u>次のいずれかの理由によって相手方がその義務の実質的な部分を履行しないであろうという事情が契約の締結後に明らかになった場合</u>には、自己の義務の履行を停止することができる。<br>(a) 相手方の履行をする能力又は相手方の信用力の著しい<u>不足</u><br>(b) 契約の履行の準備又は契約の履行における相手方の行動 |
| (2) 売主が(1)に規定する事情が明らかになる前に物品を既に発送している場合には、物品を取得する権限を与える書類を買主が有しているときであっても、売主は、買主への物品の交付を妨げることができる。この(2)の規定は、物品に関する売主と買主との間の権利についてのみ規定する。 | (2) 売主が(1)に規定する事情が明らかになる前に物品を既に発送している場合には、物品を取得する権限を与える書類を買主が有しているときであっても、売主は、買主への物品の交付を妨げることができる。この(2)の規定は、物品に関する売主と買主との間の権利についてのみ規定する。 |
| (3) 履行を停止した当事者は、物品の発送の前後を問わず、相手方に対して<u>そのこと</u>を直ちに通知しなければならず、また、相手方がその履行について適切な保証を提供した場合には、自己の履行を再開しなければならない。 | (3) 履行を停止した当事者は、物品の発送の前後を問わず、相手方に対して<u>履行を停止した旨</u>を直ちに通知しなければならず、また、相手方がその履行について適切な保証を提供した場合には、自己の履行を再開しなければならない。 |

【CISG における変更点】

① (1)については、履行停止の要件に関する実質的な変更がいくつかある。第1に、1978年草案62条(1)では、相手方（債務者）が履行しないのではないかという不安の原因となる事情が契約締結後に生じたものであることが要件とされていたが、CISG 71条(1)では、その不安自体が契約締結後に生じたものであれば足りることとされている。O.R. 374-376, paras 40-70 [Docy. Hist. 595-597].

② 関連して、第2に、不安の原因となる事情のひとつとして、1978年草案62条(1)では「相手方の信用力の著しい悪化（deterioration）」が挙げられていたのが、CISG 71条(1)では、「相手方の信用力の著しい不足（deficiency）」に変更されている。

③ 第3に、1978年草案62条(1)では、「相手方がその義務の実質的な部分を履行しないであろうと判断する十分な根拠」があることを要件としているのに対して、CISG 71条(1)では、「相手方がその義務の実質的な部分を履行しないであろうという事情が……明らかになった」ことを要件としており、これが客観的な要件であることを明確にしている。O.R. 431-432, paras 94-108; 432-433, paras 1-15 [Docy. Hist. 652-653; 653-654].

④ (1)のその他の文言変更と(2)(3)の文言変更は、実質に関わるものではない。

## 先行条文
ULIS 73条

## 注釈
1. 62条［CISG 71条］は、相手方がその義務の実質的な部分を履行しないであろうと判断する十分な根拠がある場合に、当事者の一方が自己の義務の履行を停止することができる範囲を規定する。〔上記【変更点】③参照〕

## 履行停止権（本条(1)）
2. (1)は、契約の締結後に、相手方の履行をする能力又は信用力の著しい悪化が、「相手方がその義務の実質的な部分を履行しないであろうと判断する十分な根拠を与える」場合において、そうすることが合理的であるときには、当事者の一方は自己の義務の履行を停止することができると規定する。〔上記【変更点】①②参照〕

3. ここでいう悪化は、相手方の履行をする能力若しくは信用力についてのものであるか、又は、問題となっている契約の履行の準備若しくは契約の実際の履行〔CISG 71条(1)では「実際の」の文言は削除されている〕における相手方の行動によって示されるものでなければならない。他の契約についての相手方の履行状況から、この契約の将来の履行に関して疑問が生ずるということでは、不十分である。しかしながら、相手方の現在の行動が、相手方がこの契約におけるその義務の実質的な部分を履行しないであろうと判断する「十分な」根拠を与えるものであるとの判断に、他の契約についての瑕疵ある履行が影響することはあり得る。さらには、他の契約における金銭債務の不履行が、買主の信用力の著しい悪化を示すということもあり得る。〔上記【変更点】②参照〕

4. 履行の停止を正当化する状況は、それが相手方の履行をする能力に影響を

及ぼす限りにおいて、一般的状況に関わるものであってもよい。例えば、戦争の勃発や禁輸措置の発令は、その国の当事者がその義務の履行をすることができないであろうと判断する十分な根拠を与え得るものである。

5．注意を要するのは、相手方がその義務の実質的な部分を履行しないであろうと判断する十分な根拠がなければならないということである。相手方の履行が、実質的とはいえない程度に不完全なものとなりそうであるにすぎない場合には、履行の停止権は存在しない。相手方がその義務の実質的な部分を履行しないであろうと判断する十分な根拠がないのに、自己の履行を停止した当事者は、自らが契約違反に陥る。〔上記【変更点】③参照〕

6．上記の準則は、以下の例によって説明される。〔上記【変更点】②参照〕

例62 A：売主との別の契約において、買主の支払が滞った。支払の遅滞が別の契約に関するものであっても、こうした支払の遅滞は、買主の信用力の著しい悪化を示すものであり得、売主は履行を停止することを認められ得る。

例62 B：買主は、引渡し後直ちに使用するつもりで、精密部品の売買契約を締結した。必要な品質を備えた部品の製造及び引渡しに関する売主の能力に悪化はなかったものの、買主は、類似のニーズを有する他の買主に瑕疵ある物品の引渡しが行われていることを知った。こうした事実だけで、買主が、自己の履行を停止することは認められない。しかしながら、売主による他の買主への瑕疵ある物品の引渡しの原因が、特定の供給源から調達した原料を用いたことにあるという場合には、同じ供給源からの原料を使用する準備を売主がしているということが、買主に、売主は自分に対しても瑕疵ある物品を引き渡すであろうと判断する十分な根拠を与えることになろう。

7．特定の形態の契約を用いることによって、5条［CISG 6条］に基づき当事者が黙示的に本条の適用を制限したということになるのかが、問題となる。例えば、支払が取消不能信用状によって行われるべきものとされている場合には、当該物品に重大な瑕疵があると信ずる十分な根拠が買主にあったとしても、信用状の開設者は、適切な書類の添付があれば、自己を支払人とした為替手形の支払をする義務を負う[1]。同様に、CIF条件や類似の書類引換現金払条件（cash against documents）での売買契約のように、物品の検査前に支払をするリスクを買主が引き受けていた場合には、買主は保証の提供を求めることによってこ

のリスクを回避することはできない。

8．上記パラグラフ2から4までで検討した要件が満たされた場合には、当事者は「自己の義務の履行を停止することができる」。履行の停止を認められる当事者は、相手方に対して履行をする義務も、履行の準備をする義務も免れることになる。填補されないことが合理的に予想される追加的費用についても、負担する義務を負わない。

9．義務の履行が一定の期間につき停止され、その後62条(3)〔CISG 71条(3)〕に従い再び義務を履行しなければならなくなった場合には、履行のための日数は、停止の期間の分、延長されることになる。この原則は、以下の例によって説明される。

> **例62 C**：売買契約に基づき、売主は物品を7月1日までに引き渡す義務を負っていた。買主の信用力について合理的な疑いが生じたために、5月15日に売主は履行を停止した。5月29日、買主は、物品の代金を支払うことについての適切な保証を提供した。この場合には、売主は物品を7月15日までに引き渡さなければならない。

> **例62 D**：例62 Cと同様に、売主は物品を7月1日までに引き渡す義務を負っていた。買主の信用力について疑いが生じたために、5月15日、売主は履行を停止した。5月29日、買主は、物品の代金を支払うことについての適切な保証を提供し、売主は物品を7月15日に引き渡した。しかしながら、買主は、契約の締結後の自己の信用力の悪化は、買主が支払をなさないであろうと判断する「十分な根拠」を売主に与えるほどのものではなかったと主張した。買主が——必要であれば裁判所又は仲裁廷で——この主張の根拠を示すことができた場合には、売主は、買主が保証を提供したこと及び引渡しが遅滞したことによって買主が被った損害の額について、買主に償還しなければならない。〔上記【変更点】③参照〕

---

(1) 荷為替信用状に関する統一規則および慣例（1974年）（ICC publication No.290）9条〔現在のUCP600（2007年）34条〕。しかしながら、詐欺、偽造その他書類の券面からは明らかでない瑕疵がある場合に、取消不能信用状に基づく支払を行わないことを銀行に命ずる裁判所の命令を求めることを、買主に認めている法体系もある。

### 運送中の停止（Stoppage in transit）（本条(2)）

10．(2)は、(1)の趣旨を、物品を既に発送した売主に敷衍する。買主の信用力の悪化が、買主が物品の支払をなさないであろうと判断する十分な根拠を売主に与える場合には〔上記【変更点】①②参照〕、たとえ物品を取得する権限を与える書類（例、海洋船荷証券（ocean bill of lading））を買主が所持しているときであっても、そして支払は物品の受取り後に行うことを買主に認める条件で物品が当初売却されていたとしても、売主は、買主との関係において、運送人に対して、物品を買主に交付しないように指図する権利を有する。

11．売主は、買主が書類を有償で善意の第三者に譲渡した場合には、物品を交付しないように運送人に指図する権利を失う。

12．この条約は、物品に関する売主と買主との間の権利のみを規律するものであるため[(2)]、物品を取得する権限を与える書類を買主が有している場合であっても、運送人が売主の指示に従う必要があるのか、あるいは、従うことが許されるのかという問題については、問題となっている運送の形態に適用される準拠法によって、規律されることになる[(3)]。

### 通知と適切な保証（本条(3)）

13．(3)は、(1)に従って履行を停止（suspend performance）した当事者、又は(2)に従って運送中の物品の運送を停止（stop the goods in transit）させた当事者は、相手方に対してそのことを直ちに通知しなければならないと規定する。相手方は、自己の履行について適切な保証を提供することによって、履行を停止した当事者の履行を続ける義務を復活させることができる。そのような保証が「適切」であるためには、相手方が実際に履行することについての合理的な担保、又は履行を停止した当事者が自己の履行を進めることによって被り得るすべての損失について填補がなされることについての合理的な担保が、履行を停止した当事者に与えられなければならない。

**例 62 E**：売買契約において、物品が買主の営業所に到達した30日後に買

---

(2) 62条(2)［CISG 71条(2)］は、物品に関する売主と買主との間の権利についてのみ規定すると明文で定めている。これは、4条［CISG 4条］で示されている一般原則を反映したものである。
(3) 荷受人への引渡しを保留せよとの荷送人の指図に従う運送人の義務を規律するルールは、運送手段によって異なるとともに、種々の国際条約そして国内法によっても異なる。

主が代金を支払うものとされていた。契約の締結後、売主は、買主の信用力に疑問を抱く合理的な理由を与えるような情報を得た。売主が履行を停止し、その旨を買主に通知した後、買主は①書類と引換えに支払うという新たな支払条件、②信頼できる銀行が発行した信用状、③買主が支払を行わない場合に支払をするとの信頼できる銀行その他の信頼できる当事者からの保証、④売主への償還を確実なものとするのに十分な買主所有の財産への担保権設定のいずれかを申し出た。これら４つの選択肢のいずれも売主に支払の適切な保証を提供することになると思われるので[4]、売主は履行を再開する義務を負う。

**例 62 F**：売買契約において、買主がハイテク機器の組立てに用いる精密部品の引渡しが定められていた。売主が、要求されていた品質の物品を引渡期日に引き渡さなければ、買主に甚大な金銭的損失がもたらされる。買主は当該部品を他の会社に製造させることも可能であるが、代替品を他の会社が引き渡すことができるようになるためには、契約締結から最短でも６ヵ月を要する。契約では、売主が物品を製造している期間、買主が定期的に購入代金の先払を行うべきものとされていた。

　買主は、売主が期日どおりに引き渡すことができないと判断する十分な根拠を与えるような情報を得て、売主に対し、履行をすべて停止すること、そしてその原因は売主にあることを通知した。売主は、買主に対し、契約どおりの品質の物品を期日に引き渡す旨の保証を書面で行うとともに、売主がその義務を履行しなかった場合には契約に基づいて支払われた代金全額について、金銭的な補償を行うという銀行保証を提供した。

　この場合、売主は履行について適切な保証を提供していない。履行をするとの売主の言明は、それが、買主が売主は期日どおりに引き渡さないと判断する理由となった情報についての十分な説明を伴うものでない限り、売主の契約上の義務を改めて述べたものにすぎない。契約に基づいて支払われた代金を補償する銀行保証の提供も、買主自身のニーズを満たすために契約期日に物品を必要としている買主にとって、適切な保証ではない。

---

[4]　担保権の提供が適切な保証となるためには、問題となる国内法において、そのような担保権が認められ、かつ債権者に迅速な償還を保証するのに適切な執行手続が備えられている必要がある。

14．履行を停止した当事者の履行義務は、①相手方がその義務を履行するまで、②適切な保証が提供されるまで、③履行を停止した当事者が契約解除の意思表示をするまで、又は④当該契約に適用される時効期間が経過するまで、停止する[5]。

15．相手方の履行期日前において、履行を停止した当事者が契約解除の意思表示をすることができるのは、63条［CISG 72条］の要件が満たされている場合に限られる。相手方の履行期日以降においては、履行を停止した当事者が契約解除の意思表示をすることができるのは、45条又は60条［CISG 49条又は64条］の要件が満たされている場合に限られる。物品を複数回に分けて引き渡す契約における1又は2以上の引渡部分の解除については、64条［CISG 73条］が規律する。

16．相手方が本条により要求されるような適切な保証を提供しないために、履行を停止した当事者が損害を被った場合には、その当事者は、契約解除の意思表示をしたか否かにかかわらず、自らが被ったあらゆる損害の賠償を請求することができる[6]。例えば、例62Fにおいて、買主が契約解除の意思表示をし、より高額で他所より代替品を購入した場合には、買主はその購入価格と代替品購入価格との差額を請求することができる[7]。

---

[5] 国際物品売買における時効期間に関する条約8条では、時効期間は4年である。この条約は、契約上の権利が消滅するのか、契約上の権利を強制するために訴えを提起する権利が消滅するのかについては、定めていない。

[6] 66条(1)［CISG 81条(1)］は、契約解除の意思表示をした当事者に、契約違反により生ずるあらゆる損害につき賠償請求する権利を認めている。

[7] 71条［CISG 75条］。買主が契約解除の意思表示をしなかった場合には、損害賠償額は、70条［CISG 74条］に従って算定される。

## 第 63 条【履行期前の契約解除】

| 1978 年草案 | CISG |
|---|---|
| <u>Article 63</u> [<u>Avoidance prior to the date for performance</u>]<br><br>If prior to the date for performance of the contract it is clear that one of the parties will commit a fundamental breach, the other party may declare the contract avoided. | <u>Article 72</u><br><br>(1) If prior to the date for performance of the contract it is clear that one of the parties will commit a fundamental breach <u>of contract</u>, the other party may declare the contract avoided.<br><br><u>(2) If time allows, the party intending to declare the contract avoided must give reasonable notice to the other party in order to permit him to provide adequate assurance of his performance.</u><br><br><u>(3) The requirements of the preceding paragraph do not apply if the other party has declared that he will not perform his obligations.</u> |
| <u>第 63 条【履行期前の契約解除】</u><br>　当事者の一方は、相手方が<u>重大な違反</u>を行うであろうことが契約の履行期日前に明白である場合には、契約の解除の意思表示をすることができる。 | <u>第 72 条【履行期前の契約解除】</u><br>(1)　当事者の一方は、相手方が<u>重大な契約違反</u>を行うであろうことが契約の履行期日前に明白である場合には、契約の解除の意思表示をすることができる。<br>(2)　<u>時間が許す場合には、契約の解除の意思表示をする意図を有する当事者は、相手方がその履行について適切な保証を提供することを可能とするため、当該相手方に対して合理的な通知を行わなければならない。</u><br>(3)　<u>(2)の規定は、相手方がその義務を履行しない旨の意思表示をした場合には、適用しない。</u> |

【CISG における変更点】

① 　(1)において文言に変更があるが、実質に関わる変更点ではない。

② 　債権者の通知義務を定める CISG 72 条(2)(3)は、履行停止に関する 1978 年草案 62 条(3)［CISG 71 条(3)］の規定におけるのと同趣旨の保護を債務者に与えるために、1980 年外交会議で追加された規定である。O.R.130-131；420, para 2；433, paras 19-20 [Docy. Hist. 702-703 ; 641 ; 654].

## 先行条文

ULIS 76 条

## 注釈

1．63 条［CISG 72 条(1)］は、相手方が重大な違反を行うであろうことが契約の履行期日前に明白である場合という、特別な事案のために置かれたものである。このような事案においては、もう一方の当事者は、直ちに契約解除の意思表示をすることができる。〔上記【変更点】②参照〕

2．将来の重大な違反は、契約の履行拒絶となる当事者の言葉や行動、あるいは、火災による売主の工場の損壊、将来の履行を不可能とする禁輸措置や外国為替規制の実施などの客観的事実によって、明白（clear）となり得る[1]。62 条(3)［CISG 71 条(3)］に基づいて履行についての適切な保証が適正に要求されたにもかかわらず適切な保証が提供されなければ、そのことが、当該当事者が重大な違反を行うであろうことが「明白」であるとの判断に資することがあり得よう。

3．63 条［CISG 72 条(1)］に基づく契約解除の意思表示は、慎重にすべきである。履行期が到来した時点で、重大な違反が実際には生じていなければ、当初の予想は「明白」なものではなかったとされ、契約解除の意思表示自体が効力を有さないことがあり得る。このような場合には、契約の解除を試みた当事者が、自らの不履行のために、契約に違反していたということになる。

4．重大な契約違反が生ずることが実際に明白である場合には、73 条［CISG 77 条］に定められている損害軽減義務により、契約の履行期日前であっても、その契約違反を援用しようとする当事者は、その契約違反から生ずる自己の損失――得るはずであった利益の喪失を含む――を軽減するための措置をとることを要請されることがあり得る[2]。

---

[1] 将来の履行を不可能とする禁輸措置や外国為替規制の実施が、63 条［CISG 72 条(1)］に基づく相手方の契約解除を正当化する場合であっても、不履行当事者が、65 条［CISG 79 条］に基づき損害賠償責任を免責されることはあり得る。
[2] 73 条［CISG 77 条］に関する注釈、特に例 73 A 及び例 73 B 参照。

# 第 64 条【分割履行契約の解除】

| 1978年草案 | CISG |
|---|---|
| Article 64 [Avoidance of instalment contracts]<br>(1) In the case of a contract for delivery of goods by instalments, if the failure of one party to perform any of his obligations in respect of any instalment constitutes a fundamental breach with respect to that instalment, the other party may declare the contract avoided with respect to that instalment.<br><br>(2) If one party's failure to perform any of his obligations in respect of any instalment gives the other party good grounds to conclude that a fundamental breach will occur with respect to future instalments, he may declare the contract avoided for the future, provided that he does so within a reasonable time.<br><br>(3) A buyer, avoiding the contract in respect of any delivery, may, at the same time, declare the contract avoided in respect of deliveries already made or of future deliveries if, by reason of their interdependence, those deliveries could not be used for the purpose contemplated by the parties at the time of the conclusion of the contract. | Article 73<br>(1) In the case of a contract for delivery of goods by instalments, if the failure of one party to perform any of his obligations in respect of any instalment constitutes a fundamental breach of contract with respect to that instalment, the other party may declare the contract avoided with respect to that instalment.<br><br>(2) If one party's failure to perform any of his obligations in respect of any instalment gives the other party good grounds to conclude that a fundamental breach of contract will occur with respect to future instalments, he may declare the contract avoided for the future, provided that he does so within a reasonable time.<br><br>(3) A buyer who declares the contract avoided in respect of any delivery may, at the same time, declare it avoided in respect of deliveries already made or of future deliveries if, by reason of their interdependence, those deliveries could not be used for the purpose contemplated by the parties at the time of the conclusion of the contract. |
| 第64条【分割履行契約の解除】<br>(1) 物品を複数回に分けて引き渡す契約において、いずれかの引渡部分についての当事者の一方による義務の不履行が当該引渡部分についての重大な違反となる場合には、相手方は、当該引渡部分について契約の解除の意思表示をすることができる。<br>(2) いずれかの引渡部分についての当事者の一方による義務の不履行が将来の | 第73条【分割履行契約の解除】<br>(1) 物品を複数回に分けて引き渡す契約において、いずれかの引渡部分についての当事者の一方による義務の不履行が当該引渡部分についての重大な契約違反となる場合には、相手方は、当該引渡部分について契約の解除の意思表示をすることができる。<br>(2) いずれかの引渡部分についての当事者の一方による義務の不履行が将来の |

| 引渡部分について重大な違反が生ずると判断する十分な根拠を相手方に与える場合には、当該相手方は、将来の引渡部分について契約の解除の意思表示をすることができる。ただし、この意思表示を合理的な期間内に行う場合に限る。<br>(3) いずれかの引渡部分について契約の解除をする買主は、当該引渡部分が既に引き渡された部分又は将来の引渡部分と相互依存関係にあることにより、契約の締結時に当事者双方が想定していた目的のために既に引き渡された部分又は将来の引渡部分を使用することができなくなった場合には、それらの引渡部分についても同時に契約の解除の意思表示をすることができる。 | 引渡部分について重大な契約違反が生ずると判断する十分な根拠を相手方に与える場合には、当該相手方は、将来の引渡部分について契約の解除の意思表示をすることができる。ただし、この意思表示を合理的な期間内に行う場合に限る。<br>(3) いずれかの引渡部分について契約の解除の意思表示をする買主は、当該引渡部分が既に引き渡された部分又は将来の引渡部分と相互依存関係にあることにより、契約の締結時に当事者双方が想定していた目的のために既に引き渡された部分又は将来の引渡部分を使用することができなくなった場合には、それらの引渡部分についても同時に契約の解除の意思表示をすることができる。 |
| --- | --- |

## 【CISG における変更点】

文言に変更があるが、実質に関わる変更点ではない。

## 先行条文

ULIS 75 条

## 注釈

**1．** 64 条［CISG 73 条］は、物品を複数回に分けて引き渡す契約（instalment contracts）における契約解除権について規定する。契約において、物品を何口かに分けて引き渡すことが求められ又はそうすることが認められている場合には、その契約は物品を複数回に分けて引き渡す契約である。

**2．** 物品を複数回に分けて引き渡す契約において、1 又は 2 以上の引渡部分についての当事者の一方による違反は、当該引渡部分、将来の引渡部分、そして既に引き渡された部分について、相手方に影響を与えることがあり得る。64 条［CISG 73 条］の 3 つの項は、こうした 3 つの側面をそれぞれ扱うものである。

## 1つの引渡部分についての不履行（本条(1)）

3．(1)は、1つの引渡部分について当事者の一方が重大な違反を行った場合には、相手方が当該引渡部分について、契約解除の意思表示をすることを認めている[1]。

> **例64 A**：契約において、1,000トンの第1等級の穀物を、10回に分けて引き渡すことが定められていた。5回目に引き渡された部分は、人の食用には向かないものであった。契約の全部を見た場合には、こうした引渡しが1つあっただけでは、それが契約の全部についての重大な違反とならなくても、買主は、この5回目の引渡部分について契約を解除することができる。その結果、契約は事実上、900トンの引渡しと、案分して減額された代金からなる契約に改訂されることになる。

4．それぞれの引渡部分が、例64 Aにおけるように、他の引渡部分から独立して使用可能又は転売可能な物品からなる場合には、1つの引渡部分についての違反が重大なものであるか否かを判断することには、格別の困難はない。しかしながら、個々の引渡部分が全部をあわせて一体となる物品の一部であった場合には、その判断はより困難なものとなり得る。例えば、大型機械の売買において、引渡しがいくつかの部分に分けてなされ、買主の所で組み立てられることが予定されている場合がこれに当たろう。このような場合には、1つの引渡部分の違反が重大であるか否かの判断は、買主が契約の全部について被る不利益の観点から行われるべきであり、その際には、個々の引渡部分についての不履行を修補又は取替えによって追完することがどの程度容易であるかも考慮すべきである。違反が重大なものであり、その引渡部分と既に引き渡された部分又は将来の引渡部分が相互依存関係にあるために、契約の締結時に当事者双方が想定していた目的のためにそれらを使用することができなくなった場合には、64条(3)［CISG 73条(3)］は、買主が、それらの引渡部分について契約解除の意思表示をすることを認めている。

---

[1] 類似の帰結は、47条［CISG 51条］によってもたらされるが、同条は、売主が違反を行った場合についてのみ規律する。これに対して、64条(1)［CISG 73条(1)］は、買主及び売主のいずれもが用いることができる。

### 将来の引渡部分についての解除（本条(2)）

5．(2)は、いずれかの引渡部分についての当事者の一方による義務の不履行が、将来の引渡部分について重大な違反が生ずると判断する十分な根拠（good grounds to conclude）を相手方に与える場合について規定する。このような場合には、相手方は、将来の引渡部分について契約解除の意思表示をすることができる。ただ、この将来の履行に関する解除の意思表示を、不履行についての合理的な期間内に行わなければならない。注意を要するのは、64条(2)［CISG 73条(2)］が、63条［CISG 72条］が要求するように将来の重大な契約違反が生ずるであろうことが「明白」（clear）でない場合であっても、分割履行契約の将来の履行分について契約の解除をすることができるとしていることである。

6．さらに注意を要すべきは、64条(2)［CISG 73条(2)］に基づく解除権の判断基準が、1つの引渡部分の不履行が、将来の引渡部分について重大な違反の発生のおそれがあるとするに十分な根拠を相手方に与えるか否かにあるとされていることである。この判断基準は、現実に違反が生じた引渡部分についての違反の重大さを勘案するものではない。このことは、一連の違反において、そのいずれも個別には重大なものではなく、あるいは個別に見た場合には将来の重大な違反のおそれがあるとするに十分な根拠を与えるものではなくても、一括して見るならば、こうしたおそれについての十分な根拠を与えるという場合に、とりわけ意義がある。

### 過去又は将来の引渡しについての解除（本条(3)）

7．契約によっては、引渡部分のすべてが使用できるのでなければ、個々の引渡部分はどれも契約当事者双方が想定していた目的のために使用することができない、ということがあろう。例えば、上記パラグラフ4で検討したように、大型機械がいくつかの部分に分けて引き渡され、買主の所で組み立てられることが予定されている場合がこれにあたろう。それゆえ、(3)は、いずれかの引渡部分について、64条(1)［CISG 73条(1)］に基づき契約の解除をする買主は、「当該引渡部分が既に引き渡された部分又は将来の引渡部分と相互依存関係にあることにより、契約の締結時に当事者双方が想定していた目的のために既に引き渡された部分又は将来の引渡部分を使用することができなくなった場合」には、それらの引渡部分についても契約解除の意思表示をすることができると規定する。過去又は将来の引渡しについての契約解除の意思表示は、現在の引渡部分についての契約解除の意思表示と同時になされなければならない。

**8**．物品が相互依存関係にあるとされるためには、大型機械の例におけるように、それらが全部をあわせて一体となる物品の一部である必要はない。例えば、買主に引き渡される原料のすべてが均一の品質であることを要し、そのためには、これらの原料が同じ原産地からのものでなければならないことがあろう。こうした場合には、それぞれの引渡部分は相互依存関係にあるものとされ、64条(3)［CISG 73条(3)］が適用されることになる。

## 第 2 節　免責

### 第 65 条【免責】

| 1978 年草案 | CISG |
|---|---|
| **Article 65** [Exemptions]<br>(1)　A party is not liable for a failure to perform any of his obligations if he proves that the failure was due to an impediment beyond his control and that he could not reasonably be expected to have taken the impediment into account at the time of the conclusion of the contract or to have avoided or overcome it or its consequences.<br>(2)　If the party's failure is due to the failure by a third person whom he has engaged to perform the whole or a part of the contract, that party is exempt from liability only if <u>he is exempt under paragraph (1) of this article and if the person whom he has engaged would be so exempt if the provisions of that paragraph were applied to him.</u><br>(3)　The exemption provided by this article has effect <u>only</u> for the period during which the impediment exists.<br>(4)　The party who fails to perform must give notice to the other party of the impediment and its effect on his ability to perform. If the notice is not received within a reasonable time after the party who fails to perform knew or ought to have known of the impediment, he is liable for damages resulting from such non-receipt.<br>(5)　Nothing in this article prevents either party from exercising any right other than to claim damages under this Convention. | **Article 79**<br>(1)　A party is not liable for a failure to perform any of his obligations if he proves that the failure was due to an impediment beyond his control and that he could not reasonably be expected to have taken the impediment into account at the time of the conclusion of the contract or to have avoided or overcome it or its consequences.<br>(2)　If the party's failure is due to the failure by a third person whom he has engaged to perform the whole or a part of the contract, that party is exempt from liability only if <u>:</u><br>　(a)　<u>he is exempt under the preceding paragraph ; and</u><br>　(b)　<u>the person whom he has so engaged would be so exempt if the provisions of that paragraph were applied to him.</u><br>(3)　The exemption provided by this article has effect for the period during which the impediment exists.<br>(4)　The party who fails to perform must give notice to the other party of the impediment and its effect on his ability to perform. If the notice is not received <u>by the other party</u> within a reasonable time after the party who fails to perform knew or ought to have known of the impediment, he is liable for damages resulting from such non-receipt.<br>(5)　Nothing in this article prevents either party from exercising any right other than to claim damages under this Convention. |

| 第65条【免責】 | 第79条【債務者の支配を越えた障害による不履行】 |
|---|---|
| (1) 当事者は、自己の義務の不履行が自己の支配を超える障害によって生じたこと及び契約の締結時に当該障害を考慮することも、当該障害又はその結果を回避し、又は克服することも自己に合理的に期待することができなかったことを証明する場合には、その不履行について責任を負わない。 | (1) 当事者は、自己の義務の不履行が自己の支配を超える障害によって生じたこと及び契約の締結時に当該障害を考慮することも、当該障害又はその結果を回避し、又は克服することも自己に合理的に期待することができなかったことを証明する場合には、その不履行について責任を負わない。 |
| (2) 当事者は、契約の全部又は一部を履行するために自己の使用した第三者による不履行により自己の不履行が生じた場合には、<u>当該当事者が(1)の規定により責任を免れ、かつ、当該当事者の使用した第三者に(1)の規定を適用するとしたならば、当該第三者が責任を免れるであろうときに限り、責任を免れる。</u> | (2) 当事者は、契約の全部又は一部を履行するために自己の使用した第三者による不履行により自己の不履行が生じた場合には、<u>次の(a)及び(b)の要件が満たされるときに限り、責任を免れる。</u><br><u>(a)</u> <u>当該当事者が(1)の規定により責任を免れること。</u><br><u>(b)</u> <u>当該当事者の使用した第三者に(1)の規定を適用するとしたならば、当該第三者が責任を免れるであろうこと。</u> |
| (3) この条に規定する免責は、(1)に規定する障害が存在する間<u>に限り</u>、その効力を有する。 | (3) この条に規定する免責は、(1)に規定する障害が存在する間、その効力を有する。 |
| (4) 履行をすることができない当事者は、相手方に対し、(1)に規定する障害及びそれが自己の履行をする能力に及ぼす影響について通知しなければならない。<u>当該当事者がその障害を知り、又は知るべきであった時から合理的な期間内に</u><u>その通知が受領されなかった場合には、当該当事者は、それが受領されなかったことによって生じた損害を賠償する責任を負う。</u> | (4) 履行をすることができない当事者は、相手方に対し、(1)に規定する障害及びそれが自己の履行をする能力に及ぼす影響について通知しなければならない。<u>当該当事者は、自己がその障害を知り、又は知るべきであった時から合理的な期間内に相手方がその通知を受けなかった場合には、それを受けなかったことによって生じた損害を賠償する責任を負う。</u> |
| (5) この条の規定は、当事者が損害賠償の請求をする権利以外のこの条約に基づく権利を行使することを妨げない。 | (5) この条の規定は、当事者が損害賠償の請求をする権利以外のこの条約に基づく権利を行使することを妨げない。 |

## 【CISG における変更点】

　文言と体裁に変更が加えられている。これらの変更点のうち、(3)において、免責が効力を有するのは 1978 年草案では「障害が存在する間に限り」であるとされていたのに対して、CISG では「障害が存在する間」であるとされた（つまり、「に限り（only）」の削除）。このことが、実質的な変更に当たるのか否かについては評価が分かれている。1980 年外交会議において、障害が長期化するなどしたために履行の性質が変わった場合には、債務者は永久に免責されることを明らかにする文を 1978 年草案 65 条(3)に加える提案をノルウェーが行ったが、ノルウェーは同時に、同趣旨の代替案として（つまり実質的変更に当たる代替案として）「に限り（only）」の削除案も示したところ、前者が否決され、後者が可決されたものである。O.R. 381-382, paras 52-70 [Docy. Hist. 602-603]。これが実質的な変更に当たるかどうかは見解が分かれ得るが、現在は、これを実質的な変更とみる見解が有力である。例えば、John O. Honnold and Harry Flechtner, Uniform Law for International Sales under the 1980 United Nations Convention, 4th ed., 2009, para 435.1；P・シュレヒトリーム（内田貴＝曽野裕夫訳）『国際統一売買法』（商事法務研究会、1997 年）146 頁注（423）など参照。

## 先行条文
ULIS 74 条

## 注釈

**1**．65 条［CISG 79 条］は、当事者が、自己の支配を超える障害による自己の義務の不履行について、免責される範囲を規律する。

### 原則（本条(1)及び(5)）

**2**．(1)は、当事者が自己の義務の不履行について、責任を負わないための要件を規定する。(5)は、本条に基づく免責によって、相手方は、損害賠償請求権の行使のみを妨げられ、その他の権利を行使することを妨げられるものではない旨を定める[(1)]。

**3**．41 条(1)(b)及び 57 条(1)(b)［CISG 45 条(1)(b)及び 61 条(1)(b)］に基づき、当事者は、幾つかの法体系においては証明の求められている、過失（fault）、信義則違反、又は明示の約束の違反を証明することなく、相手方の不履行について

---

(1) 下記パラグラフ 8 参照。

損害賠償を請求する権利を有する。しかしながら、65条［CISG 79条］に基づき、不履行当事者は、①当該不履行が自己の支配を超える障害によって生じたこと、②契約の締結時に当該障害を考慮することを自己に合理的に期待することができなかったこと、③当該障害又はその結果を回避することを自己に合理的に期待することができなかったこと、そして、④当該障害又はその結果を克服することを自己に合理的に期待することができなかったことを証明することによって、免責を受けることができる。

4．障害は、契約の締結時に存在するものであってもよい。例えば、契約の目的物であった不代替物が、契約の締結時に既に滅失していた場合が考えられる。しかしながら、物品の損壊を契約の締結時に考慮することを売主に合理的に期待することができた場合には、売主は、本条に基づく免責を受けることができない。したがって、免責されるためには、売主が、物品が既に損壊していたことを知らなかったこと、及び、その損壊を想定しなかったことにが合理的であったことが必要である。

5．不履行当事者にとって証明が最も困難であるのは、この後者の要件である。契約の履行にとっての潜在的な障害はすべて、ある程度は予見可能である。戦争、荒天、火災、政府の禁輸措置、そして国際航路の封鎖といった障害は、どれも過去に生じたことがあるのであり、将来に再び生ずることが想定され得るものである。契約当事者が、実際に生じた障害の可能性を想定していることも多い。例えば、特定の障害事由の発生によって不履行当事者が不履行の結果から免責されるか否かを当事者が明示的に規定している場合もある。また、契約の文脈から、当事者の一方が、一定の障害が生じたとしても、ある行為を履行する義務を引き受けていることが明白である場合もあるだろう。この２つのいずれの場合においても、この条約5条［CISG 6条］は、こうした明示的又は黙示的な約定の効力を保証している。

6．しかしながら、契約の明示又は黙示の条項によって、特定の障害の発生が想定されていたことが明らかとならない場合には、契約の締結時にそれらの障害の発生を考慮することを不履行当事者に合理的に期待することができたか否かが判断される必要がある。最終的には、裁判所又は仲裁廷が、ケース・バイ・ケースでこのような判断を行わざるを得ない。

7．不履行当事者は、その障害を契約の締結時に考慮することを自己に合理的に期待することができなかったことを証明できたとしても、それに加えて、その障害を回避又は克服することも、あるいはその障害の結果を回避又は克服す

ることも自己に合理的に期待することができなかったことを証明しなければならない。この準則は、ある行為義務を負う当事者は自己の義務を遂行するため、でき得る限りのすべてをなさなければならず、自己の不履行を後から正当化し得るような出来事が起こることを期待して待つことは許されないとのポリシーを反映したものである。この準則はまた、当事者は、契約で求められている履行の代わりに、取引状況からみて商取引上合理的な代替となるものを提供することによって履行をする義務を負う場合もあり得ることを示すものである。

8．65条(1)〔CISG 79条(1)〕の効果は、65条(5)〔CISG 79条(5)〕と相俟って、不履行当事者を、損害賠償責任についてのみ免責することにある。相手方は、その他のすべての救済、すなわち、履行請求、代金減額又は契約解除については、求めることができるのである。しかしながら、障害を克服する義務を負う当事者が、代替履行を提供することによって障害を克服する場合には、相手方が契約を解除してその代替履行を拒絶することができるのは、この代替履行が、契約どおりの履行と比べてあまりに劣っており、そのため重大な契約違反となるときに限られる。

9．障害がそれ以上の履行を不可能とする性質のものであったとしても、相手方は、42条又は58条〔CISG 46条又は62条〕に基づきその履行を請求する権利を保持する。損害賠償額の予定又は不履行に対する違約罰として支払うべき金額が契約で定められている場合において不履行当事者はその金額の支払いも免責されるかどうか、あるいは、履行が不可能な場合であっても裁判所が当事者に履行を命じ、不履行が継続する場合に国内手続法によって定められている制裁を課すかどうかは、国内法の問題であって、この条約が規律する事項ではない[(2)]。

**例65 A**：契約では不代替物の引渡しが定められていた。79条又は80条〔CISG 67条又は68条〕に従って危険が移転する前に、売主の支配を超える出来事によって発生した火災のために、物品が損壊した。この場合には、買主は、危険が移転していない物品に対する支払をする必要はないが、売主は、

---

[(2)] 当事者の一方が、この条約に基づいて相手方の義務の履行を請求することができる場合であっても、裁判所は、この条約が規律しない類似の売買契約について自国の法に基づいて同様の裁判をすることができるときを除くほか、現実の履行を命ずる裁判をする義務を負わない旨を規定する26条〔CISG 28条〕と比較せよ。〔1978年草案26条とCISG 28条において、裁判所が現実の履行を命ずる裁判をする義務を負わないための要件の異同については、1978年草案26条の注釈に付した【変更点】参照。〕

物品の引渡しについての自己の不履行から生ずる損害賠償について免責される。

**例65 B**：契約では、500台の工作機械の引渡しが定められていた。危険の移転前に、工作機械は例65 Aと同様の状況で損壊した。この場合には、売主はこの500台の工作機械の損失を負担しなければならないだけではなく、他の500台の工作機械を買主に発送する義務を負う。例65 Aとの違いは、例65 Aでは売主は契約で約定された目的物を提供することができないのに対して、例65 Bでは売主は代替品を発送することによって工作機械の損壊の影響を克服することができるという点にある。

**例65 C**：例65 Bにおいて損壊したものの代替品として発送された工作機械が、期日どおりに到達しなかったとしても、売主は引渡しの遅滞についての損害賠償責任を免責される。

**例65 D**：契約では、物品をプラスチック製容器で包装することが定められていた。包装がなされるべき時点で、プラスチック製容器は、売主が回避できない事由のために入手できない状況にあった。しかしながら、商取引上合理的なその他の包装資材が手に入るのであれば、売主は物品の引渡しを拒絶するのではなく、それらの資材を用いて障害を克服しなければならない。売主が商取引上合理的な代替の包装資材を用いた場合には、売主は損害賠償責任を負わない。それに加え、重大な契約違反がないため、買主は契約を解除できないが、しかし、契約不履行に当たる包装資材を用いたために物品の価値が下がったという場合には、買主は46条［CISG 50条］に基づき代金を減額することができる。

**例65 E**：契約では、特定の船舶への船積みが定められていた。船舶の航行日程が、買主及び売主の支配を超える出来事により変更され、当該船舶は船積み期間内に指示された港に寄港しなかった。この状況では、物品の運送手配をする義務を負う当事者は、代替の船舶を用意することによって障害を克服するよう努めなければならない。

**10**．買主の倒産が、それ自体としては買主を代金不払に基づく責任から免責

する障害に当たらないことは、おそらく間違いないにせよ、外国為替管理その他類似の性質の規制が予期せず課されることによって、買主が合意どおりの時期及び方法で代金支払義務を履行することが不可能となることもあろう。買主が、代金不払に基づく損害賠償責任——これは実際問題として、通常は、不払額に対する利息の支払を意味することになろう——から免責されるのは、もちろん、例えば商取引上合理的な代替の支払方法を講じることによって、障害を克服することができない場合に限られる[3]。〔訳注：ただし、1980年外交会議で、金銭債務の不履行の場合の利息についての規定が追加されている（CISG 78条）。CISG 79条(5)の文言上、免責は、CISG 78条に基づく利息請求権には及ばないことに注意を要する。〕

### 第三者の不履行（本条(2)）

11．当事者の不履行が、第三者の不履行により生ずるということが、しばしばある。(2)は、このような場合に、「当事者は、……当該当事者が(1)の規定により責任を免れ、かつ、当該当事者の使用した第三者に(1)の規定を適用するとしたならば、当該第三者が責任を免れるであろうときに限り、責任を免れる」と規定する。

12．ここでいう第三者は、当事者が契約の全部又は一部を履行するために使用した第三者でなければならない。ここでの第三者には、売主への物品又は原料の供給者は含まれない。

### 一時的障害（本条(3)）

13．(3)は、当事者の履行を一時的にのみ妨げていた障害によって、不履行当事者が損害賠償を免責されるのは、障害が存在する期間に限ってのことであると規定する。それゆえ、損害賠償の免責が終了する日は、約定の履行期日又は障害が除去された日の、いずれか遅い方である。〔訳注：パラグラフ13は、(3)から「に限り（only）」の文言が削除される前の規定に関する注釈であることに注意を要する。上記【変更点】参照。もっとも、この文言の削除が実質的な変更があるとしても、それは免責の範囲を広げる変更であるから、免責を受ける例として挙げられている例65Fは、CISG 79条(3)のもとでも通用する例であると思われる。〕

---

(3) 支払を受けていない売主の、物品の引渡しを停止する権利については、54条(1)及び62条(2)〔CISG 58条(1)及び71条(2)〕参照。

例 65 F：物品は 2 月 1 日に引き渡されるべきものとされていた。1 月 1 日、売主の物品引渡しを妨げる障害が発生した。障害は、3 月 1 日に除去された。売主は 3 月 15 日に引き渡した。

売主は、障害が除去された日である 3 月 1 日まで引渡しが遅滞したことにより生じた損害の賠償を免責される。しかしながら、障害は約定の引渡期日後に除去されたのであるから、売主は、3 月 1 日から同月 15 日までの間に、引渡しが遅滞したことの結果として生じた損害の賠償については、責任を負う。

14．もちろん、一時的な障害による履行の遅滞が重大な契約違反となる場合には、相手方は契約解除の意思表示をする権利を有する。しかしながら、契約が相手方によって解除されない場合には、契約は存続し続けるのであり[4]、障害の除去によって当事者双方の契約上の義務は復活することになる。〔訳注：パラグラフ 14 は、(3)から「に限り（only）」の文言が削除される前の規定に関する注釈であることに注意を要する。上記【変更点】参照。この文言の削除が実質的な変更があるとした場合、免責を否定する例として挙げられている例 65G が、CISG 79 条(3)のもとでも通用する例であるかどうかは見解が分かれると思われる。〕

例 65 G：売主の工場を損壊した火災のために、売主は履行期日に約定の物品を引き渡すことができなかった。売主は(1)に基づき、工場が再建されるまで、損害賠償を免責された。売主の工場は 2 年後に再建された。2 年の引渡しの遅滞は重大な違反となり、買主は契約解除の意思表示をすることができたのであったが、買主はそうしなかった。売主の工場が再建された場合には、売主は買主に物品を引き渡す義務を負うとともに、買主が重大な違反に基づき契約解除の意思表示をしない限り、買主は引渡しを受領し、契約代金を支払う義務を負う[5][6]。

### 通知義務（本条(4)）

15．自己の義務の履行に対する障害の存在を理由として損害賠償の免責を受ける不履行当事者は、相手方に対し、その障害及びそれが自己の履行をする能

---

[4] 45 条［CISG 49 条］に関する注釈のパラグラフ 2 及び 60 条［CISG 64 条］に関する注釈のパラグラフ 2 参照。

力に及ぼす影響について通知しなければならない。履行をすることができない当事者は、自己がその障害を知り、又は知るべきであった時から合理的な期間内に、相手方がその通知を受けなかった場合には、相手方が通知を受けなかったことによって生じた損害を賠償する責任を負う[7]。注意を要するのは、そのような不履行当事者の損害賠償責任は、相手方が通知を受けなかったことの結果として生ずる損害についてのものだけであって、不履行の結果として生ずる損害については責任を負わないということである。

16．通知義務は、予見しなかった障害により履行が全くできない場合のみではなく、商取引上合理的な代替履行を行うことを当事者が意図している場合にも及ぶ。したがって、例65Ｄにおける売主、及び例65Ｅにおいて物品の運送手配をする義務を負う当事者は、代替履行を意図していることを相手方に通知しなければならない。この者は、通知を行わなかった場合には、そのことにより生じた損害につき損害賠償責任を負うことになる。通知がなされたが到達しなかったという場合にも、相手方がその通知を受けなかったことによって生じた損害について、損害賠償責任を負うことになる。

---

(5) 65条［CISG 79条］も、この条約の他の規定も、このような状況の大きな変化により、契約がもはや当初合意されたものとは異なるものになったということを理由として、売主の物品引渡義務を免れさせることはない。もちろん、当事者がこうした条項を契約に定めておくことは可能である。〔訳注：この注は、(3)から「に限り（only）」の文言が削除される前の規定についてのものであることに注意を要する。上記【変更点】参照。この文言の削除が実質的な変更があるとした場合、売主が引渡義務を免れることはないにしても、CISG 79条(3)によって、引渡義務の違反による損害賠償責任の免責を受ける可能性が生じると思われる。〕

(6) 遅滞が重大な契約違反となる場合、又は遅滞が買主に不合理な不便若しくは買主の支出した費用につき売主から償還を受けることについての不安を生じさせる場合には、買主が契約解除の意思表示をしなかったときであっても、売主は買主に物品を受け取るよう要求する権利を有さない（44条(1)［CISG 48条(1)］参照）。

(7) 相手方が通知を受けなければならないという要件は、伝達上のリスクを通知の発信者に負わせるものであり、それゆえ25条［CISG 27条］に定められている原則を逆転させるものである〔訳注：事務局コメンタリーの英語版では「25条［CISG 27条］に定められている原則を reserve（維持）する」とされているが、仏語版は「25条［CISG 27条］に定められている原則を renverser（逆転）させる」となっている。意味からしても、英語版は"reverse"の誤植であろう。〕。

【1980年外交会議で追加されたCISG 80条についての訳注】
　CISG 80条は、1980年外交会議で追加された規定であり、1978年草案にはそれに対応する規定はない。

| 1978年草案 | CISG |
|---|---|
| なし | **Article 80**<br>A party may not rely on a failure of the other party to perform, to the extent that such failure was caused by the first party's act or omission. |
| なし | **第80条【債権者の作為、不作為によって生じた不履行】**<br>当事者の一方は、相手方の不履行が自己の作為又は不作為によって生じた限度において、相手方の不履行を援用することができない。 |

## 第3節　解除の効果

### 第66条【義務からの解放、紛争解決条項、原状回復】

| 1978年草案 | CISG |
|---|---|
| <u>Article 66</u> [Release from obligations ; contract provisions for settlement of disputes ; restitution]<br>(1)　Avoidance of the contract releases both parties from their obligations <u>thereunder</u>, subject to any damages which may be due. Avoidance does not affect any provision<u>s</u> of the contract for the settlement of disputes or any other provision<u>s</u> of the contract governing the <u>respective</u> rights and obligations of the parties consequent upon the avoidance of the contract.<br>(2)　<u>If one party</u> has performed the contract either wholly or in part<u>, he</u> may claim from the other party restitution of whatever <u>he</u> has supplied or paid under the contract. If both parties are bound to make restitution, they must do so concurrently. | Article 81<br>(1)　Avoidance of the contract releases both parties from their obligations <u>under it</u>, subject to any damages which may be due. Avoidance does not affect any provision of the contract for the settlement of disputes or any other provision of the contract governing the rights and obligations of the parties consequent upon the avoidance of the contract.<br>(2)　<u>A party who</u> has performed the contract either wholly or in part may claim restitution from the other party of whatever <u>the first party</u> has supplied or paid under the contract. If both parties are bound to make restitution, they must do so concurrently. |
| <u>第66条【義務からの解放、紛争解決条項、原状回復】</u><br>(1)　当事者双方は、契約の解除により、損害を賠償する義務を除くほか、契約に基づく義務を免れる。契約の解除は、紛争解決のための契約条項又は契約の解除の結果生ずる<u>各</u>当事者の権利及び義務を規律する他の契約条項に影響を及ぼさない。<br>(2)　<u>当事者の一方が契約の全部又は一部を履行した場合は、当該当事者は、</u>相手方に対し、自己がその契約に従って供給し、又は支払ったものの返還を請求することができる。当事者双方が返還する義務を負う場合には、当事者双方は、それらの返還を同時に行わなければならない。 | <u>第81条【解除の効果】</u><br>(1)　当事者双方は、契約の解除により、損害を賠償する義務を除くほか、契約に基づく義務を免れる。契約の解除は、紛争解決のための契約条項又は契約の解除の結果生ずる当事者の権利及び義務を規律する他の契約条項に影響を及ぼさない。<br>(2)　<u>契約の全部又は一部を履行した当事者</u>は、相手方に対し、自己がその契約に従って供給し、又は支払ったものの返還を請求することができる。当事者双方が返還する義務を負う場合には、当事者双方は、それらの返還を同時に行わなければならない。 |

## 【CISG における変更点】
文言に変更があるが、実質に関わる変更点ではない。

## 先行条文
ULIS 78 条

## 注釈
1．66 条［CISG 81 条］は、解除の意思表示の効果を規定する。67 条から 69 条まで［CISG 82 条から 84 条まで］は、66 条［CISG 81 条］の適用上問題となるいくつかの側面についての細目を規定する。

### 解除の効果（本条(1)）
2．当事者の一方による契約の解除の主たる効果は、当事者双方が、契約を実現する義務を免れることである。売主は物品を引き渡すことを要せず、買主は引渡しを受領し、又は代金を支払うことを要しない。

3．47 条又は 64 条［CISG 51 条又は 73 条］に基づく契約の一部解除は、契約の解除された部分に関する義務から当事者双方を免れさせ、当該部分に関して、(2)に基づく返還義務を生じさせる。

4．幾つかの法体系においては、契約の解除によって、契約から生ずるすべての権利及び義務が消滅するとされている。こうした考え方においては、いったん契約が解除されると、契約違反に基づく損害賠償を請求することができなくなり、また、仲裁条項、準拠法選択条項、管轄条項や、違反があった場合の免責、「違約罰」、「損害賠償額の予定」を定める条項を含む紛争解決のための契約条項は、契約の他の部分とともに消滅することになるのである。

5．このような帰結を回避する手立てを提供するために、(1)は、契約の解除により「損害を賠償する義務」は免れないこと、そして、契約の解除は「紛争解決のための契約条項又は契約の解除の結果生ずる各当事者の権利及び義務を規律する他の契約条項に影響を及ぼさない」と規定している〔訳注：CISG 81 条(1)の文言は若干異なるが実質に関わる違いはない〕。注意を要するのは、66 条(1)［CISG 81 条(1)］は、仲裁条項、違約罰条項、その他の紛争解決のための条項が、準拠国内法上、有効でない場合に、それらを有効とするものではないということである。66 条(1)［CISG 81 条(1)］が定めるのは、こうした条項が契約の解除によって消滅しないということのみである。

6．契約の解除によって消滅しない契約上の義務として、(1)では2つの具体的な義務が挙げられているが、これは限定列挙ではない。これ以外にもいくつかの存続する義務（continuing obligation）が、この条約のその他の規定で定められている。例えば、75条(1)は、「物品が買主によって受け取られた場合において、買主は、当該物品を拒絶する意図を有するときは、当該物品を保存するため、状況に応じて合理的な措置をとらなければならない」〔訳注：CISG 86 条(1)の文言は若干異なるが実質に関わる違いはない。〕と規定しているし、また、66条(2)［CISG 81条(2)］は、当事者の一方が、相手方に対し、自己がその契約に従って供給し、又は支払ったものの返還を請求することができることを規定している。その他にも、存続する義務が、契約自体のなかに規定されている場合もあろうし[1]、あるいは正義の要請から生ずるという場合もあろう。

### 原状回復（restitution）（本条(2)）
7．契約が解除された時点で、当事者の一方又は双方が、義務の全部又は一部を履行しているということがしばしばある。その場合、既に履行した引渡しに対する代金の調整方法について、当事者が合意できることもあるだろう。しかしながら、当事者の一方又は双方が、自己がその契約に従って既に供給し、又は支払ったものの返還を望むこともあり得る。

8．(2)は、契約の全部又は一部を履行した当事者は、どちらも、相手方に対し、自己がその契約に従って供給し、又は支払ったものの返還（原状回復）を請求することを認めている。67条(2)［CISG 82条(2)］に当たる場合を除き、返還請求（原状回復請求）を行う当事者は、同様に相手方から受け取ったものを返還しなければならない。当事者が別段の合意をしていない限り、「当事者双方が返還する義務を負う場合には、当事者双方は、それらの返還を同時に行わなければならない」。

9．(2)は、契約解除権を有する当事者のみが返還請求（原状回復請求）を行うことができるとする、幾つかの国における準則とは異なる。むしろ、(2)は、返還（原状回復）について、契約の解除によって、どちらの当事者も相手方から受け取ったものを保持し得る原因を失うという考え方を取り入れるものである。

10．注意を要するのは、66条［CISG 81条］により認められている当事者の返還請求権（原状回復請求権）が、国際物品売買に関する準則以外の準則によっ

---

[1] 5条［CISG 6条］。

第66条【義務からの解放、紛争解決条項、原状回復】　237

て妨げられることがあり得ることである。当事者のいずれかについて破産その他の倒産処理手続が開始された場合に、返還請求（原状回復請求）に、所有権に基づく請求としての性格が認められないことや、優先的な配当が認められないことがあり得る。また、外国為替管理法その他の物品や資金の移転に関する規制によって、外国にいて返還を求めている当事者に物品や金銭の移転ができないこともあり得よう。これらの規定やその他類似の法準則によって、返還請求権（原状回復請求権）の価値が下がることがある。しかしながら、このことによって、当事者間の権利の有効性が影響を受けることはない。

11．契約違反を行い、契約解除の原因をつくった当事者は、物品や金銭の返還を実行する際に生じた自己の費用のみならず、相手方の費用も負担する。こうした費用については、違反を行った当事者が損害賠償責任を負うべき損害となる。しかしながら、例えば、物品が在る現地の市場で再売却することによって、売主がより小さな総費用で十分な保護を受けることができるにもかかわらず、売主がこうした再売却ではなく、物品の物理的な返還を請求した場合には、契約違反を援用する当事者が73条［CISG 77条］に基づいて負う「損失……を軽減するため、状況に応じて合理的な措置をとらなければならない」という義務によって、損害賠償として請求できる返還費用が制限されることはあり得よう[2]。

---

[2]　相手方のために物品を占有している当事者が相手方のために物品を売却する権限について規定する77条［CISG 88条］と比較せよ。

## 第 67 条【買主の解除権及び代替品引渡請求権の喪失】

| 1978 年草案 | CISG |
|---|---|
| Article 67 [Buyer's loss of right to avoid or to require delivery of substitute goods]<br>(1) The buyer loses his right to declare the contract avoided or to require the seller to deliver substitute goods if it is impossible for him to make restitution of the goods substantially in the condition in which he received them.<br>(2) Paragraph (1) of this article does not apply：<br>(a) if the impossibility of making restitution of the goods or of making restitution of the goods substantially in the condition in which he received them is not due to an act or omission of the buyer ； or<br>(b) if the goods or part of the goods have perished or deteriorated as a result of the examination provided for in article 36 ； or<br>(c) if the goods or part of the goods have been sold in the normal course of business or have been consumed or transformed by the buyer in the course of normal use before he discovered the lack of conformity or ought to have discovered it. | Article 82<br>(1) The buyer loses the right to declare the contract avoided or to require the seller to deliver substitute goods if it is impossible for him to make restitution of the goods substantially in the condition in which he received them.<br>(2) The preceding paragraph does not apply：<br>(a) if the impossibility of making restitution of the goods or of making restitution of the goods substantially in the condition in which the buyer received them is not due to his act or omission ；<br>(b) if the goods or part of the goods have perished or deteriorated as a result of the examination provided for in article 38 ； or<br>(c) if the goods or part of the goods have been sold in the normal course of business or have been consumed or transformed by the buyer in the course of normal use before he discovered or ought to have discovered the lack of conformity. |
| 第 67 条【買主の解除権及び代替品引渡請求権の喪失】<br>(1) 買主は、受け取った時と実質的に同じ状態で物品を返還することができない場合には、契約の解除の意思表示をする権利及び売主に代替品の引渡しを請求する権利を失う。<br>(2) (1)の規定は、次の場合には、適用しない。<br>(a) 物品を返還することができないこと又は受け取った時と実質的に同じ状態で物品を返還することができないことが買主の作為又は不作為によ | 第 82 条【物品の返還不能による解除権及び代替品引渡請求権の喪失】<br>(1) 買主は、受け取った時と実質的に同じ状態で物品を返還することができない場合には、契約の解除の意思表示をする権利及び売主に代替品の引渡しを請求する権利を失う。<br>(2) (1)の規定は、次の場合には、適用しない。<br>(a) 物品を返還することができないこと又は受け取った時と実質的に同じ状態で物品を返還することができないことが買主の作為又は不作為によ |

| | |
|---|---|
| るものでない場合<br>(b) 物品の全部又は一部が第36条に規定する検査によって滅失し、又は劣化した場合<br>(c) 買主が不適合を発見し、又は発見すべきであった時より前に物品の全部又は一部を通常の営業の過程において売却し、又は通常の使用の過程において消費し、若しくは改変した場合 | るものでない場合<br>(b) 物品の全部又は一部が第38条に規定する検査によって滅失し、又は劣化した場合<br>(c) 買主が不適合を発見し、又は発見すべきであった時より前に物品の全部又は一部を通常の営業の過程において売却し、又は通常の使用の過程において消費し、若しくは改変した場合 |

## 【CISGにおける変更点】

文言に変更があるが、実質に関わる変更点ではない。

## 先行条文

ULIS 79条

## 注釈

### 買主の解除権及び代替品請求権の喪失（本条(1)）

1．67条［CISG 82条］は、「買主は、受け取った時と実質的に同じ状態で物品を返還することができない場合には、契約の解除の意思表示をする権利及び売主に代替品の引渡しを請求する権利を失う」と規定している。

2．(1)の準則は、契約解除及び代替品の引渡しの当然の帰結として、契約に基づき既に引き渡されたものが返還されるべきことを前提としている。それゆえ、買主が物品を返還することができない場合、又は受け取った時と実質的に同じ状態で物品を返還することができない場合には、買主は、45条［CISG 49条］に基づく契約解除権、及び42条［CISG 46条］に基づく代替品引渡請求権を失うのである。

3．物品が受け取った時と同じ状態である必要はなく、「実質的に」同じ状態でありさえすればよい。「実質的に」という文言は定義されていないが、この文言は、売主が重大な契約違反を行ったとはいえ[1]、買主に引き渡したものの

---

(1) 買主が、42条［CISG 46条］に基づき代替品の引渡しを請求できるのも、また、45条(1)(b)［CISG 49条(1)(b)］の例外はあるものの、契約解除の意思表示をすることができるのも、売主が重大な契約違反を行った場合のみである。

等価物として売主が引き取らなければならないとすることがもはや適切ではない程度に、物品の状態の変化が重要なものである必要があることを示している。

**例外（本条(2)）**
4．(2)は、上記の準則に対する3つの例外を規定する。すなわち、たとえ買主が受け取った時と実質的に同じ状態で物品を返還することができないとしても、①そのことが、買主の作為又は不作為によるものでない場合、②物品の全部又は一部が、36条［CISG 38条］に規定する買主による物品の通常の検査によって滅失し、又は劣化した場合、又は③不適合が発見され、又は発見されるべきであった時より前に、買主が物品の一部を通常の営業の過程において売却し、又は通常の使用の過程において消費し、若しくは改変した場合には、買主は契約を解除し、又は代替品を請求することができる。

5．67条(1)［CISG 82条(1)］に規定されている準則に対する第4の例外は、売主が重大な契約違反を行った場合には、79条、80条及び81条［CISG 67条、68条及び69条］に基づく危険の移転は、買主が当該契約違反を理由として求めることができる救済を妨げるものではないと規定する82条［CISG 70条］において見出すことができる[(2)]。

---
(2) 82条［CISG 70条］に関する注釈パラグラフ2参照。

## 第 68 条【前条の場合における買主のその他の救済方法の保持】

| 1978 年草案 | CISG |
|---|---|
| Article 68 [Buyer's retention of other remedies]<br><br>The buyer who has lost the right to declare the contract avoided or to require the seller to deliver substitute goods in accordance with article 67 retains all other remedies. | Article 83<br><br>A buyer who has lost the right to declare the contract avoided or to require the seller to deliver substitute goods in accordance with article 82 retains all other remedies under the contract and this Convention. |
| 第 68 条【買主のその他の救済方法の保持】<br><br>前条の規定に従い契約の解除の意思表示をする権利又は売主に代替品の引渡しを請求する権利を失った買主であっても、他の救済を求める権利を保持する。 | 第 83 条【前条の場合におけるその他の救済方法】<br><br>前条の規定に従い契約の解除の意思表示をする権利又は売主に代替品の引渡しを請求する権利を失った買主であっても、契約又はこの条約に基づく他の救済を求める権利を保持する。 |

【CISG における変更点】

　文言に変更があるが、実質に関わる変更点ではない。

先行条文

ULIS 80 条

注釈

　68 条［CISG 83 条］は、買主が受け取った時と実質的に同じ状態で物品を返還することができないために、契約解除権又は売主に代替品の引渡しを請求する権利を失ったとしても、買主は、41 条(1)(b)［CISG 45 条(1)(b)］に基づく損害賠償請求権、42 条［CISG 46 条］に基づく瑕疵修補請求権、そして 46 条［CISG 50 条］に基づく代金減額権を奪われないことを明らかにしている。

## 第 69 条【原状回復における利益の返還】

| 1978 年草案 | CISG |
|---|---|
| <u>Article 69</u> [Accounting for benefits in case of restitution]<br>(1) If the seller is bound to refund the price, he must also pay interest <u>thereon</u> from the date on which the price was paid.<br>(2) The buyer must account to the seller for all benefits which he has derived from the goods or part of them：<br>　(a) if he must make restitution of the goods or part of them；or<br>　(b) if it is impossible for him to make restitution of all or part of the goods or to make restitution of all or part of the goods substantially in the condition in which he received them, but he has nevertheless declared the contract avoided or required the seller to deliver substitute goods. | Article 84<br>(1) If the seller is bound to refund the price, he must also pay interest <u>on it,</u> from the date on which the price was paid.<br>(2) The buyer must account to the seller for all benefits which he has derived from the goods or part of them：<br>　(a) if he must make restitution of the goods or part of them；or<br>　(b) if it is impossible for him to make restitution of all or part of the goods or to make restitution of all or part of the goods substantially in the condition in which he received them, but he has nevertheless declared the contract avoided or required the seller to deliver substitute goods. |
| <u>第 69 条【原状回復における利益の返還】</u><br>(1) 売主は、代金を返還する義務を負う場合には、代金が支払われた日からの当該代金の利息も支払わなければならない。<br>(2) 買主は、次の場合には、物品の全部又は一部から得たすべての利益を売主に対して返還しなければならない。<br>　(a) 買主が物品の全部又は一部を返還しなければならない場合<br>　(b) 買主が物品の全部若しくは一部を返還することができない場合又は受け取った時と実質的に同じ状態で物品の全部若しくは一部を返還することができない場合において、契約の解除の意思表示をし、又は売主に代替品の引渡しを請求したとき | 第 84 条【売主による利息の支払、買主による利益の返還】<br>(1) 売主は、代金を返還する義務を負う場合には、代金が支払われた日からの当該代金の利息も支払わなければならない。<br>(2) 買主は、次の場合には、物品の全部又は一部から得たすべての利益を売主に対して返還しなければならない。<br>　(a) 買主が物品の全部又は一部を返還しなければならない場合<br>　(b) 買主が物品の全部若しくは一部を返還することができない場合又は受け取った時と実質的に同じ状態で物品の全部若しくは一部を返還することができない場合において、契約の解除の意思表示をし、又は売主に代替品の引渡しを請求したとき |

## 【CISG における変更点】

(1)の文言に変更が加えられているが、実質に関わる変更点ではない。

## 先行条文

ULIS 81 条

## 注釈

1．69 条［CISG 84 条］は、契約の解除又は代替品の引渡請求によって、代金又は物品の返還義務を負うこととなった当事者は、金銭又は物品を占有していたことによって得たすべての利益を返還しなければならないとの原則を反映したものである。契約の解除によりこの義務が生じた場合には、いずれの当事者の不履行により契約が解除されたか、又はいずれの当事者が返還を求めているのかは、問題とされない[1]。

2．売主は、代金を返還する義務を負う場合には、代金が支払われた日から返還された日までの利息も支払わなければならない。売主は、この期間、購入代金を占有していたことによって利益を得たものと考えられるため、利息の支払義務は自動的に生ずる。利息支払義務は、売主の原状回復義務の一部であり、買主の損害賠償請求権の一部ではないため、請求できる利息の利率は、売主の営業所における最新のものが基礎とされることになる。

3．これに対して、買主が物品を返還しなければならない場合については、買主が物品の占有から利益を得たことは、必ずしも明らかではない。それゆえ、(2)は、買主が物品から得たすべての利益を売主に対して返還しなければならないのは、①買主が物品を返還する義務を負う場合、又は②買主が物品の全部又は一部を返還することができないにもかかわらず、契約解除の意思表示を行なう権利又は売主に代替品の引渡しを請求する権利を行使した場合に限ると規定している。

---

[1]　66条(2)［CISG 81 条(2)］及び同条に関する注釈パラグラフ9参照。

## 第4節　損害賠償

### 第70条【損害賠償額算定の原則】

| 1978年草案 | CISG |
|---|---|
| **Article 70** [General rule for calculation of damages]<br>Damages for breach of contract by one party consist of a sum equal to the loss, including loss of profit, suffered by the other party as a consequence of the breach. Such damages may not exceed the loss which the party in breach foresaw or ought to have foreseen at the time of the conclusion of the contract, in the light of the facts and matters which he then knew or ought to have known, as a possible consequence of the breach of contract. | **Article 74**<br>Damages for breach of contract by one party consist of a sum equal to the loss, including loss of profit, suffered by the other party as a consequence of the breach. Such damages may not exceed the loss which the party in breach foresaw or ought to have foreseen at the time of the conclusion of the contract, in the light of the facts and matters of which he then knew or ought to have known, as a possible consequence of the breach of contract. |
| **第70条【損害賠償額算定の原則】**<br>　当事者の一方による契約違反についての損害賠償の額は、当該契約違反により相手方が被った損失（得るはずであった利益の喪失を含む。）に等しい額とする。そのような損害賠償の額は、違反を行った当事者が契約の締結時に知り、又は知っているべきであった事実及び事情に照らし、当該当事者が契約違反から生じ得る結果として契約の締結時に予見し、又は予見すべきであった損失の額を超えることができない。 | **第74条【損害賠償の範囲】**<br>　当事者の一方による契約違反についての損害賠償の額は、当該契約違反により相手方が被った損失（得るはずであった利益の喪失を含む。）に等しい額とする。そのような損害賠償の額は、契約違反を行った当事者が契約の締結時に知り、又は知っているべきであった事実及び事情に照らし、当該当事者が契約違反から生じ得る結果として契約の締結時に予見し、又は予見すべきであった損失の額を超えることができない。 |

【CISG における変更点】

① 文言に変更があるが、実質に関わる変更点ではない。

② なお、CISG では、金銭支払義務の履行遅滞に基づく利息支払義務を定める CISG 78条が新設されているが、同条は、利息を超える損害が生じている場合には、CISG 74条が定める損害賠償の範囲に関する一般原則による損害賠償請求は妨げられないと規定しているので、金銭支払義務の履行遅滞についても、以下の

注釈はなお意味を有する。

## 先行条文
ULIS 82 条

## 注釈
1．70 条［CISG 74 条］は、41 条(1)(b)又は 57 条(1)(b)［CISG 45 条(1)(b)又は 61 条(1)(b)］に基づく請求がされた場合の損害賠償に関する準則を規定する節の導入として、損害賠償額の算定についての基本準則を規定する。71 条及び 72 条［CISG 75 条及び 76 条］は、契約が解除された場合のなかでも、限定された一定の場合における損害賠償額の算定方法を提示することによって、70 条［CISG 74 条］を補完している。73 条［CISG 77 条］は損害の軽減に関する準則を規定し、65 条［CISG 79 条］は義務の履行に対する障害を理由とした免責に関する準則を規定している。
2．70 条［CISG 74 条］は、71 条及び 72 条［CISG 75 条及び 76 条］が適用されない場合における、損害賠償額の算定に関する準則を規定するものである。したがって、70 条［CISG 74 条］は、解除が可能であったか否かにかかわらず、損害賠償を請求している当事者によって、契約解除の意思表示がなされなかったすべての場合に適用される。さらに同条は、契約が解除された場合でも、71 条又は 72 条［CISG 75 条又は 76 条］に基づき算定できる損害賠償額のほかに損害があった場合にも適用される。

### 基本となる損害賠償の額
3．70 条［CISG 74 条］は、被害当事者は「当該契約違反により……被った損失（得るはずであった利益の喪失も含む。）に等しい額」を損害賠償として請求することができると規定する。このことから、損害賠償の請求に関する基本的な考え方が、被害当事者を契約が履行されていたならば置かれていたであろうと同じ経済的地位に置くことにあることが分かる。得るはずであった利益の喪失が特に言及されているのは、幾つかの法体系においては、「損失（loss）」という概念のみでは、得るはずであった利益の喪失（loss of profit）が含まれることにならないためである。
4．70 条［CISG 74 条］は、買主、売主のいずれからの損害賠償請求にも適用され、そしてこうした請求は、違反当事者に対する履行請求とともに行われ

場合や、契約解除の意思表示とともに行われる場合など、多様な状況で生じ得るものであるため、70条［CISG 74条］においては、「当該契約違反により……被った損失」を決定すべき方法についての具体的なルールは定められていない。裁判所又は仲裁廷としては、こうした損失の額を、状況において最適の方法で算定しなければならない。以下のパラグラフでは、70条［CISG 74条］の適用上生じ得る2つの一般的な状況について検討し、「当該契約違反により……被った損失」の額を算定する方法についての示唆を行う。

5．売主が物品を製造又は調達する前に買主による違反が生じた場合には、70条［CISG 74条］は、売主に、契約から得たであろう利益と、契約の履行のために支出した費用について損害賠償を認めている。買主の違反によって失われた利益には、契約が履行されていたならば間接費用に貢献できた分がある場合には、これも含まれる。

> **例70 A**：契約において、売主製造による工作機械100台をFOB価格50,000ドルで売買することが定められていた。買主は、工作機械の製造が開始される前に契約の履行を拒絶した。契約が履行されていたならば、売主が支出していたであろう費用は総額45,000ドルであり、そのうち40,000ドルは、当該契約のためだけに支出される費用（例えば、材料、燃料、契約のために雇用され、あるいは生産単位によって用いられた労働力）であり、残りの5,000ドルは、その企業の間接費用（借入資本コスト、一般管理費、工場設備の減価償却）のうち当該契約に割り当てられた（allocation）分であった。買主が契約を履行拒絶したので、売主は、当該契約のために支出したであろう費用である40,000ドルについて支出をしなかった。しかしながら、本契約に割り当てられた間接費用である5,000ドルは、当該契約の存在にかかわりない事業費用であった。それゆえ、この費用は、問題となる期間を通じて売主が自己の生産能力をフル稼働させなければならないような契約を他に締結したのでない限り、おさえることはできないのであり、売主は、契約が履行されていれば間接費用に5,000ドルを割り当てることができたという利益を、買主の違反によって失ったことになる。したがって、この設例において、買主が責任を負うべき損失の額は、10,000ドルである。

| | |
|---|---|
| 契約価格 | 50,000ドル |
| 節約できた履行費用 | 40,000ドル |
| 違反から生じた損失の額 | 10,000ドル |

**例70 B**：例70 Aで、買主による契約の履行拒絶より前に、売主が既に契約の一部履行のために、回収不可能な費用として15,000ドルを支出していた場合には、損害賠償の総額は25,000ドルとなる。

**例70 C**：例70 Bで、一部履行として生産されたものが、廃品として第三者に5,000ドルで売却できたとすれば、売主の損失の額は20,000ドルに減額される。

6．売主が瑕疵ある物品を引き渡し、買主がそれを所持している場合[1]には、買主が被った損失の額は、幾つかの異なった方法で算定され得る。買主が当該瑕疵を追完可能であるときは、買主の損失の額はたいてい、修補の費用に等しいことになろう。引き渡された物品が工作機械であるときには、買主の損失としてさらに、当該機械が使えなかった期間、生産力が低下したことから生ずる損失が含まれ得る。

7．引き渡された物品が変動する市場価格を有するものであるときには、買主の損失の額は、物品が現状で有する価格と、物品が契約で定められていたとおりの状態であったならば有したであろう価格との差額に等しいものとなる[2]。この計算方法は、買主を、契約が適切に履行されていたならば置かれたであろう経済的地位に置くことを目的としたものであるから、物品の契約価格は、損害賠償額の算定にあたって問題とならない。このようにして算定された額に加えて、例えば違反があったために追加的に支出された費用など、追加的な損害賠償もあり得る[3]。

---
(1) 瑕疵ある物品の引渡しが重大な契約違反となる場合には、買主は契約を解除することができる。その場合において、71条又は72条［CISG 75条又は76条］が適用できるときは、買主はこれらの規定に基づいて損害賠償を算定することになろう。
(2) 70条［CISG 74条］は、被害当事者の「損失の額」の算定の基準となるべき時と場所については、何らの指示も与えていない。おそらく、それは売主が物品を引き渡した場所、そして、物品が引き渡された時、買主が物品の不適合を知った時、あるいは35条、42条、43条又は44条［CISG 37条、46条、47条又は48条］に従った不適合の追完を売主がしないことが明白となった時など、それぞれの場合に応じて適切な時点ということになるであろう。

**例70** D：契約では、100トンの穀物について、FOB価格で総額50,000ドルでの売買が定められていた。引渡しがなされたところ、穀物には契約の記述で許容される以上の水分が含まれており、その水分のために、品質の劣化が見られた。穀物を乾燥させるために買主が被った追加的費用は、1,500ドルであった。穀物が契約どおりの状態であったとすれば、その価値は55,000ドルであったが、水分による品質低下のために、乾燥後の穀物は51,000ドルの価値しかなかった。

| | |
|---|---|
| 契約価格 | 50,000ドル |
| 契約どおりであれば有したであろう穀物の価値 | 55,000ドル |
| 引き渡された穀物の価値 | 51,000ドル |
| | 4,000ドル |
| 穀物を乾燥させるための追加的費用 | 1,500ドル |
| 違反から生じた損失の額 | 5,500ドル |

**予見可能性**

8．契約違反をしていない当事者が、被った損害全額の賠償を請求することができるという原則には、重要な制限がある。契約違反をしていない当事者が請求できる損害賠償の額は、「契約違反を行った当事者が契約の締結時に知り、又は知っているべきであった事実及び事情に照らし、当該当事者が契約違反から生じ得る結果として契約の締結時に予見し、又は予見すべきであった損失の額を超えることができない」とされているのである。当事者が契約の締結時に、相手方による契約違反によって、自己が特別に大きな損失や、特異な性質の損失を被るであろうと判断しているのであれば、当該当事者は相手方にそのことを知らせることによって、もし現実にそのような損害を被った場合には、この損害の賠償を請求することができる。予見不可能な損失についての損害賠償を認めないとする原則は、多くの法体系において見られるものである。

9．幾つかの法体系においては、契約の不履行が不履行当事者の詐欺的行為（fraud/dol）によるものであった場合には、損害賠償の額を「違反を行った当事者が……契約の締結時に予見し、又は予見すべきであった」損失の額に制限

---

(3) 買主の損害におけるこうした追加的な項目は、しばしばパラグラフ8以下で検討する予見可能性の要件によって制限されることになる。

しないものとされている。しかしながら、このような準則はこの条約では定められていない。

## 第 71 条【契約解除後に代替取引が行われた場合の損害賠償額】

| 1978年草案 | CISG |
|---|---|
| Article 71 [Damages in case of avoidance and substitute transaction]<br><br>If the contract is avoided and if, in a reasonable manner and within a reasonable time after avoidance, the buyer has bought goods in replacement or the seller has resold the goods, the party claiming damages may recover the difference between the contract price and the price in the substitute transaction and any further damages recoverable under the provisions of article 70. | Article 75<br><br>If the contract is avoided and if, in a reasonable manner and within a reasonable time after avoidance, the buyer has bought goods in replacement or the seller has resold the goods, the party claiming damages may recover the difference between the contract price and the price in the substitute transaction as well as any further damages recoverable under article 74. |
| 第71条【契約解除後に代替取引が行われた場合の損害賠償額】<br><br>契約が解除された場合において、合理的な方法で、かつ、解除後の合理的な期間内に、買主が代替品を購入し、又は売主が物品を再売却したときは、損害賠償の請求をする当事者は、契約価格とこのような代替取引における価格との差額及び前条の規定に従って求めることができるその他の損害賠償を請求することができる。 | 第75条【契約解除後に代替取引が行われた場合の損害賠償額】<br><br>契約が解除された場合において、合理的な方法で、かつ、解除後の合理的な期間内に、買主が代替品を購入し、又は売主が物品を再売却したときは、損害賠償の請求をする当事者は、契約価格とこのような代替取引における価格との差額及び前条の規定に従って求めることができるその他の損害賠償を請求することができる。 |

【CISG における変更点】

　文言に変更があるが、実質に関わる変更点ではない。

先行条文

ULIS 85 条

注釈

1．71 条［CISG 75 条］は、契約が解除され、代替品が実際に購入された場合、又は売主が実際に物品を再売却した場合の、損害賠償額の算定方法を規定している。

## 基本となる算定方法

2．そのような場合には、被害当事者は、「契約価格とこのような代替取引における価格との差額……を請求することができる」のであるが、ここにいう「代替取引における価格」とは、代替品として購入した物品に支払った金額、又は再売却によって得た金額を意味する。これに加えて、被害当事者は、70条［CISG 74条］に従って求めることができるその他の損害賠償を請求することができる[1]。

3．契約が解除された場合、商取引においては代替取引が行われることが多いので、被害当事者の損害賠償の額の算定には、本条に定める算定方法が用いられることが多くなるものと思われる。代替取引が、当初の取引とは異なった場所、異なった条件で行われたときには、費用の増加（例えば運送料の増加）と当該違反により節約された費用を反映するように損害賠償額の調整がなされなければならない。

4．71条［CISG 75条］は、被害当事者が契約価格と代替取引価格との差額を請求することができるのは、再売却又は代替品購入が合理的な方法で行われたときに限ると規定する。代替取引が71条［CISG 75条］の文脈で合理的な方法で行われたと言えるためには、再売却が状況に応じて合理的に可能な最も高い価格で行われることになるであろうような方法、又は代替品購入が合理的に可能な最も低い価格で行われることになるであろうような方法で行われる必要がある。それゆえ、代替取引は、当該取引が実際に解除された取引の代替でありさえすれば、数量、支払条件、又は引渡時期などの点で、同一条件の売買である必要はない。

5．さらに、再売却又は代替品購入を71条［CISG 75条］に基づく損害賠償額算定の基礎として用いるための期間制限は、再売却又は代替品購入が行なわれたのが「解除後の合理的な期間内」でなければならないというものであることに注意を要する。それゆえ、被害当事者が実際に契約解除の意思表示を行うまでは、この期間制限は進行しない。

6．再売却又は代替品購入が、合理的な方法で行われなかった場合、又は契約解除後の合理的な期間内に行われなかった場合には、損害賠償額は、代替取引が行われなかったかのように、算定されることになる。その場合には、72条［CISG 76条］、又は適用可能であれば70条［CISG 74条］を用いることにな

---

[1] 後記パラグラフ8及び9参照。

ろう。

7．72条［CISG 76条］を用いる場合には、契約価格と市場価格との差額が算定される基準時は、損害賠償の請求をする当事者が、契約解除の意思表示をする権利を有するにいたった時点である。この基準時は、契約価格と、再売却で受領した金額又は代替品購入で支払った金額との差額を71条［CISG 75条］に基づき算定することのできる最も早い時点に当たる。〔訳注：CISG 76条(1)は、1978年草案72条(1)における算定の基準時を契約解除権の発生時から「解除時」に変更しているため、このパラグラフの解説は、CISG 76条には当てはまらない。さらに、CISG 76条(1)ただし書きは、当事者が物品を受け取った後に契約を解除した場合には、解除時における時価に代えて物品を受け取った時における時価を適用するとしている点も1978年草案と異なる。以上につき、1978年草案72条の注釈に付した【変更点】①参照。〕

### 追加的な損害賠償額

8．71条［CISG 75条］は、被害当事者が、上記の基本となる算定方法によって填補されない損害をさらに被ることがあり得ることを認めている。こうした追加的損害については、70条［CISG 74条］に従ってその賠償を求めることができる。

9．70条［CISG 74条］に基づいて賠償を請求することができる追加的損害の最も通常の類型としては、不適合な物品を受け取ったこと、又は代替品を購入する必要があることから生じ得る追加的費用とともに、代替取引によって購入した物品が当初の約定の期日までには引き渡され得ないことによって生ずる損失がある。このような損害についての損害賠償額は、しばしば70条［CISG 74条］の予見可能性の要件によって、制限されることになる[2]。

---

(2) 70条［CISG 74条］に関する注釈のパラグラフ8を参照。

## 第 72 条【契約解除後に代替取引が行われなかった場合の損害賠償額】

| 1978 年草案 | CISG |
|---|---|
| Article 72 [Damages in case of avoidance and no substitute transaction]<br><br>(1) If the contract is avoided and there is a current price for the goods, the party claiming damages may, if he has not made a purchase or resale under <u>article 71</u>, recover the difference between the price fixed by the contract and the current price <u>at the time he first had the right to declare the contract avoided</u> <u>and</u> any further damages recoverable under <u>the provisions of article 70.</u><br><br>(2) For the purposes of <u>paragraph (1) of this article</u>, the current price is the price prevailing at the place where delivery of the goods should have been made or, if there is no current price at that place, the price at <u>another place which</u> serves as a reasonable substitute, making due allowance for differences in the cost of transporting the goods. | Article 76<br><br>(1) If the contract is avoided and there is a current price for the goods, the party claiming damages may, if he has not made a purchase or resale under <u>article 75</u>, recover the difference between the price fixed by the contract and the current price <u>at the time of avoidance</u> <u>as well as</u> any further damages recoverable under <u>article 74. If, however, the party claiming damages has avoided the contract after taking over the goods, the current price at the time of such taking over shall be applied instead of the current price at the time of avoidance.</u><br><br>(2) For the purposes of <u>the preceding paragraph</u>, the current price is the price prevailing at the place where delivery of the goods should have been made or, if there is no current price at that place, the price at <u>such other place as</u> serves as a reasonable substitute, making due allowance for differences in the cost of transporting the goods. |
| 第 72 条【契約解除後に代替取引が行われなかった場合の損害賠償額】<br>(1) 契約が解除され、かつ、物品に時価がある場合において、損害賠償の請求をする当事者が前条の規定に基づく購入又は再売却を行っていないときは、当該当事者は、契約に定める価格と<u>契約の解除の意思表示をする権利を有するにいたった時点の</u>時価との差額及び<u>第 70 条</u>の規定に従って求めることができるその他の損害賠償を請求することができる。 | 第 76 条【契約解除後に代替取引が行われなかった場合の損害賠償額】<br>(1) 契約が解除され、かつ、物品に時価がある場合において、損害賠償の請求をする当事者が前条の規定に基づく購入又は再売却を行っていないときは、当該当事者は、契約に定める価格と<u>解除時における</u>時価との差額及び<u>第 74 条</u>の規定に従って求めることができるその他の損害賠償を請求することができる。ただし、<u>当該当事者が物品を受け取った後に契約を解除した場合には、解除時における時価に代えて物品を受け取った時における時価を適用する。</u> |

| (2) (1)の規定の適用上、時価は、物品の引渡しが行われるべきであった場所における実勢価格とし、又は当該場所に時価がない場合には、合理的な代替地となる他の場所における価格に物品の運送費用の差額を適切に考慮に入れたものとする。 | (2) (1)の規定の適用上、時価は、物品の引渡しが行われるべきであった場所における実勢価格とし、又は当該場所に時価がない場合には、合理的な代替地となるような他の場所における価格に物品の運送費用の差額を適切に考慮に入れたものとする。 |
| --- | --- |

【CISG における変更点】

① (1)には、損害賠償額算定に用いる市場価格の基準時に重要な変更が加えられている。1978 年草案では、「契約解除の意思表示をする権利を有するにいたった時点」の時価が基準とされている（1978 年草案 72 条(1)）のに対して、CISG では、原則として「解除時」の時価を基準としたうえで（CISG 76 条(1)本文）、買主による解除については、買主が物品を受け取った後に解除した場合には「物品を受け取った時」の時価（CISG 76 条(1)ただし書き）が基準とされる。1980 年外交会議におけるこの変更の提案者は、その趣旨を次のように説明している。すなわち、解除権発生時を基準としたのでは、いつ解除権が発生したのかをめぐる紛争が生じてしまうことや解除権行使を促してしまうという問題がある一方で、解除権者が市場価格の変動をみて解除権行使をする投機的行為を防ぐには、損害軽減義務（1978 年草案 73 条［CISG 77 条］）があれば十分であるから、原則として「解除時」を基準としたうえで、買主が物品を受け取った後に市場価格変更の様子をみて解除することを防ぐために「物品を受け取った時」を基準時とすれば十分であるとされる。O.R. 222, paras 39-40 [Docy. Hist. 757]. O.R. 394-395, paras 26-54 も参照。

② (2)については、文言に変更が加えられているが、実質に関わる変更点ではない。

先行条文

ULIS 84 条

注釈

1．72 条［CISG 76 条］は、契約が解除されたが、71 条［CISG 75 条］の要件を満たす代替取引が行われなかった場合における、代わりとなる損害賠償額算定方法を規定する。

第72条【契約解除後に代替取引が行われなかった場合の損害賠償額】 255

## 基本となる算定方法

2．契約が解除されると、当事者双方は将来の履行義務を免れ[1]、既に引き渡されたものの返還がなされなければならなくなる[2]。それゆえ、通常、買主には代替品購入をなすことが、また売主には他の購入者に物品を再売却することが期待されることになろう。このような場合、通常は、損害賠償額の算定は、71条［CISG 75条］が定めるように、契約価格と再売却価格又は代替品購入価格との差額によってなされることが期待される。

3．72条［CISG 76条］は、このような算定方法を、再売却若しくは代替品購入が実際には行われなかった場合、違反された契約の代替として行われた取引のどれが再売却若しくは代替品購入に当たるのかを特定できない場合[3]、又は再売却若しくは代替品購入が71条［CISG 75条］が求めている合理的な方法でかつ解除後の合理的な期間内に行われなかった場合であっても、用いることを認めるものである。

4．72条(2)［CISG 76条(2)］によれば、72条(1)［CISG 76条(1)］に基づく損害賠償額算定に用いられるべき価格は、物品の引渡しが行われるべきであった場所における実勢価格である。72条(1)は、時価を決定する基準時を、契約解除の意思表示ができるようになった時であると規定する。〔訳注：CISG 76条(1)では、時価を決定する基準時が変更されている。上記【変更点】①参照。したがって、このパラグラフの第2文は、CISG 76条(1)には当てはまらない。〕

5．物品の引渡しが行われるべきであった場所は、29条［CISG 31条］の適用によって決定される。具体的には、売買契約が物品の運送を伴う場合には、買主に送付のため物品を最初の運送人に交付する場所において、引渡しが行われる。これに対して、到達地渡契約においては、指定仕向地で引渡しが行われる。

---

(1) 66条(1)［CISG 81条(1)］。
(2) 66条(2)［CISG 81条(2)］。契約で複数回に分けて引渡しをすることとされている場合については、64条(3)［CISG 73条(3)］が、〔ある引渡部分が〕「既に引き渡された部分又は将来の引渡部分と相互依存関係にあることにより、契約の締結時に当事者双方が想定していた目的のために既に引き渡された部分又は将来の引渡部分を使用することができなくなった場合」にのみ、買主は、契約を解除し、既に引き渡された部分についての返還請求をすることができると規定している。
(3) 問題となっている物品につき、売主の供給量や買主が必要としている量に限りがある場合には、売主が再売却をしたこと、又は買主が代替品購入をしたことは明らかかもしれない。しかしながら、被害当事者が、問題となっている物品と同種のものについて、常に市場で取引をしている場合には、なされた多くの購入や売却のいずれが、違反された契約の代替として行われたものであるかを特定することは、困難あるいは不可能である。このような場合には、71条［CISG 75条］を用いることができないことがある。

6．「時価」は、契約で定めた種類の物品の、契約に定めた数量分についてのものである。「時価」の概念は、公式又は非公式の相場の存在を要求するものではないが、このような相場の不存在は、当該物品に「時価」が存在するのか否かについて疑問を生じさせる。

7．物品の引渡しが行われるべきであった場所において、「時価がない場合」には、用いられるべき価格は、「合理的な代替地となる他の場所における価格に物品の運送費用の差額を適切に考慮に入れたもの」である。こうした価格が存在しない場合には、損害賠償額は、70条［CISG 74条］に従って算定されなければならない。

### 追加的な損害賠償額

8．72条［CISG 76条］は、被害当事者が、基本となる算定方法によっては填補されない、得るはずであった利益の喪失などの、追加的な損害を被ることがあり得ることを認めている。このような場合、追加的な損害については、もちろんその要件を満たす限りにおいてであるが、70条［CISG 74条］に基づきその賠償を請求することができる。

> 例72 A：契約価格をCIF価格50,000ドルとする契約が締結された。買主の重大な違反のため、売主は契約を解除した。契約解除ができるようになった時〔CISG 76条(1)では「解除時」〕における、物品が最初の運送人に交付されるべきであった場所での契約で定めた種類の物品の時価は、45,000ドルであった。72条［CISG 76条］に基づき、売主が請求できる損害賠償の額は、5,000ドルである。

> 例72 B：契約価格をCIF価格50,000ドルとする契約が締結された。売主が物品の引渡しを行わないため、買主は契約を解除した。契約解除ができるようになった時〔CISG 76条(1)では「解除時」〕における、物品が最初の運送人に交付されるはずであった場所での、契約で定めた種類の物品の時価は、53,000ドルであった。また、売主の違反によって買主が被った追加的費用は、2,500ドルであった。70条及び72条［CISG 74条及び76条］に従って買主が請求できる損害賠償の額は、5,500ドルである。

## 第 73 条【損害の軽減】

| 1978 年草案 | CISG |
|---|---|
| Article 73 [Mitigation of damages]<br>The party who relies on a breach of contract must take such measures as are reasonable in the circumstances to mitigate the loss, including loss of profit, resulting from the breach. If he fails to take such measures, the party in breach may claim a reduction in the damages in the amount which should have been mitigated. | Article 77<br>A party who relies on a breach of contract must take such measures as are reasonable in the circumstances to mitigate the loss, including loss of profit, resulting from the breach. If he fails to take such measures, the party in breach may claim a reduction in the damages in the amount by which the loss should have been mitigated. |
| 第 73 条【損害の軽減】<br>　契約違反を援用する当事者は、当該契約違反から生ずる損失（得るはずであった利益の喪失を含む。）を軽減するため、状況に応じて合理的な措置をとらなければならない。当該当事者がそのような措置をとらなかった場合には、契約違反を行った当事者は、軽減されるべきであった額を損害賠償の額から減額することを請求することができる。 | 第 77 条【損害の軽減】<br>　契約違反を援用する当事者は、当該契約違反から生ずる損失（得るはずであった利益の喪失を含む。）を軽減するため、状況に応じて合理的な措置をとらなければならない。当該当事者がそのような措置をとらなかった場合には、契約違反を行った当事者は、軽減されるべきであった損失額を損害賠償の額から減額することを請求することができる。 |

## 【CISG における変更点】

　文言に変更があるが、実質に関わる変更点ではない。

## 先行条文

ULIS 88 条

## 注釈

1．73 条［CISG 77 条］は、契約違反を援用する当事者は、得るはずであった利益の喪失を含む、当該契約違反から生ずる損失を軽減するために、当該状況に応じて合理的な措置をとらなければならないとしている。

2．73 条［CISG 77 条］は、被害当事者が、違反を行った当事者に対して負う義務を規定した幾つかの条文の1つである[1]。ここで規定されている義務は、違反から被ることになる損害を軽減するための行動をとって、41 条(1)(b)又は

57条(1)(b)［CISG 45条(1)(b)又は61条(1)(b)］に基づいて請求する損害賠償額を軽減するという、被害当事者の義務である。「当該当事者がそのような措置をとらなかった場合には、契約違反を行った当事者は、軽減されるべきであった額〔CISG 77条では「軽減されるべきであった損失額」〕を損害賠償の額から減額することを請求することができる」。

3．損害の軽減を行わなかった当事者に対する制裁として73条［CISG 77条］に規定されているのは、相手方が、損害賠償額の減額を請求することができるということにとどまる。58条［CISG 62条］に基づく売主の代金請求や、46条［CISG 50条］に基づく買主の代金減額権には影響は及ばないのである(2)。

4．損害軽減義務は、現に履行期を迎えている義務に関する違反に対してと同様に、63条［CISG 72条］に基づく履行期前の契約違反にも適用される。当事者の一方が重大な契約違反を行うであろうことが明白である場合には、相手方は、履行期日の到来を待つことなく、契約解除の意思表示をし、代替品購入や物品再売却などの方法によって契約違反から生ずる損失を減ずる措置をとらなければならない。62条［CISG 71条］の要件を満たしている場合には、同条の定める手続をとることによって契約解除、代替品購入、物品再売却その他の行動がとられる時期が遅れることになっても、履行停止の手続をとることは合理的な措置とされよう。

**例73 A**：契約において、売主が12月1日までに工作機械100台を総額50,000ドルで引き渡すべきことが定められていた。7月1日に、売主は買主に対して書面を送り、今年いっぱいは確実に続くであろう価格上昇のために、買主が60,000ドルの支払に合意しない限り、工作機械の引渡しを行わないことを告げた。買主は、売主が50,000ドルの契約価格で工作機械を引き渡すように強く要求する旨の返事をした。7月1日、そしてその後の合理的な期間内に、買主が他の売主との間で12月1日引渡しの約定で締結することができた契約の価格は、56,000ドルであった。12月1日に、買主は3月1日引渡し、代金61,000ドルの条件で代替品の購入を行った。工作機械の受取

---

(1) 74条から77条まで［CISG 85条から88条まで］は、物品を占有している当事者は、違反を行った当事者に危険が移転している場合であっても、一定の状況下では当該物品を保存し、契約に違反している当事者のために売却する義務を負うと規定する。
(2) 46条［CISG 50条］は、売主が契約上の義務の不履行を追完することを買主が許さなかった場合には、買主は代金を減額することができないとしている点において、損害軽減の原則を含むものである。

りが遅れたために、買主は 3,000 ドルの追加的損失を被った。

　この例では、買主が損害賠償として請求できる額は、12 月 1 日まで待ってから代替品の購入を行ったために被った損失の総額 14,000 ドルではなく、7 月 1 日あるいはその後の合理的な期間内に代替品の購入を行ったならば被っていたであろう損失の額である 6,000 ドルに限定される。

**例 73 B**：例 73 A において、7 月 1 日付けの売主からの書簡を受け取った後、速やかに、買主は売主に対し、62 条［CISG 71 条］に基づき、契約を約定どおり 12 月 1 日に履行することについて、適切な保証を求めた。売主は、買主の指定した合理的な期間内に保証を提供することができなかった。買主は速やかに、実勢価格である 57,000 ドルで代替品の購入を行った。この場合には、買主が損害賠償として請求できる額は、例 73 A におけるように 6,000 ドルではなく、7,000 ドルである。

## 【1980年外交会議で追加された CISG 78 条についての訳注】

1978年草案には、CISG 78 条に相当するような金銭支払義務の履行遅滞に基づく利息支払義務を定める規定はなく、利息に関しては、原状回復義務の一部としての売主の利息返還義務に関する 69 条(2)［CISG 84 条(2)］があるのみである。1978年草案 69 条(2)、CISG 78 条・84 条(2)のいずれも、利率については規定していない。

| 1978年草案 | CISG |
|---|---|
| なし | **Article 78**<br>If a party fails to pay the price or any other sum that is in arrears, the other party is entitled to interest on it, without prejudice to any claim for damages recoverable under article 74. |
| なし | **第 78 条【利息】**<br>当事者の一方が代金その他の金銭を期限を過ぎて支払わない場合には、相手方は、第 74 条の規定に従って求めることができる損害賠償の請求を妨げられることなく、その金銭の利息を請求することができる。当事者の一方は、相手方の不履行が自己の作為又は不作為によって生じた限度において、相手方の不履行を援用することができない。 |

## 第 5 節　物品の保存

### 第 74 条【売主の物品保存義務】

| 1978 年草案 | CISG |
|---|---|
| <u>Article 74</u> [Seller's obligation to preserve]<br>If the buyer is in delay in taking delivery of the goods and the seller is either in possession of the goods or otherwise able to control their disposition, the seller must take such steps as are reasonable in the circumstances to preserve them. He <u>may</u> retain them until he has been reimbursed his reasonable expenses by the buyer. | <u>Article 85</u><br>If the buyer is in delay in taking delivery of the goods <u>or, where payment of the price and delivery of the goods are to be made concurrently, if he fails to pay the price,</u> and the seller is either in possession of the goods or otherwise able to control their disposition, the seller must take such steps as are reasonable in the circumstances to preserve them. He <u>is entitled to</u> retain them until he has been reimbursed his reasonable expenses by the buyer. |
| <u>第 74 条【売主の物品保存義務】</u><br>　買主が物品の引渡しの受領を遅滞した場合において、売主がその物品を占有しているとき又は他の方法によりその処分を支配することができるときは、売主は、当該物品を保存するため、状況に応じて合理的な措置をとらなければならない。売主は、自己の支出した合理的な費用について買主から償還を受けるまで、当該物品を保持することができる。 | <u>第 85 条【売主の物品保存義務】</u><br>　買主が物品の引渡しの受領を遅滞した場合<u>又は代金の支払と物品の引渡しとが同時に行われなければならず、かつ、買主がその代金を支払っていない場合</u>において、売主がその物品を占有しているとき又は他の方法によりその処分を支配することができるときは、売主は、当該物品を保存するため、状況に応じて合理的な措置をとらなければならない。売主は、自己の支出した合理的な費用について買主から償還を受けるまで、当該物品を保持することができる。 |

【CISG における変更点】
　CISG 85 条には、買主に引渡受領義務違反がある場合だけでなく、代金支払と物品引渡しが同時履行の関係にあって、買主が代金を支払わないために売主が物品の引渡しをしていない場合にも、売主の物品保存義務が発生することを明確にするための文言が追加されている。なお、これと平仄をあわせるための変更が 1978 年草案 77 条(1)[CISG 88 条(1)] にも加えられている。同条の注釈に付した【変更点】①参照。

## 先行条文

ULIS 91 条

## 注釈

買主が物品の引渡しの受領を遅滞した場合において〔上記【変更点】参照〕、売主が、その物品を物理的に占有し、又は第三者の占有する物品の処分を支配する地位にあるときには、買主の利益のために、当該物品を保存するため合理的な措置をとる義務を売主に負わせることが適切である。74 条［CISG 85 条］に定めるように、売主は、「自己の支出した合理的な費用について買主から償還を受けるまで、当該物品を保持することができる」とすることも、同様に適切である。

例 74 A：契約において、買主が 10 月中に、売主の倉庫で物品の引渡しを受領するべきこととされていた[1]。売主は 10 月 1 日に、物品を買主の処分にゆだねることで引渡しを行った[2]。11 月 1 日に――これは買主が引渡受領義務に違反することになった日であり、また危険が買主に移転した日でもあるが[3]――売主は、物品を、このような物品の保管にはあまり適していない倉庫の一画に移動させた。11 月 15 日、買主は物品の引渡しを受領したが、この時点で当該物品は、それらが移動された倉庫の一画が不適切であったために損傷していた。11 月 1 日に危険が買主に移転していたことは確かであるが、売主は、11 月 1 日から 15 日までの間に生じた物品の損傷について、その保存を行う義務に違反したことを理由として、損害賠償責任を負う。

例 74 B：契約において、CIF 条件での引渡しが要求されていた。買主は、呈示された為替手形の引受けを不当に拒絶した。その結果、船荷証券その他の物品に関する書類は、買主に交付されなかった。74 条［CISG 85 条］は、このような場合に、船荷証券を所持していることによって物品の処分を支配する地位にある売主に、物品が仕向地の港で荷降ろしされた際に、それを保存する義務を課している[4]。

---

(1) 買主の引渡受領義務は、56 条［CISG 60 条］に定められている。
(2) 29 条(b)及び(c)［CISG 31 条(b)及び(c)］参照。
(3) 81 条(1)［CISG 69 条(1)］。
(4) 75 条［CISG 86 条］に関する注釈の例 75 C と比較せよ。

# 第 75 条【買主の物品保存義務】

| 1978年草案 | CISG |
|---|---|
| Article 75 [Buyer's obligation to preserve]<br>(1) If <u>the goods have been received by the buyer</u> and <u>he</u> intends to reject them, he must take such steps <u>as are reasonable in the circumstances to preserve them</u>. He <u>may</u> retain them until he has been reimbursed his reasonable expenses by the seller.<br><br>(2) If goods dispatched to the buyer have been placed at his disposal at their destination and he exercises the right to reject them, he must take possession of them on behalf of the seller, provided that <u>he can do so</u> without payment of the price and without unreasonable inconvenience or unreasonable expense. This provision does not apply if the seller or a person authorized to take charge of the goods on his behalf is present at the destination. | Article 86 [Buyer's duty to preserve goods]<br>(1) If <u>the buyer has received the goods</u> and intends <u>to exercise any right under the contract or this Convention</u> to reject them, he must take such steps <u>to preserve them as are reasonable in the circumstances</u>. He <u>is entitled to</u> retain them until he has been reimbursed his reasonable expenses by the seller.<br><br>(2) If goods dispatched to the buyer have been placed at his disposal at their destination and he exercises the right to reject them, he must take possession of them on behalf of the seller, provided that <u>this can be done</u> without payment of the price and without unreasonable inconvenience or unreasonable expense. This provision does not apply if the seller or a person authorized to take charge of the goods on his behalf is present at the destination. <u>If the buyer takes possession of the goods under this paragraph, his rights and obligations are governed by the preceding paragraph.</u> |
| 第75条【買主の物品保存義務】<br>(1) <u>物品が買主によって受け取られた場合において、買主は、当該物品を拒絶する意図</u>を有するときは、当該物品を保存するため、状況に応じて合理的な措置をとらなければならない。買主は、自己の支出した合理的な費用について売主から償還を受けるまで、当該物品を保持することができる。<br><br>(2) 買主に対して送付された物品が仕向地で買主の処分にゆだねられた場合において、買主が当該物品を拒絶する権利を行使するときは、買主は、売主のために当該物品の占有を取得しなけれ | 第86条【買主の物品保存義務】<br>(1) 買主は、物品を受け取った場合において、当該物品を拒絶するために契約又はこの条約に基づく権利を行使する意図を有するときは、当該物品を保存するため、状況に応じて合理的な措置をとらなければならない。買主は、自己の支出した合理的な費用について売主から償還を受けるまで、当該物品を保持することができる。<br><br>(2) 買主に対して送付された物品が仕向地で買主の処分にゆだねられた場合において、買主が当該物品を拒絶する権利を行使するときは、買主は、売主のために当該物品の占有を取得しなけれ |

| ばならない。ただし、代金を支払うことなく、かつ、不合理な不便又は不合理な費用を伴うことなしに<u>買主が占有を取得することができる場合に限る</u>。この規定は、売主又は売主のために物品を管理する権限を有する者が仕向地に存在する場合には、適用しない。 | ばならない。ただし、代金を支払うことなく、かつ、不合理な不便又は不合理な費用を伴うことなしに<u>占有を取得</u>することができる場合に限る。この規定は、売主又は売主のために物品を管理する権限を有する者が仕向地に存在する場合には、適用しない。<u>買主がこの (2)の規定に従い物品の占有を取得する場合には、買主の権利及び義務は、(1)の規定によって規律される。</u> |
|---|---|

【CISG における変更点】

① (1)については、買主が物品を拒絶できるのは、それが契約又はこの条約に基づいて認められる場合だけであることを明確化するための文言が加えられている。物品を受け取った後については、買主に解除権（CISG 49 条、51 条、72 条、73 条）、代替品引渡請求権（CISG 46 条(2)）、数量超過の引渡しの受領拒絶権（CISG 52 条(2)）、引渡受領義務の履行停止権（CISG 71 条）が認められる場合がそれに当たると考えられる。なお、物品を受け取らずに拒絶する場合（本条(2)で適用となる場合）については、履行期前の引渡しの受領拒絶権（CISG 52 条(1)）も考えられる。

② (2)には、第 3 文（公定訳では第 4 文）が加えられ、物品を受け取る前に物品を拒絶することにした買主が、(2)第 1 文に従って売主のために物品の占有を取得した場合にも、物品の受け取った後に物品を拒絶しようとする買主（(1)の場合）と同様の権利義務があることを明確化するための文言が加えられている。

③ 上記以外にも(1)(2)の文言に変更が加えられているが、それらは実質に関わる変更点ではない。

先行条文

ULIS 92 条

注釈

1. 75 条［CISG 86 条］は、買主が物品を拒絶しようとする場合における、買主の物品保存義務を規定する。

2. (1)は、買主が、物品を受け取った場合において、当該物品を拒絶する意図を有するときは〔上記【変更点】①参照〕、買主は当該物品を保存するため、合

理的な措置をとらなければならないと定める。買主は、自己の支出した合理的な費用について売主から償還を受けるまで、当該物品を保持することができる。

3．(2)は、買主に対して送付された物品が仕向地で買主の処分にゆだねられた場合において、買主が当該物品を拒絶する権利を行使するときにも、同様の結果となることを規定している[1]。しかしながら、買主が物品の拒絶権を行使した時点では、物品は買主の物理的占有下にないため、買主は売主のために当該物品の占有を取得する義務を負うかどうかは、必ずしも明らかなことではない。そこで、(2)は、買主が占有を取得しなければならないのは、「代金を支払うことなく、かつ、不合理な不便又は不合理な費用を伴うことなしに占有を取得することができる場合」で、かつ、売主又は売主のために物品を管理する権限を有する者が仕向地に存在しないときに限られることを明示している。

4．(2)は、買主に対して送付された物品が、「仕向地で買主の処分にゆだねられた」場合に限り適用される。したがって、買主がその物品の占有を取得する義務を負うのは、買主が当該物品を拒絶する前に、その物品が物理的に仕向地に到達している場合に限られる。物品の到達前に、買主が、その物品が契約に適合しないことを船積書類が示しているとして船積書類を拒絶した場合には、買主が(2)に基づく物品の占有取得義務を負うことはない。

**例 75 A**：買主が、物品を受け取った後に、契約不適合を理由にその物品を拒絶した。買主は、75 条(1)［CISG 86 条(1)］により、当該物品を売主のために保存する義務を負う。

**例 75 B**：物品は買主に向けて鉄道で発送された。買主は、占有を取得する前に、物品を検査し、品質について重大な契約違反があることを発見した。買主は、45 条(1)(a)［CISG 49 条(1)(a)］に基づき、契約を解除する権利を有するが、75 条(2)［CISG 86 条(2)］により、買主は物品の占有を取得して、物品を保存する義務を負う。ただし、それが代金を支払うことなく、かつ不合理な不便又は不合理な費用を伴うことなしに占有を取得することができる場合で、かつ、売主又は売主のために占有を取得 (take possession) する権限〔訳注：1978 年草案 75 条(2)及び CISG 86 条(2)の文言は「物品を管理する (take charge)

---

(1) (2)は、買主は、「売主のために当該物品の占有を取得しなければならない。」と定めている。いったん占有が取得されると、物品の保存義務が(1)から生ずる。

権限」〕を有する者が仕向地に存在しない場合に限る。

**例75** C：契約には、CIF条件での引渡しが定められていた。為替手形が買主に呈示されたが、添付書類が売買契約に適合していないとして、買主はその引受けを拒絶した。この例では、次の2つの理由から、買主は物品の占有を取得する義務を負わない。買主が為替手形の引受けを拒絶した時点で、物品がまだ到達しておらず、仕向地で買主の処分にゆだねられていない場合には、75条(2)〔CISG 86条(2)〕はそもそも適用されない。75条(2)の適用を受ける場合であったとしても、買主は為替手形の支払を行わなければ物品の占有を取得できないため、買主は、物品の占有を取得して物品を保存するという、75条(2)〔CISG 86条(2)〕に基づく義務を負わない[2]。

---

[2] 74条〔CISG 85条〕に関する注釈の例74 Bと比較せよ。

## 第 76 条【第三者への寄託】

| 1978 年草案 | CISG |
|---|---|
| Article 76 [Deposit with third person]<br>The party who is bound to take steps to preserve the goods may deposit them in a warehouse of a third person at the expense of the other party provided that the expense incurred is not unreasonable. | Article 87<br>A party who is bound to take steps to preserve the goods may deposit them in a warehouse of a third person at the expense of the other party provided that the expense incurred is not unreasonable. |
| 第 76 条【第三者への寄託】<br>　物品を保存するための措置をとる義務を負う当事者は、相手方の費用負担により物品を第三者の倉庫に寄託することができる。ただし、それに関して生ずる費用が不合理でない場合に限る。 | 第 87 条【第三者への寄託】<br>　物品を保存するための措置をとる義務を負う当事者は、相手方の費用負担により物品を第三者の倉庫に寄託することができる。ただし、それに関して生ずる費用が不合理でない場合に限る。 |

## 【CISG における変更点】

文言に変更があるが、実質に関わる変更点ではない。

## 先行条文

ULIS 93 条

## 注釈

　76 条［CISG 87 条］は、物品の保存措置をとる義務を負う当事者が、当該物品を第三者の倉庫に寄託することによって自らの義務を免れることを認めている。「倉庫」という用語は、問題となっているのと同種の物品の保管に適した場所といったように、広く解釈されるべきである。

## 第 77 条【保存物品の売却】

| 1978年草案 | CISG |
|---|---|
| Article 77 [Sale of the preserved goods]<br>(1) The party who is bound to preserve the goods in accordance with articles 74 or 75 may sell them by any appropriate means if there has been an unreasonable delay by the other party in taking possession of the goods or in taking them back or in paying the cost of preservation, provided that notice of the intention to sell has been given to the other party.<br>(2) If the goods are subject to loss or rapid deterioration or their preservation would involve unreasonable expense, the party who is bound to preserve the goods in accordance with articles 74 or 75 must take reasonable measures to sell them. To the extent possible he must give notice to the other party of his intention to sell.<br>(3) The party selling the goods has the right to retain out of the proceeds of sale an amount equal to the reasonable expenses of preserving the goods and of selling them. He must account to the other party for the balance. | Article 88<br>(1) A party who is bound to preserve the goods in accordance with article 85 or 86 may sell them by any appropriate means if there has been an unreasonable delay by the other party in taking possession of the goods or in taking them back or in paying the price or the cost of preservation, provided that reasonable notice of the intention to sell has been given to the other party.<br>(2) If the goods are subject to rapid deterioration or their preservation would involve unreasonable expense, a party who is bound to preserve the goods in accordance with article 85 or 86 must take reasonable measures to sell them. To the extent possible he must give notice to the other party of his intention to sell.<br>(3) A party selling the goods has the right to retain out of the proceeds of sale an amount equal to the reasonable expenses of preserving the goods and of selling them. He must account to the other party for the balance. |
| 第77条【保存物品の売却】<br>(1) 第74条又は第75条の規定に従い物品を保存する義務を負う当事者は、物品の占有の取得若しくは取戻し又は保存のための費用の支払を相手方が不合理に遅滞する場合には、適切な方法により当該物品を売却することができる。ただし、相手方に対し、売却する意図について通知を行った場合に限る。<br>(2) 物品が減耗しやすい場合若しくは急速に劣化しやすい場合又はその保存に不合理な費用を伴う場合には、第74 | 第88条【保存物品の売却】<br>(1) 第85条又は第86条の規定に従い物品を保存する義務を負う当事者は、物品の占有の取得若しくは取戻し又は代金若しくは保存のための費用の支払を相手方が不合理に遅滞する場合には、適切な方法により当該物品を売却することができる。ただし、相手方に対し、売却する意図について合理的な通知を行った場合に限る。<br>(2) 物品が急速に劣化しやすい場合又はその保存に不合理な費用を伴う場合には、第85条又は第86条の規定に従 |

| | |
|---|---|
| 条又は第75条の規定に従い物品を保存する義務を負う当事者は、物品を売却するための合理的な措置をとらなければならない。当該当事者は、可能な限り、相手方に対し、売却する意図を通知しなければならない。<br>(3) 物品を売却した当事者は、物品の保存及び売却に要した合理的な費用に等しい額を売却代金から控除して保持する権利を有する。当該当事者は、その残額を相手方に対して返還しなければならない。 | い物品を保存する義務を負う当事者は、物品を売却するための合理的な措置をとらなければならない。当該当事者は、可能な限り、相手方に対し、売却する意図を通知しなければならない。<br>(3) 物品を売却した当事者は、物品の保存及び売却に要した合理的な費用に等しい額を売却代金から控除して保持する権利を有する。当該当事者は、その残額を相手方に対して返還しなければならない。 |

## 【CISGにおける変更点】

① (1)においては、まず、買主の代金支払が不合理に遅滞する場合にも売主は保存物品を売却できることを認める文言が追加されている。これは1978年草案74条(1) [CISG 85条(1)] を加えられた変更と平仄をあわせるための変更である。O.R. 413-414, paras 52, 66, 71-72 [Docy. Hist. 634-635] 参照。1978年草案74条の注釈に付した【変更点】参照。

② (1)においては、また、保存物品を売却する意図の通知が「合理的な」ものでなければならないことが明確化されている。O.R. 413-414, paras 51-74 [Docy. Hist. 634-635] 参照。

③ (2)においては、物品が「減耗しやすい場合」(subject to loss) という文言が削除され、物品を売却するための合理的な措置をとる義務が生ずるのは、物品が急速に劣化しやすい場合のみであるとされた。これは物品の減耗 (loss) が、物理的な loss の他に、市場価格の変動による経済的な loss も含まれると解釈される可能性を排除する趣旨である。O.R. 227-228, paras 39-50 [Docy. Hist. 762-763] 参照。

④ (1)～(3)のそれぞれにおいて、上記の他にも文言に変更が加えられているが、それらは実質に関わらない変更点である。

## 先行条文

ULIS 94条及び95条

## 注釈

1．77条〔CISG 88条〕は、物品の保存義務を負う当事者の、物品を売却する権利を規定する。

### 売却権（本条(1)）

2．(1)によれば、物品の売却権は、物品の占有の取得若しくは取戻し又は保存のための費用の支払を相手方が不合理に遅滞する場合に、生ずる。〔上記【変更点】①参照〕

3．売却は、「売却する意図について通知」〔上記【変更点】②参照〕を行った後に、「適切な方法」により行うことができる。それぞれの国によって状況が異なるため、この条約は、何が適切な方法であるのかについて、具体的には定めていない。用いられた方法の適切性を決定するに当たっては、売却が行われる国の法の下で、類似の状況下での売却に求められる方法が、参照されるべきである。

4．物品の売却を行う当事者が、本条に定める要件を遵守しなかった場合に、その売却によって物品の権原が購入者に移転するか否かを決定するのは、本条に基づく売却が行われる国の法（国際私法を含む）である[1]。

### 物品が減耗しやすい場合（本条(2)）

〔訳注：CISG 88条(2)では「物品が減耗しやすい場合」の文言が削除されている。上記【変更点】③参照。もっとも、以下のパラグラフ5～8は、「物品が急速に劣化しやすい場合」についても触れるものである。〕

5．(2)によれば、物品保存義務を負う当事者が、物品を売却するための合理的な努力をしなければならないのは、①物品が減耗しやすい場合若しくは急速に劣化しやすい場合、又は②その保存に不合理な費用を伴う場合である。〔上記【変更点】③参照〕

6．減耗しやすい又は急速に劣化しやすいものとして、可能であれば売却しなければならない物品の最も明らかな例は、果物や野菜などの生鮮食品である。しかしながら、「減耗（loss）」という概念は、物品の物理的な劣化や滅失に限られるものではなく、市場の変化のために急速に物品の価値が下落するおそれがある場合も含まれる。〔訳注：CISG 88条(2)では「物品が減耗しやすい場合」の

---

(1) 4条〔CISG 4条〕。

文言が削除されている。その趣旨は、パラグラフ６における解説とは逆に、物品を売却するための合理的な措置をとる義務は、市場の変化による価値の下落によっては生じないことを明確化するためである。上記【変更点】③参照。〕

７．(2)は、物品を売却するために合理的な努力をしなければならないと要求するのみである。これは、減耗しやすい又は急速に劣化しやすい物品は、売却が困難又は不可能なことがあるからである。同様に、売却する意図について通知を行う義務は、それが可能である限りにおいてのみ存在する。物品が急速に劣化しつつある場合には、売却前に通知をする時間的余裕がないことがある。〔上記【変更点】③参照〕

８．本条に基づき物品を売却する義務を負う当事者が、それを怠った場合には、そのことによって生じた減耗又は劣化について、責任を負う。〔訳注：CISG 88条(2)では物品が「減耗しやすい」の文言が削除されている。上記【変更点】③参照。その趣旨は、物品を売却するための合理的な措置をとる義務は、市場の変化による価値の下落によっては生じないことを明確化することにあるから、物品売却義務違反があっても、市場変動による価値下落についての責任は生じないものと思われる。〕

**償還を受ける権利（本条(3)）**

９．物品を売却した当事者は、売却代金から、物品の保存及び売却に要した合理的なすべての費用の償還を受ける権利を有する。当該当事者は、その残額を相手方に対して返還しなければならない。物品を売却した当事者が、契約又はその違反に基づくその他の請求を行う権利がある場合に、準拠国内法上、それらの請求が清算されるまで残額の移転を延期する権利を有することがある。

## 第5章　危険の移転

### 第78条【危険移転後の損失】

| 1978年草案 | CISG |
|---|---|
| **Article 78** [Loss after risk has passed]<br>　Loss or damage to the goods after the risk has passed to the buyer does not discharge him from his obligation to pay the price, unless the loss or damage is due to an act 　or omission of the seller. | **Article 66**<br>　Loss of or damage to the goods after the risk has passed to the buyer does not discharge him from his obligation to pay the price, unless the loss or damage is due to an act or omission of the seller. |
| **第78条【危険移転後の損失】**<br>　買主は、危険が自己に移転した後に生じた物品の滅失又は損傷により、代金を支払う義務を免れない。ただし、その滅失又は損傷が売主の作為又は不作為による場合は、この限りでない。 | **第66条【危険移転の効果】**<br>　買主は、危険が自己に移転した後に生じた物品の滅失又は損傷により、代金を支払う義務を免れない。ただし、その滅失又は損傷が売主の作為又は不作為による場合は、この限りでない。 |

### 【CISGにおける変更点】
　文言に変更があるが、実質に関わる変更点ではない。

### 先行条文
ULIS 96条

### 注釈
1．78条［CISG 66条］は、損失の危険（risk of loss）の移転に関する規定群の導入部となっている。
2．買主又は売主のいずれが損失の危険を負担しなければならないかという問題は、売買法によって解決されるべき最も重要な問題の1つである。たいがいの種類の損失は、保険契約によって填補されるであろうが、保険者に請求する負担を負うのはどちらの当事者か、流動資産への圧迫に耐えながら解決を待つ負担を負うのはどちらの当事者か、そして損傷した物品を回収する責任を負うのはどちらの当事者かを決定するのは、危険を売主又は買主に割り当てる

ルールである。保険による担保がない場合又は不十分な場合には、危険の配分は一層、顕著な重要性を有することになる。

3．もちろん、損失の危険はしばしば契約によって決定されることになろう。とりわけ、FOB 条件、CIF 条件、そして C&F 条件〔現在の CFR 条件〕などの貿易条件（トレードターム）によって、危険が売主から買主に移転する時点が特定されることがある[1]。貿易条件その他の方法によって損失の危険の決定方法のための準則が契約に定められている場合には、これらの準則が、この条約に規定された準則に優先する[2]。

4．78 条［CISG 66 条］は、危険の移転の中心的な結果を規定する。危険が買主に移転すると、買主は、その後に滅失又は損傷が生じても、物品の代金を支払う義務を負う。これは、34 条(1)［CISG 36 条(1)］の、「売主は、……危険が買主に移転した時に存在していた不適合について、責任を負う」という準則の裏返しである。

5．もっとも、危険が買主に移転した後に物品が滅失又は損傷した場合でも、その滅失又は損傷が売主の作為又は不作為による限りにおいては、買主は代金を支払う義務を免れる。

6．物品の滅失又は損傷が売主の作為又は不作為によって生じた場合であっても、それが契約に基づく売主の義務の違反に当たらないことはある。例えば、契約が FOB 条件の契約である場合には、通常、危険は物品が本船の手すりを通過した時〔訳注：インコタームズ 2010 では物品が本船の船上に置かれた時〕に移転する[3]。売主が陸揚港でコンテナを回収する際に物品を損傷した場合には、物品の損傷は契約違反にはならないが、不法行為に当たるとされることもある。物品の滅失又は損傷が、契約違反ではなく不法行為に当たる場合には、41 条から 47 条まで［CISG 45 条から 51 条まで］に基づく買主の救済は適用されな

---

(1) 例えば、インコタームズ［1976］FOB 条件 A.4 及び B.2、CIF 条件 A.6 及び B.3、C&F 条件 A.5 及び B.3 は、物品が本船の手すりを通過する時まで、売主が危険を負担することを定めている〔訳注：インコタームズ 2010 から、物品が本船の船上に置かれた時まで売主が危険を負担することとされた。インコタームズ 2010 の FOB 条件 A5 及び B5、CIF 条件 A5 及び B5、CFR 条件 A5 及び B5 参照〕。その時点から、危険は買主が負担する。
　インコタームズその他の類似の定義が具体的に言及されておらず、また危険の移転時期について契約に具体的な定めがなくても、契約で用いられるこうした貿易条件は、裁判所又は仲裁廷が慣習の存在を認定すれば、危険の移転時期を十分に指示するものとなり得る。8 条［CISG 9 条］に関する注釈パラグラフ 6 を参照。
(2) 5 条［CISG 6 条］。
(3) 前注(1)参照。

い[4]。それでも、78条［CISG 66条］は、買主は、契約どおりの代金を支払う義務を負わず、かえって準拠する不法行為法に基づいて算定される損害賠償額を控除する権利を有することを規定している。

---

[4] 41条(1)は、売主が「契約及びこの条約に基づく義務を履行しない場合」にのみ、こうした救済を求めることができるものとしている。〔CISG 45条(1)では、「契約又はこの条約に基づく義務を履行しない場合」とされている。〕

# 第79条【運送を伴う売買契約における危険の移転】

| 1978年草案 | CISG |
|---|---|
| Article 79 [Passage of risk when sale involves carriage]<br>(1) If the contract of sale involves carriage of the goods and the seller is not <u>required</u> to hand them over at a particular <u>destination</u>, the risk passes to the buyer when the goods are handed over to the first carrier for transmission to the buyer. If the seller is <u>required</u> to hand the goods over to a carrier at a particular place <u>other than the destination</u>, the risk does not pass to the buyer until the goods are handed over to the carrier at that place. The fact that the seller is authorized to retain documents controlling the disposition of the goods does not affect the passage of risk.<br>(2) Nevertheless, <u>if the goods are not clearly marked with an address or otherwise identified to the contract</u>, the risk does not pass to the buyer until <u>the seller sends the buyer a notice of the consignment which specifies the goods</u>. | Article 67<br>(1) If the contract of sale involves carriage of the goods and the seller is not <u>bound</u> to hand them over at a particular <u>place</u>, the risk passes to the buyer when the goods are handed over to the first carrier for transmission to the buyer <u>in accordance with the contract of sale</u>. If the seller is <u>bound</u> to hand the goods over to a carrier at a particular place, the risk does not pass to the buyer until the goods are handed over to the carrier at that place. The fact that the seller is authorized to retain documents controlling the disposition of the goods does not affect the passage of the risk.<br>(2) Nevertheless, the risk does not pass to the buyer until <u>the goods are clearly identified to the contract, whether by markings on the goods, by shipping documents, by notice given to the buyer or otherwise</u>. |
| <u>第79条</u>【運送を伴う売買契約における危険の移転】<br>(1) 売買契約が物品の運送を伴う場合において、売主が特定の<u>仕向地</u>において物品を交付する義務を負わないときは、危険は、買主に送付するために物品を最初の運送人に交付した時に買主に移転する。売主が<u>仕向地を除く特定の場所</u>において物品を運送人に交付する義務を負うときは、危険は、物品をその場所において運送人に交付する時まで買主に移転しない。売主が物品の処分を支配する書類を保持することが認れれている事実は、危険の移転に影響を及ぼさない。 | <u>第67条</u>【運送を伴う売買契約における危険の移転】<br>(1) 売買契約が物品の運送を伴う場合において、売主が特定の<u>場所</u>において物品を交付する義務を負わないときは、危険は、<u>売買契約に従って買主に送付</u>するために物品を最初の運送人に交付した時に買主に移転する。売主が特定の場所において物品を運送人に交付する義務を負うときは、危険は、物品をその場所において運送人に交付する時まで買主に移転しない。売主が物品の処分を支配する書類を保持することが認められている事実は、危険の移転に影響を及ぼさない。 |

| (2) (1)の規定にかかわらず、物品が送付先住所による荷印又は他の方法により、契約上の物品として明確に特定されていない場合には、危険は、売主が買主に対して物品を特定した発送の通知を送付する時まで買主に移転しない。 | (2) (1)の規定にかかわらず、危険は、荷印、船積書類、買主に対する通知又は他の方法のいずれによるかを問わず、物品が契約上の物品として明確に特定される時まで買主に移転しない。 |

【CISG における変更点】

① (1)においては、いくつか文言に変更が加えられているが、実質に関わる変更は次の2点である。第1に、売主が物品を運送人に交付する場所を指すのに「仕向地」（destination）の用語を用いるのは誤りであることからその文言が「場所」（place）に変更された。第2に、運送人による物品の交付によって危険が移転するためには、その交付が契約に従ったものでなければならないことを明確化するための文言が追加された。O.R. 402, paras 40-44 [Docy. Hist. 623].

② (2)においては、1978 年草案 79 条(2)では、危険移転の前提となる物品の特定の方法として、送付先住所による荷印や物品を特定した発送の通知（notice of consignment）に重きをおいた規定ぶりになっていたのが、CISG 67 条(2)では、実務慣行に合わせ、より柔軟な規定ぶりに変更されている。O.R. 402, paras 45-57 [Docy. Hist. 623].

先行条文
ULIS 19 条(2)、19 条(3)及び 97 条(1)

注釈
1．79 条［CISG 67 条］は、契約が物品の運送を伴う場合において、当事者が貿易条件その他の方法で、損失の危険について、この条約とは異なった準則を定めていないときの、危険の移転を規律する[1]。
2．売買契約は、売主が、物品の発送を行う義務を負い又はその権限を有し、かつ実際にそれを行った場合に、運送を伴うものとされる。買主が、売主の営業所で物品を受け取る場合には、たとえその場所から一般運送人（コモン・

---
(1) 重大な契約違反があった場合には、82 条［CISG 70 条］が、79 条［CISG 67 条］の適用に影響を及ぼすことになる。

キャリア）によって運送がなされる必要があるとしても、契約は運送を伴うものではないし、買主が物品の運送を手配する場合も、契約は運送を伴うものではない。

3．物品の運送を伴う売買契約は、売主から買主への危険移転時期という観点からは、3つの類型に分けられる。〔訳注：1978年草案79条(1)にあった「仕向地」への言及がCISG 67条(1)では修正された結果（上記【変更点】①参照）、以下の類型論は、CISGにはうまく当てはまらない。強いてCISG 67条に則していえば、概ね、第1の類型は運送人への物品の交付場所が特定されていない場合、第2の類型は運送人への物品の交付場所が特定されている場合に当たることになろう。また、第3の類型は、そもそも目的物が売主から買主に交付される場合が想定されており、パラグラフ8で1978年草案81条(1)〔CISG 69条(1)〕が適用されるとされていることからも分かるとおり、物品の運送を伴う売買契約についての類型とはいえない。〕

第1の類型

4．売買契約が、売主の営業所又は発送の時点で物品が存在する場所から物品が運送されるべきことを定めている場合において、売主が、運送が開始する場所で買主又は運送人に物品を交付しさえすればよいとされているときは、「危険は、買主に送付するために物品を最初の運送人に交付した時に買主に移転する」。〔パラグラフ3に付した訳注参照〕

5．第1の類型の多く、そしておそらくその大部分においては、関係する運送人は一人のみである。例えば、契約により、売主が、自己の営業所から買主の営業所まで、トラックによる物品運送を手配すべきものとされていた場合である。また、複数の運送人が関わることもある。例えば、契約により、売主が、物品を船積港まで鉄道で運送し、そこから先は船で運送することを手配すべきものとされている場合である。さらには、契約により売主が運送を手配すべきものとされているが、どのような運送手段を用いるかについては、売主の判断にゆだねられているという場合もある。

第2の類型

6．物品の運送を伴う売買契約の多くにおいて、売主は、売主の営業所以外の場所で、物品を運送人に交付する義務を負う。例えば、CIF条件で売買契約を締結した内陸の売主が、港で海上運送人に物品を交付する義務を負う場合がある。必然的に、売主は、物品をその港へ運送する手配をしなければならない。

売主は、自己の従業員や輸送手段を使って物品を港に運送することができるかもしれないが、通常は、売主は独立の運送人を使うことになろう。〔パラグラフ3に付した訳注参照〕

7．第2の類型においては、売主は、契約上、物品の最初の船積地又は最終仕向地以外の場所〔上記【変更点】①参照〕で物品を運送人に交付する義務を負い、危険は、物品がその場所で運送人に交付された時に移転する。したがって、物品を港で海上運送人に交付しなければならないときは、危険は物品が海上運送人に交付された時に移転するのであって、港まで運送するために「最初の運送人」、すなわち道路運送人又は鉄道運送人に交付された時に移転するのではない。

### 第3の類型

8．契約上、売主が、特定の仕向地で物品を買主に交付すべきことを定められている場合（例えば、契約で指定された仕向港での引渡しを求める Ex-Ship 条件〔訳注：インコタームズ 2000 までの DES（本船持込渡）条件、インコタームズ 2010 の DAP（仕向地持込渡）条件に相当する〕を用いる場合）には、損失の危険は、79条〔CISG 67条〕ではなく、81条(1)〔CISG 69条(1)〕に基づいて、物品が指定仕向港に到達してからでなければ移転しない。危険が移転する正確な時点は、81条〔CISG 69条〕に関する注釈において検討する諸ファクターによって決まる。〔パラグラフ3に付した訳注参照〕

### 売主による書類の保持

9．支払を受けていない売主が、支払が行われる時まで、担保として船積書類を保持するのは、通常の慣行である。法体系によっては、物品の「権原」又は「所有権」は、書類が交付されるまで買主に移転しないものとされている。このことから、損失の危険が移転しているのか否かについて疑問が生じ得る。

10．79条(1)〔CISG 67条(1)〕第3文は、売主が物品の処分を支配する書類を保持することが認められているという事実、又は売主がこの権限に基づいて書類を保持しているという事実は、準拠国内法上は、このことが「権原」又は「所有権」の移転に影響を及ぼし得るとしても、危険の移転に影響を及ぼさないことを明らかにしている[2]。

---

[2] 4条(b)〔CISG 4条(b)〕は、この条約が、「売却された物品の所有権について契約が有し得る効果」に関与しないと規定している。

**物品の特定（本条(2)）**

11．物品が売買契約を履行する目的で発送されたが、包装の荷印がある場合にそれによっても、また、船積書類によっても、またはその他の方法によっても、物品が具体的にどの契約の履行として意図されたものであることが、判然としないことは、稀なことではない。このようなことは、売主が、買主への引渡しの手配をすることとされている売主の代理人等、買主以外の者に物品を発送したときに生じ得る。同様に、複数の契約を履行できる量の物品が、ばら荷で発送されることがある。例えば、別々の二人の買主に 5,000 トンずつ引き渡す義務を履行するために、売主が 10,000 トンの小麦を発送することがあり得る。

12．79 条(2)〔CISG 67 条(2)〕は、これらのように物品が契約上の物品として特定されていない場合には、79 条(1)〔CISG 67 条(1)〕の規定に従った危険の移転は生じないことを定めている。これらの場合には、売主が買主に対して物品を特定した発送の通知を送付した時に、危険が移転する。〔上記【変更点】②参照〕

## 第 80 条【運送中に売却された物品の危険の移転】

| 1978 年草案 | CISG |
|---|---|
| Article 80 [Passage of risk when goods sold in transit]<br><br>The risk in respect of goods sold in transit is assumed by the buyer from the time the goods were handed over to the carrier who issued the <u>documents controlling their disposition. However</u>, if at the time of the conclusion of the contract the seller knew or ought to have known that the goods had been lost or damaged and <u>he has</u> not disclosed <u>such fact</u> to the buyer, <u>such</u> loss or damage is at the risk of the seller. | Article 68<br><br>The risk in respect of goods sold in transit <u>passes to the buyer from the time of the conclusion of the contract. However, if the circumstances so indicate, the risk</u> is assumed by the buyer from the time the goods were handed over to the carrier who issued the <u>documents embodying the contract of carriage. Nevertheless,</u> if at the time of the conclusion of the contract <u>of sale</u> the seller knew or ought to have known that the goods had been lost or damaged and <u>did</u> not disclose <u>this</u> to the buyer, <u>the</u> loss or damage is at the risk of the seller. |
| <u>第 80 条【運送中に売却された物品の危険の移転】</u><br><br>運送中に売却された物品に関し、危険は、<u>物品の処分を支配する書類を発行した運送人に対して物品が交付された時から、買主が引き受ける</u>。ただし、売主が契約の締結時に、物品が滅失し、又は損傷していたことを知り、又は知っているべきであった場合において、<u>売主がそのような事実を買主に対して明らかにしていなかったときは、そのような滅失又は</u>損傷は、売主の負担とする。 | <u>第 68 条【運送中の物品の売買契約における危険の移転】</u><br><br>運送中に売却された物品に関し、危険は、<u>契約の締結時から買主に移転する。</u>ただし、運送契約を証する書類を発行した運送人に対して物品が交付された時か<u>ら買主が危険を引き受けることを状況が示している場合には、買主は、その時から危険を引き受ける。</u>もっとも、売主が<u>売買</u>契約の締結時に、物品が滅失し、又は損傷していたことを知り、又は知っているべきであった場合において、<u>そのことを</u>買主に対して明らかに<u>しなかった</u>ときは、<u>その</u>減失又は損傷は、売主の負担とする。 |

【CISG における変更点】

　1980 年外交会議における 1978 年草案 80 条に関する審議は紛糾し、その結果、特に同条第 1 文に、実質的な変更が加えられている。

　① 　第 1 に、運送中の物品の売却（洋上売買）における危険移転時期につき、1978

年草案 80 条では、運送人への物品交付時（すなわち、契約締結前の時点）に危険が移転するとしているのに対して、CISG 68 条では、原則として契約締結時に危険が移転するとしたうえで、例外的に「運送人に対して物品が交付された時から買主が危険を引き受けることを状況が示している場合」には、運送人への物品交付時に危険が移転するとされている。この例外に当たる場合として典型的に考えられるのは、荷為替売買において、運送人への物品交付時以降の損害をカバーする保険証券を洋上売買の買主が所持する場合である。O.R. 403-404, paras 2-12；406, paras 43-44；213-215, paras 70-104；215-218, paras 1-33；220-221 paras 18-28 [Docy. Hist. 624-625；627；748-750；750-753；755-756] 参照。

② 第2に、運送人への物品交付時に危険が移転する場合（1978 年草案 80 条第 1 文、及び、CISG 68 条第 1 文の例外）について、そこでいう「運送人」が「物品の処分を支配する書類を発行した運送人」（例、船荷証券を発行した運送人）ではなくて、より広く「運送契約を証する書類を発行した運送人」に変更されている。ここで運送人による書類の発行が求められているのは、物品の特定のためであるところ、その目的を達する書類は、「物品の処分を支配する書類」に限定する必要がないというのが変更の理由である。O.R. 404, paras 13-20 [Docy. Hist. 625]。

## 先行条文
ULIS 99 条

## 注釈

1．売買契約の締結時に物品が運送中であった場合には、危険は、遡及的に、その処分を支配する書類を発行した運送人に対して物品が交付された時に移転したものとされる。契約の成立前に危険が移転するというこの準則は、純粋に実務的な観点から生まれたものである。物品の運送中に生じたことが分かっている損傷が、実際に生じたのが正確にどの時点であったかを決定することは、通常困難であるし、また不可能でさえある。物品の状態が明らかであった時点で、危険が移転したものとすることの方が、より簡便なのである。それに加えて、滅失又は損傷が発見された時点で物品を物理的に占有している買主が、運送人や保険会社に対して請求を行うとすることの方が、買主にとって通常はより便利である。〔訳注：CISG 68 条では、危険移転時期についての原則に修正があり、1978 年草案 80 条の規定は、CISG 68 条では「例外」とされている。上記【変更点】①参照。したがって、パラグラフ 1 は、CISG 68 条に規定されている「例外」の考え

方を示すものとして読むことができる。〕

**2**．しかしながら、契約の締結時に、既に滅失又は損傷が生じており、そのことを売主が知り、又は知っているべきであった場合において、そのことを買主に対して明らかにしなかったときには、その滅失又は損傷は、売主の負担とされる。

# 第 81 条【その他の場合における危険の移転】

| 1978 年草案 | CISG |
|---|---|
| Article 81 [Passage of risk in other cases]<br>(1) In cases not <u>covered by</u> articles 79 and 80 the risk passes to the buyer when <u>the goods are taken over by him</u> or, if he does not do so in due time, from the time when the goods are placed at his disposal and he commits a breach of contract by failing to take delivery.<br>(2) <u>If, however,</u> the buyer is <u>required</u> to take over the goods at a place other than <u>any</u> place of business of the seller, the risk passes when delivery is due and the buyer is aware of the fact that the goods are placed at his disposal at that place.<br>(3) If the contract relates to <u>a sale of</u> goods not then identified, the goods are <u>deemed</u> not to be placed at the disposal of the buyer until they <u>have been</u> clearly identified to the contract. | Article 69<br>(1) In cases not <u>within</u> articles 67 and 68, the risk passes to the buyer when <u>he takes over the goods</u> or, if he does not do so in due time, from the time when the goods are placed at his disposal and he commits a breach of contract by failing to take delivery.<br>(2) <u>However, if</u> the buyer is <u>bound</u> to take over the goods at a place other than <u>a</u> place of business of the seller, the risk passes when delivery is due and the buyer is aware of the fact that the goods are placed at his disposal at that place.<br>(3) If the contract relates to goods not then identified, the goods are <u>considered</u> not to be placed at the disposal of the buyer until they <u>are</u> clearly identified to the contract. |
| <u>第 81 条</u>【その他の場合における危険の移転】<br>(1) 前二条に規定する場合以外の場合には、危険は、<u>物品が買主によって受け取られた時</u>に、又は買主が期限までに物品を受け取らないときは、物品が買主の処分にゆだねられ、かつ、引渡しを受領しないことによって買主が契約違反を行った時から買主に移転する。<br>(2) もっとも、買主が売主の営業所以外の場所において物品を受け取る義務を負うときは、危険は、引渡しの期限が到来し、かつ、物品がその場所において買主の処分にゆだねられたことを買主が知った時に移転する。<br>(3) 契約が特定されていない<u>物品の売買</u>に関するものである場合には、物品は、契約上の物品として明確に特定される時まで買主の処分にゆだねられていないものとする。 | <u>第 69 条</u>【その他の場合における危険の移転】<br>(1) 前二条に規定する場合以外の場合には、危険は、<u>買主が物品を受け取った時</u>に、又は買主が期限までに物品を受け取らないときは、物品が買主の処分にゆだねられ、かつ、引渡しを受領しないことによって買主が契約違反を行った時から買主に移転する。<br>(2) もっとも、買主が売主の営業所以外の場所において物品を受け取る義務を負うときは、危険は、引渡しの期限が到来し、かつ、物品がその場所において買主の処分にゆだねられたことを買主が知った時に移転する。<br>(3) 契約が特定されていない<u>物品</u>に関するものである場合には、物品は、契約上の物品として明確に特定される時まで買主の処分にゆだねられていないものとする。 |

## 【CISG における変更点】
文言に変更があるが、実質に関わる変更点ではない。

## 先行条文
ULIS 97 条及び 98 条

## 注釈
1．81 条［CISG 69 条］は、79 条及び 80 条［CISG 67 条及び 68 条］に該当しない場合における危険の移転に関する原則を定める。81 条［CISG 69 条］によって規律される事例においては、買主が物品の占有を取得したうえで、必要な運送――自己の輸送手段を用いるか一般運送人（コモン・キャリア）を用いるかを問わず――の手配を自ら行うことが想定されている。

### 買主が物品を受け取った場合（本条(1)）
2．買主が物品を売主の営業所で受け取る場合には、危険は買主が物品を受け取った（take over）時に、移転する。

### 買主が物品を受け取っていない場合（本条(1)）
3．買主が、物品を売主の営業所で受け取る義務を負い、売主が物品を買主の処分にゆだねたにもかかわらず、買主が期限までに物品を受け取らない場合には、危険は、物品を受け取らないことによって買主が契約違反を行った時から、買主に移転する。

> 例 81 A：買主は、100 カートンのトランジスタの引渡しを、売主の倉庫で 7 月中に受領するものとされていた。7 月 1 日、売主は 100 カートンに買主の氏名による荷印を付し、引取り又は出荷の準備が整った物品用に確保してある倉庫の一画に置いた。7 月 20 日、買主は 100 カートンの引渡しを受領した。その結果、危険は、7 月 20 日に、物品が買主によって受け取られた時に移転したことになる。

> 例 81 B：例 81 A の契約において、買主は 8 月 10 日まで 100 カートンを受け取らなかった。危険は、7 月 31 日の営業終了時、つまり引渡しを受領しないことによって買主が契約違反を行った時から、買主に移転する。

例81 C：例81 Aの契約で、売主は買主が7月中のいつでも引渡しを受領できるように、100カートンの準備を整えておくべきであったにもかかわらず、9月15日まで、どのカートンにも買主の氏名による荷印を付さず、またその他の方法によって契約上の物品として特定することもしなかった。買主は9月20日に引渡しを受領したが、これは物品が用意できていることの通知を受けてから、合理的な期間内であった。危険は、買主が物品の引渡しを受領した、9月20日に買主に移転する。例81 Bにおける帰結と異なり、この帰結が生ずるのは、9月20日までに引渡しを受領しないことにより、買主が契約違反を行ったわけではないからである。

**物品が売主の営業所にない場合（本条(2)）**

4．物品が売主の営業所以外の場所にある場合には、危険移転の適切な時点を決定する際に考慮される要素は、異なったものとなる。物品が売主の物理的な占有下にあり、買主が物品を受け取らなければならない最終期日が、いまなお経過していないのであれば、売主が危険を負担することが適切である。物品を滅失又は損傷から保護し、また滅失又は損傷が生じた場合に、損失を生じさせた者又は保険者に対して請求を行うのに最適な立場にあるのは、売主だからである。

5．しかし、こうした考慮は、物品が営業倉庫等、第三者の手にある場合には、もはやあてはまらない。売主は、物品を滅失から保護することについて、買主よりも優位な立場にあるわけではない。また、売主は、損失を生じさせたことについて責任ある者であれ保険者であれ、第三者に対する請求を行うことについても、買主よりも優位な立場にあるわけではない。

6．この条約は、買主が物品を第三者の支配下から引き取ることができるようになった時点で、危険が買主に移転するという準則を選択した。この時点とは、物品の引渡しの期限が到来し、かつ、物品が買主の処分にゆだねられ、そしてそのことを買主が知った時である。

**物品を買主の処分にゆだねるということ**

7．物品が買主の処分にゆだねられたといえるのは、買主による占有の取得が可能となるために必要なことを売主が完了した時点である。通常、これには、引き渡されるべき物品の特定、売主が行うべき引渡前のあらゆる準備（例、包装）の完了、及び買主による占有の取得を可能とするために買主への通知を行

うことが含まれる。

8．物品が、倉庫業者や運送人などの受寄者の占有下にある場合には、物品は、売主が受寄者に対して物品を買主のために保管することを指図すること、又は、売主が物品の処分を支配する書類を適切な方法で買主に交付することなどによって、買主の処分にゆだねることができる。

## 第 82 条【危険移転に対する重大な契約違反の影響】

| 1978 年草案 | CISG |
|---|---|
| Article 82 [Effect of fundamental breach on passage of risk]<br><br>If the seller has committed a fundamental breach of contract, the provisions of articles 79, 80 and 81 do not impair the remedies available to the buyer on account of such breach. | Article 70<br><br>If the seller has committed a fundamental breach of contract, articles 67, 68 and 69 do not impair the remedies available to the buyer on account of the breach. |
| 第 82 条【危険移転に対する重大な契約違反の影響】<br><br>売主が重大な契約違反を行った場合には、前三条の規定は、買主が当該契約違反を理由として求めることができる救済を妨げるものではない。 | 第 70 条【売主による重大な契約違反と危険移転の関係】<br><br>売主が重大な契約違反を行った場合には、前三条の規定は、買主が当該契約違反を理由として求めることができる救済を妨げるものではない。 |

## 【CISG における変更点】

文言に変更があるが、実質に関わる変更点ではない。

## 先行条文

ULIS 97 条(2)

## 注釈

1．82 条［CISG 70 条］は、79 条～81 条［CISG 67 条～69 条］に基づく危険の移転は、買主が売主の重大な契約違反を理由として求めることができる救済を妨げるものではないと規定する。

2．82 条［CISG 70 条］の主たる意義は、79 条～81 条［CISG 67 条～69 条］に基づき危険が移転した後に物品が滅失又は損傷した場合であっても、買主は、42 条又は 43 条［CISG 46 条又は 47 条］に基づいて代替品の引渡しを求めたり、45 条(1)(a)又は(b)［CISG 49 条(1)(a)又は(b)］に基づいて契約解除の意思表示を行うことができるという点にある。この点において、82 条［CISG 70 条］は、79 条～81 条［CISG 67 条～69 条］に対してだけでなく、67 条(2)［CISG 82 条(2)］に列挙されている 3 つの場合を別として、「買主は、受け取った時と実質的に同じ状態で物品を返還することができない場合には、契約の解除の意思表

示をする権利及び売主に代替品の引渡しを請求する権利を失う。」と規定する、67条(1)［CISG 82条(1)］に対する例外でもある。

**3.** 82条［CISG 70条］は、37条及び45条(2)［CISG 39条及び49条(2)］と関連づけて読まなければならない。これは、それらの規定で要求されている期間内に行動しないことによって、買主が、契約解除権や、売主に対する代替品引渡請求権を失うことがあるからである。

例82 A：契約は、例81 Aと同様である。買主は、100カートンのトランジスタの引渡しを、売主の倉庫で7月中に受領するものとされていた。7月1日、売主は100カートンに買主の氏名による荷印を付し、引取り又は出荷の準備が整った物品用に確保してある倉庫の一画に置いた。7月20日、買主は100カートンの引渡しを受領し、その時に代金を支払った。その結果、危険は81条(1)［CISG 69条(1)］に基づき、7月20日に買主に移転した。

7月21日、買主が36条［CISG 38条］で要求されている検査を行うことができる前に、50カートンが火災によって損壊した。買主が残りの50カートンの内容を検査したところ、トランジスタは契約に適合せず、その不適合は重大な契約違反となるものであることが明らかとなった。

買主は、危険の移転後に生じた火災のために、100カートン全部を返還することができないが、買主は契約を解除し、支払った代金の返還を求めることができる。

例82 B：例82Aと同じ事案で、ただ、買主がトランジスタを受け取ってから6ヵ月間、残りの50カートンを検査しなかったとする。この場合には、買主は、37条(1)［CISG 39条(1)］の適用上、「物品の不適合を……発見すべきであった時から合理的な期間内」に不適合の通知を行わなかったとされ、そして45条(2)(b)［CISG 49条(2)(b)］の適用上、「買主が当該違反を知り、若しくは知るべきであった時……から合理的な期間内」に、契約の解除の意思表示をしていなかったとされると思われ、契約を解除できないことになろう。

例82 C：例82 Aの契約に基づく義務の一部履行として、売主は7月1日、契約で求められている100カートンではなく、50カートンのトランジスタを契約上の物品として特定した。

8月5日、買主が物品の引渡しを受領する前に、50カートンが売主の倉庫

内で火災によって損壊した。7月31日の営業終了時に、50カートンについての危険は買主に移転していたのであるが[1]、契約上の物品として100カートンではなく、50カートンだけを特定したことが重大な契約違反となる場合には、買主はなお82条［CISG 70条］を根拠に、契約解除の意思表示を行うことができる。ただし、買主は、その数量不足を「知り、又は知るべきであった時……から合理的な期間内」に、契約解除の意思表示を行わなければならず、そうしなければ、45条(2)(b)［CISG 49条(2)(b)］により、契約解除権を失う。

**例82 D**：例82 Aの契約における売主は、買主が7月中のいつでも引渡しを受領できるように、100カートンの準備を整えておくべきであったにもかかわらず、9月15日まで、どのカートンにも買主の氏名による荷印を付さず、またその他の方法によって契約上の物品として特定することもしなかった。買主は9月20日に引渡しを受領した。例81 Cで述べられているように、危険は、買主が物品の引渡しを受領した9月20日に買主に移転する。

9月23日、物品は、買主の過失によらずに損傷した。売主が物品を買主の処分にゆだねることの遅滞が重大な違反となる場合には、82条［CISG 70条］が、危険の移転後の物品の損傷によって、買主が契約解除の意思表示を行うことは妨げられないと規定している。しかしながら、45条(2)(a)［CISG 49条(2)(a)］の適用上、いったん買主が売主の倉庫で物品を引き取ることによって、引渡しを受領した以上、「買主が引渡しが行われたことを知った時……から合理的な期間内」に契約解除の意思表示をしていないとして、契約解除権を失ったものとされることになろう。

**例82 E**：例82Aと同様の契約で、ただ、売主が物品をFOB条件で7月中に発送しなりればならないものとされていたとする。物品は、遅れて9月15日に発送された。79条(1)［CISG 67条(1)］に基づき、危険は9月15日に移転した。

9月17日、物品は運送中に損傷した。9月19日に、物品が9月15日に発送されたこと、そして9月17日に損傷したことが、買主に伝えられた。この事案の下では、遅れた引渡しが重大な違反となる場合には、買主は、「買

---

(1) 例81 B参照。

主が引渡しが行われたことを知った時から……合理的な期間内」であれば契約解除をすることができるが[2]、この期間はこの状況の下で、疑いなくきわめて短いものとされよう。

---

[2] 45条(2)(a)［CISG 49条(2)(a)］。

## あとがき

　国際物品売買契約に関する国際連合条約（ウィーン売買条約）1978 年草案 UNCITRAL 事務局注釈につき、吉川吉樹が、2008 年（平成 20 年）4 月現在で「完成」（内田貴先生）させた翻訳が、ここにある。ウィーン売買条約は、同年 7 月 7 日に、平成 20 年条約第 8 号として公布された。息子は、不慮の事故で逝去したのだが、恩師であり、元東京大学大学院法学政治学研究科教授、元法務省経済関係民刑基本法整備推進本部参与、現在は東京大学名誉教授であられる内田貴先生のアドバイスに基づき、遺された翻訳の意義に鑑み、元本務校の同僚であり先輩であり、北海道大学大学院法学研究科教授であって、かつ CISG 諮問会議（CISG-AC）委員を務めておられる、斯学の第一人者 曽野裕夫先生のご教示とご指導のもとで、公定訳にあわせて筆者が時間を要したが改訂したのが、本翻訳である。
　曽野先生は、その改訂を見直し補綴してくださっただけでなく、本書解題を兼ねたはしがき、凡例を執筆し、また、注釈につきアップ ツー デートにし、かつ利用し易くすべく、【CISG における変更点】を考察のうえで記し、訳注を補って、翻訳の学問的価値をたかめ、さらに索引を作成するなどの補訳をしてくださった。記して、吉樹とともに、衷心から御礼を申し上げます。
　このような経緯で、本書は、吉川吉樹 訳 / 曽野裕夫 補訳 として上梓される。
　本書を、息子の遺志を忖度し曽野先生にご相談のうえで、謹んで恩師 内田貴先生に捧げます。内田先生の恩情あふれるご指導と、曽野先生の先輩としての思い遣りなどがあればこそ、息子は一廉の学者に成りえたのだと、しみじみと思う。まことに、有り難いことであった。
　本書の刊行に関しては、内田先生と曽野先生にすべてをお任せした。そうさせて頂ける幸せを有り難く思うとともに、株式会社商事法務書籍出版部次長岩佐智樹様、水石曜一郎様はじめ関係各位のお骨折りに対し、深甚の謝意を表するものであります。
　ここで、私事を記すことをおゆるし頂きたい。「アイガー北壁を二度登ったのだぞ」と、母さち子に息子はよく言っていた。1 つは、吉川吉樹『履行請求権と損害軽減義務——履行期前の履行拒絶に関する考察』（東京大学出版会、2010 年）の基になった博士論文の提出である（http://gazo.dl.itc.u-tokyo.ac.jp/gakui/

cgi-bin/gazo.cgi?no＝120780 によれば、その「ドイツの分析は、ドイツ人の語るドイツ法を紹介したものではなく、ドイツで表面上は排除されている思考を、学説判例に分け入って何とか見出そうとする苦心をうかがわせる研究」であり、また彼を偲ぶ会での曽野先生のお言葉によれば、アメリカの UCC やウィーン売買条約の部分は非常に丹念に資料を検討しており、一気に研究水準を引き上げたものだという。齋藤彰「書評」では、「本書の丹念な比較法検討と広範な分析から、平井宜雄教授の『損害賠償法の理論』（東京大学出版会、1971 年）を思い起こすのは私だけではないであろう」（ジュリスト 1408 号（2010 年）105 頁）と記されている）。2 つは、内田先生の御著『民法Ⅰ、Ⅱ、Ⅲ』改訂のお手伝いである。筆者は、その三度目の登攀として、この翻訳を付け加えたい。

　息子が、この種の翻訳をなし得たのは、彼の頭の中には、小さい頃、祖母と遊んだ買い物ごっこで培われた、躍動するマーケットがあったからであろうか。翻訳の初校ゲラを読みながら、曽野先生に対する衷心からの感謝の念が改めて湧き起るとともに、そのことが、思われてならない。

　息子は、趣味の人でもあった。ワインをたしなみ、シガーをくゆらせた。

　息子をご指導くださり、またご厚誼を頂いた、同門の先輩である東京大学社会科学研究所教授 石川博康先生はじめ皆様に、心から感謝の意を表します。

　本当に、有り難うございました。

　2015 年　陽春

吉川吉衞

# 事項索引

## <欧　文>

CFR ………………………… 94, 95, 273
CIF …………… 88, 89, 94, 95, 182, 273
C&F ……………………… 94, 95, 273
FOB ……………… 88, 89, 94, 95, 273
UCP ……………………………… 213

## <あ　行>

一時的障害 ……………………… 230, 231
一部解除 ………………… 160, 167, 235
一部不履行 ……………………………… 166
違約罰 ………………… 141, 158, 228, 235
インコタームズ …… 88, 89, 95, 182, 273
売主
　──による追完の通知 ……… 151, 152
　──の救済方法 ………………………… 189
　──の契約解除権 ……………………… 200
　──の損害賠償請求権 ……………… 189
　──の追完権 ………………… 148, 149
　──の物品保存義務 ………… 261, 262
　──の履行請求権 …………… 191, 192
運送契約 ……………………………… 94
　──を証する書類 ………………… 281
運送中
　──の仕向地の変更 ……………… 113
　──の停止 ……………………… 214
　──の物品の売買 ……… 90, 280, 281
運送の手配 ……………… 94, 277, 284
エアクッション船 ……………………… 7
営業所 …… 3, 4, 5, 28, 29, 30, 69, 91, 178
　──の変更 ……………………… 179
役務の提供 ……………………… 12
延着した承諾 ……………………… 55

## <か　行>

買主
　──の救済方法 ……………………… 136
　──の契約解除権 ……………………… 264
　──の処分にゆだねる ……… 89, 90, 91,
　　181, 265, 284, 285, 286
　──の損害賠償請求権 ……………… 136
　──の物品保存義務 ……………… 264
　──の履行請求権 …………… 139, 140
過去又は将来の引渡しについての解除 222
管轄条項 ……………………………… 235
慣習 ……………… 25, 26, 55, 95, 114, 273
危険の移転 … 15, 29, 90, 91, 94, 95, 108,
　109, 117, 272, 273, 276, 277, 278, 279,
　280, 281, 284, 285, 287
期日前の引渡し ……………………… 98
強制執行その他法令に基づく売買 ……… 9
拒絶による申込みの失効 ……………… 49
契約
　──の成立時期 ……………………… 67
　──の締結地 ……………………… 67
　──の変更又は終了 ………… 20, 33, 80
　──の変更又は破棄 ……… 20, 33, 34,
　　80, 81
　──を締結するための申入れ 39, 40, 42
契約解除 …… 74, 144, 145, 146, 148, 149,
　150, 155, 157, 158, 195, 196, 197, 201,
　202, 203, 220, 221, 222, 235, 236, 239,
　243, 250, 251, 254, 255, 258, 287
　──の意思表示 …… 74, 155, 156, 157,
　　201, 202, 203
　──の効果 ……………… 158, 203, 235
契約解除権
　──の喪失 …… 21, 239, 240, 241, 288
　──の喪失又は停止 …… 156, 157, 202
検査義務 ……………… 114, 117, 118

現実の履行を命ずる裁判
　　…………………… 78, 79, 141, 192
原状回復…………………… 236, 237, 243
行為による承諾………… 47, 52, 54, 55
工業所有権…… 103, 121, 122, 123, 128,
　　129, 130, 131
公序……………………………… 32, 34
拘束されるとの意思……………… 40, 41
合理的な期間（内）… 98, 157, 158, 203
合理的な措置……………… 257, 258, 264
国際私法の準則…………………………… 4
国際性の認識可能性……………………… 4
国際取引における信義の遵守………… 20
国籍………………………………………… 5
個人用、家族用又は家庭用……… 5, 8, 30
コーズ…………………………………… 81

<さ　行>

催告の不要性………………………… 185
再売却………………………… 250, 251, 255
時価…………………………………… 255, 256
自己の支配を超える障害… 98, 226, 227
事実の存在自体による解除
　　（ipso facto avoidance）…… 155, 201
実質的でない変更……………………… 58
実質的な変更………………………… 59, 60
実勢価格………………………………… 255
自動的解除…………………………… 155, 201
支払
　　──の時期………………………… 181
　　──の場所………………………… 178
　　──前の検査………………… 182, 183
重大な契約違反………… 72, 73, 144, 145,
　　146, 148, 149, 150, 151, 155, 156, 157,
　　167, 170, 195, 196, 197, 201, 203, 218,
　　221, 222, 239, 276, 287
十分に確定………………………………… 41
修補請求権…………………… 139, 142, 241
重量に基づいた代金…………………… 176
受領の拒絶…………………………… 169, 170

種類…………………………………… 103, 104
準拠法選択条項………………………… 235
常居所……………………………… 8, 30, 69
承諾………………………… 52, 53, 58, 59, 81
　　──期間の計算……………………… 62
　　──の効力発生時期………………… 54
　　──の取りやめ…………………… 66, 69
仕様の指定……………… 193, 206, 207, 208
消費者売買……………………………… 8
条約
　　──の国際的な性質………………… 20
　　──の適用排除……………………… 17
将来の引渡部分………………… 157, 203
　　──についての解除………………… 222
書面……………………………………… 36
　　──による契約の変更……………… 82
　　──要件……………… 15, 31, 32, 34
所有権…………………………… 15, 278
　　──の移転…………………… 15, 84
所有権留保……………………………… 91
書類
　　──の交付… 84, 89, 99, 100, 178, 179
　　──の保持…………………………… 278
人身損害…………………………………… 16
信用状…………………………… 172, 173
数量…………………………… 103, 111
　　──の決定方法……………………… 42
　　──不足……………………………… 161
数量超過の引渡し……………………… 170
　　──の受領拒絶権…………………… 264
製作物供給契約………………………… 12
製造又は生産………………………… 12, 89
競り売買…………………………………… 9
全部解除………………………………… 167
占有を取得する義務…………………… 265
損害軽減義務………… 142, 193, 218, 237,
　　245, 254, 257, 258
損害賠償… 146, 150, 158, 160, 161, 164,
　　170, 226, 227, 228, 229, 230, 231, 232,
　　235, 244, 245, 246, 247, 248

――額算定‥‥‥‥‥ 136, 190, 245, 246, 247, 248, 250, 251, 254, 255
　――額算定の基準時‥‥‥‥ 247, 252, 254, 255
　――額算定の基準となる場所
　‥‥‥‥‥‥‥‥‥‥‥ 247, 255
　――額の予定‥‥‥ 141, 158, 228, 235
　――の範囲‥‥‥‥‥‥‥‥‥ 244
損害賠償請求権‥‥‥ 136, 151, 189, 241

### <た　行>

代金
　――の決定‥‥‥‥‥‥‥‥‥ 174
　――の決定方法‥‥‥ 42, 43, 174, 175
　――の支払‥‥‥‥‥‥‥‥‥ 171
　――の不確定‥‥‥‥‥‥‥‥ 174
代金減額権‥‥ 150, 151, 159, 160, 162, 163, 164, 165, 241, 258
代金支払義務‥‥‥‥‥‥‥ 15, 172
代金支払請求権‥‥‥‥‥‥ 191, 192
代金請求‥‥‥‥‥‥‥‥‥‥ 258
第三者
　――の権利又は請求‥‥‥ 15, 103, 121, 122, 123, 124, 129, 131, 133
　――への寄託‥‥‥‥‥‥‥ 267
代替取引‥‥‥‥‥ 250, 251, 254, 255
代替品
　――購入‥‥‥‥‥‥ 250, 251, 255
　――の引渡し‥‥‥‥‥‥ 111, 142
代替品引渡請求権‥‥‥‥ 243, 264, 287
　――の喪失‥‥‥‥ 239, 240, 241, 288
遅延した承諾‥‥‥‥‥‥‥‥ 20, 64
知的財産権‥‥‥ 103, 121, 122, 123, 128, 129, 130, 131
仲裁条項‥‥‥‥‥‥ 158, 204, 235
沈黙による承諾‥‥‥‥‥‥ 53, 54, 81
追完‥‥‥‥ 98, 99, 112, 118, 142, 149, 150, 151, 156, 165
　――権‥‥‥‥‥‥‥‥‥‥‥ 21
　――の通知‥‥‥‥‥‥‥‥‥ 155

通常の目的‥‥‥‥‥‥‥‥‥‥ 104
通信の遅延
　――による承諾の延着‥‥‥‥‥ 64
　――又は誤り‥‥‥‥‥ 75, 76, 77
通知義務‥‥‥ 21, 116, 117, 118, 120, 125, 132, 133
適切な保証‥‥‥‥‥ 214, 215, 216, 218
適用除外‥‥‥‥‥‥‥‥ 7, 8, 9, 10
適用範囲‥‥‥‥‥‥‥‥‥‥ 3, 29
電気の売買‥‥‥‥‥‥‥‥‥‥ 10
転送‥‥‥‥‥‥‥‥‥‥ 113, 115
伝達上のリスク‥‥ 76, 77, 152, 208, 232
統一の促進‥‥‥‥‥‥‥‥‥‥ 20
当事者間で確立した慣行‥‥‥‥ 26, 55
当事者の行為の解釈‥‥‥‥‥ 23, 24
到達‥‥‥‥‥‥‥‥‥‥‥ 68, 69
到達主義‥‥‥‥ 44, 54, 55, 77, 208, 232
特定の目的‥‥‥‥‥‥‥‥ 104, 105
トレードターム‥‥‥‥‥ 88, 94, 273

### <な　行>

荷為替信用状に関する統一規則および
　慣例‥‥‥‥‥‥‥‥‥‥‥ 213
荷為替売買‥‥‥‥‥‥‥‥ 9, 156
任意規定性‥‥‥‥‥‥‥‥‥‥ 17

### <は　行>

売却する意図の通知‥‥‥‥ 270, 271
舶、船舶又は航空機の売買‥‥‥‥ 10
発信主義‥‥‥‥‥‥‥‥‥‥ 57, 77
反対申込み‥‥‥‥‥ 49, 50, 58, 60
引渡し‥‥‥‥‥‥‥‥‥‥ 84, 103
　――の時期‥‥‥‥‥‥‥‥‥ 96
　――の受領‥‥‥‥‥‥ 170, 171, 193
　――の場所‥‥‥‥‥ 87, 88, 89, 90
引渡期日前
　――の物品の引渡し‥‥‥‥ 111, 169
　――の不適合の追完‥‥‥‥‥ 111
引渡義務‥‥‥‥‥‥ 87, 88, 89, 91
引渡受領義務‥‥‥‥‥‥‥ 186, 187

ひな形·················································· 105
費用············································· 237, 251
　　——の償還を受ける権利············· 271
品質······························ 103, 105, 111, 162
付加期間··················· 75, 143, 144, 145, 146,
　　156, 157, 167, 194, 195, 196, 197, 198,
　　202, 203
不合理な不便又は不合理な不安
　　········································ 149, 150, 151
不合理な不便又は不合理な費用··· 111, 112
付遅滞····································· 146, 197
物品············································· 9, 10
　　——の受取り······················ 187, 284
　　——の運送を伴う売買········ 88, 90, 93,
　　108, 111, 114, 181, 182, 183, 276,
　　277
　　——の拒絶························· 264, 265
　　——の検査··········· 114, 115, 117, 118
　　——の交付·············· 276, 277, 281
　　——の処分を支配する書類···· 281, 286
　　——の適合性······· 101, 102, 103, 104,
　　105, 108, 109
　　——の特定··········· 93, 94, 276, 279, 285
　　——の不適合········· 107, 108, 109, 111,
　　114, 117, 118, 120, 122, 124, 125,
　　131, 132, 157, 160, 161, 162
　　——の返還不能··························· 157
　　——を売却するための合理的な措置
　　·································· 269, 270, 271
　　——を複数回に分けて引き渡す契約
　　········································· 216, 220
物品保存義務············ 15, 21, 187, 267
不適合······························ 107, 108, 109
不特定多数への申込み······················ 39, 40
分割履行契約··················· 157, 203, 216
　　——の解除·········· 220, 221, 222, 223
紛争解決のための契約条項 158, 204, 235
返還請求·································· 236, 237
返還不能············································ 157
変更を加えた承諾············· 58, 59, 60, 81

貿易条件·································· 88, 94, 273
方式の自由········································ 15, 31
包装······························ 102, 103, 106
保険······································· 94, 95
保証··································· 107, 108, 109, 119
保存物品
　　——の売却······················ 269, 270, 271
　　——を売却する意図の通知············· 269

＜ま　行＞

見本·················································· 105
民事的又は商事的な性質······················ 5, 6
免責·········· 161, 173, 178, 218, 226, 227,
　　228, 229, 230, 231, 232, 245
　　——を受ける当事者の通知義務
　　·················································· 231, 232
申込み···················· 39, 40, 41, 42, 43, 44
　　——の拒絶······················ 49, 50, 58, 59
　　——の効力発生時期······················ 44
　　——の撤回····················· 40, 45, 47
　　——の撤回不能···················· 20, 47, 48
　　——の取りやめ························· 45, 69
　　——の誘引································ 40
　　——への追加又は変更··· 58, 59, 60, 81
申込者の異議···························· 57, 59
最も密接な関係を有する営業所······ 29, 30

＜や　行＞

約因···················································· 81
有価証券、商業証券又は通貨の売買······ 9
有効性···································· 15, 141, 175
郵便送付先········································ 69
猶予期間········ 137, 144, 145, 146, 190,
　　195, 196, 197
予見可能性··························· 73, 227, 248

＜ら　行＞

利益の返還······································ 243
履行期前
　　——の契約違反······ 145, 173, 202, 258

――の契約解除……… 158, 203, 216, 217, 218
――の契約解除の通知義務……… 217
――の引渡しの受領拒絶権……… 264
履行停止……… 210, 211, 212, 213, 214, 215, 216, 217, 258, 264
――の通知……… 214, 215
利息……… 230, 243, 244, 260
留保宣言……… 3, 34
両立しない救済……… 140, 152, 193

# 条文索引

●1978年草案

1条 ·························· 29
1条(1) ···················· 3, 29
1条(1)(a) ···················· 4
1条(1)(b) ·················· 3, 4
1条(2) ······················· 4
1条(3) ····················· 5, 6
2条 ························ 5, 8
2条(a) ·················· 5, 8, 30
2条(b) ······················· 9
2条(c) ······················· 9
2条(d) ······················· 9
2条(e) ······················ 10
2条(f) ······················ 10
3条 ························· 12
3条(1) ······················ 12
3条(2) ······················ 12
4条 ················ 14, 142, 214
4条(a) ······················ 15
4条(b) ··················· 15, 84
5条 ······ 17, 26, 54, 84, 118, 171, 178,
212, 227, 236, 273
6条 ·············· 19, 20, 105, 169
7条 ············ 23, 26, 40, 41, 43, 53
7条(1) ······················ 24
7条(2) ······················ 24
7条(3) ······················ 24
8条 ················ 95, 97, 185, 273
8条(1) ······················ 26
8条(2) ···················· 25, 26
9条 ················· 29, 30, 130
9条(a) ················ 4, 5, 91, 178
9条(b) ···················· 8, 69
10条 ············ 15, 31, 32, 34, 35, 82
11条 ····· 15, 29, 32, 33, 34, 35, 54, 80,
85, 171
12条 ···················· 35, 39

12条(1) ········· 39, 40, 41, 42, 174, 175
12条(2) ················· 39, 40
13条 ···················· 35, 68
13条(1) ······················ 44
13条(2) ······················ 45
14条 ················· 35, 40, 47
14条(1) ··················· 45, 47
14条(2) ··················· 45, 47
14条(2)(a) ···················· 47
14条(2)(b) ··················· 20, 48
15条 ················· 35, 49, 50
16条 ················· 35, 53, 67
16条(1) ············· 52, 53, 54, 81
16条(2) ················ 53, 54, 55
16条(3) ················ 47, 53, 54, 55
17条 ···················· 35, 82
17条(1) ················ 49, 50, 58
17条(2) ··················· 57, 58
17条(3) ················ 57, 59, 60
18条 ························ 35
18条(1) ······················ 62
18条(2) ··················· 29, 62
19条 ················· 35, 55, 64, 77
19条(1) ··················· 64, 65
19条(2) ··················· 20, 64
20条 ················· 35, 66, 68
21条 ················· 35, 66, 67
22条 ················· 29, 35, 68, 77
23条 ········· 72, 73, 145, 156, 196, 201
24条 ················· 74, 155, 201
25条 ········ 35, 75, 76, 152, 155, 201,
208, 232
26条 ············· 78, 79, 141, 192, 228
27条 ················· 34, 35, 80, 140, 170
27条(1) ······················ 81
27条(2) ··················· 20, 82
28条 ··············· 84, 88, 100, 179

## 条文索引

29条 ·············· 87, 91, 97, 103, 255
29条(a) ·············· 88, 90, 111, 115, 187
29条(b) ·························· 89, 187
29条(c) ·················· 29, 91, 187
30条 ···························· 93
30条(1) ························ 93, 94
30条(2) ······················ 94, 187
30条(3) ·························· 94
31条 ············ 87, 96, 97, 149, 169
32条 ·················· 99, 100, 179
33条 ············ 102, 103, 125, 160
33条(1) ······················ 103, 106
33条(1)(a) ······················ 104
33条(1)(b) ······················ 104
33条(1)(c) ······················ 105
33条(1)(d) ······················ 106
33条(2) ·············· 106, 124, 131
34条 ······················ 107, 108, 125
34条(1) ························ 108, 273
34条(2) ······················ 109, 119
35条 ········ 21, 98, 99, 111, 112, 125, 149, 151
36条 ····· 111, 113, 114, 117, 118, 120, 157, 240
36条(1) ························ 114
36条(2) ······················ 114, 182
36条(3) ·························· 115
37条 ····· 111, 114, 116, 117, 120, 125, 142, 157, 288
37条(1) ···················· 6, 117, 125, 132
37条(2) ·························· 118
38条 ·················· 21, 120, 122, 125
39条 ··· 15, 84, 103, 123, 125, 129, 160
39条(1) ······················ 121, 122, 125
39条(2) ··· 117, 122, 125, 129, 132, 133
40条 ·············· 15, 103, 122, 129, 160
40条(1) ······················ 128, 129, 130, 131
40条(1)(b) ························ 29
40条(2)(a) ······················ 124, 131
40条(2)(b) ······················ 130, 131

40条(3) ·········· 117, 122, 129, 132, 133
41条 ····················· 88, 124, 136
41条(1) ························ 103, 274
41条(1)(a) ······················ 136
41条(1)(b) ············ 117, 136, 170, 241, 245, 257
41条(2) ···················· 136, 139, 164
41条(3) ···················· 137, 144, 145
42条 ······ 79, 117, 136, 139, 140, 141, 144, 149, 167, 189, 239, 241, 287
42条(1) ························ 139
42条(2) ························ 73, 126, 142
43条 ······ 136, 137, 143, 144, 145, 149, 156, 157, 167, 189, 190, 287
43条(1) ······················ 75, 145, 146
43条(2) ······················ 77, 146
44条 ······ 21, 98, 111, 112, 136, 149, 156, 158, 165, 167, 189
44条(1) ····· 73, 148, 149, 150, 151, 232
44条(2) ·························· 151, 152
44条(3) ·························· 151, 152
44条(4) ·························· 77, 152
45条 ·············· 117, 136, 140, 148, 155, 167, 189, 201, 239
45条(1)(a) ····· 73, 88, 144, 146, 155, 287
45条(1)(b) ····· 75, 145, 146, 154, 156, 167, 287
45条(2) ······················ 21, 156, 288
45条(2)(a) ······················ 157
45条(2)(b) ······················ 157
46条 ···· 117, 126, 136, 140, 151, 159, 160, 161, 162, 163, 164, 167, 189, 241, 258
47条 ············ 126, 136, 160, 166, 189, 221, 235
47条(1) ························ 167
47条(2) ······················ 73, 156, 167
48条 ·························· 136, 169, 189
48条(1) ······················ 98, 111, 169
48条(2) ························ 170

49条 ……… 15, 171, 172, 173, 186, 193
50条 ………………… 172, 173, 178
51条 ……………………… 174, 175
52条 …………………………… 176
53条 ………………………… 178, 181
53条(1) ……………………………… 178
53条(1)(a) …………………………… 29
53条(2) ……………………… 178, 179
54条 ……… 100, 115, 181, 191, 192
54条(1) ………… 178, 181, 185, 230
54条(2) ………………… 181, 182, 183
54条(3) ………… 114, 181, 182, 183
55条 ……………………… 185, 191, 192
56条 …………………………… 186, 193
57条 ……………………………… 189
57条(1)(a) …………………………… 189
57条(1)(b) …… 189, 190, 207, 245, 258
57条(2) ……………………………… 190
57条(3) …………………………… 190, 196
58条 … 79, 189, 191, 192, 193, 195, 258
59条 ………… 189, 194, 195, 202, 203
59条(1) ……………………… 75, 197, 207
59条(2) ………………………………… 77
60条 ………… 155, 178, 189, 193, 200
60条(1)(a) … 73, 195, 197, 201, 202, 207
60条(1)(b) ……… 75, 196, 197, 202, 207
60条(2) ……………………… 21, 202, 203
60条(2)(b) …………………………… 203
61条 ……………………… 189, 193, 206, 207
61条(1) ……………………………… 77, 206
61条(2) ………………………………… 77
62条 ……… 124, 145, 173, 178, 196, 211, 258
62条(1) ……………………… 173, 210, 211
62条(2) ……………………………… 214, 230
62条(3) ……………………… 213, 214, 217, 218
63条 …… 73, 145, 158, 173, 178, 196, 202, 203, 216, 218, 222, 258
64条 …… 145, 157, 158, 173, 178, 196, 203, 216, 220, 235

64条(1) ……………… 73, 189, 221, 222
64条(2) ………………… 73, 203, 222
64条(3) ………………… 221, 222, 223
65条 …… 161, 164, 173, 178, 218, 226, 227, 232, 245
65条(1) ……………………………… 98
65条(2) ……………………………… 230
65条(3) ………………………… 226, 230
65条(4) …………………… 77, 231, 232
65条(5) ………………………… 226, 228
66条 ……………………………… 158, 203
66条(1) …………… 158, 203, 207, 216, 235
66条(2) ……………………… 161, 236, 243
67条 ……… 21, 142, 157, 158, 239
67条(1) ……………………… 239, 240, 288
67条(2) ……………………… 236, 240, 287
68条 ……………………………… 158, 241
69条 ……………………… 158, 203, 243
69条(2) ……………………………… 260
70条 …… 136, 161, 163, 164, 189, 190, 216, 245, 246, 247, 248, 251, 252, 256
71条 …… 136, 163, 189, 190, 216, 245, 247, 250, 251, 252, 255
72条 …… 136, 163, 189, 190, 245, 247, 251, 252, 254, 255, 256
72条(1) ……………………………… 254
73条 …… 136, 142, 189, 190, 192, 193, 218, 237, 245, 254, 257
74条 ……………………… 15, 21, 258, 262
74条(1) ……………………………… 269
75条 ……………………… 15, 21, 258, 264
75条(1) ……………………… 236, 264, 265
75条(2) …………… 169, 187, 264, 265, 266
76条 ……………………… 15, 21, 258, 267
77条 …………………… 15, 21, 237, 258, 270
77条(1) ……………………… 261, 269, 270
77条(2) ……………………… 269, 270, 271
77条(3) ……………………………… 271
78条 ……………………… 15, 87, 272, 273, 274
79条 ……………… 15, 87, 91, 108, 111, 276

| | |
|---|---|
| 79条(1) ················91, 115, 276, 278 | 9条 ···················· 95, 97, 185, 273 |
| 79条(2) ···················· 93, 94, 276, 279 | 9条(1) ···················· 26 |
| 80条 ········ 15, 87, 90, 91, 280, 281 | 9条(2) ···················· 25, 26 |
| 81条 ············ 15, 87, 90, 91, 284 | 10条 ···················· 29, 30, 130 |
| 81条(1) ···················· 278, 284 | 10条(a) ···················· 4, 5, 91, 178 |
| 81条(2) ···················· 29, 285 | 10条(b) ···················· 8, 69 |
| 81条(3) ···················· 94 | 11条 ········ 15, 31, 32, 34, 35, 82 |
| 82条 ······ 15, 73, 87, 88, 117, 240, 276, 287, 288 | 12条 ········ 15, 29, 32, 33, 34, 35, 54, 85, 171 |
| (X)条 ···················· 15, 29, 34 | 13条 ···················· 36 |
| | 14条 ···················· 35, 39 |
| ● CISG | 14条(1) ········ 39, 40, 41, 42, 174, 175 |
| 1条 ···················· 29 | 14条(2) ···················· 39, 40 |
| 1条(1) ···················· 3, 29 | 15条 ···················· 35, 68 |
| 1条(1)(a) ···················· 4 | 15条(1) ···················· 44 |
| 1条(1)(b) ···················· 3, 4 | 15条(2) ···················· 45 |
| 1条(2) ···················· 4 | 16条 ···················· 35, 40, 47 |
| 1条(3) ···················· 5, 6 | 16条(1) ···················· 45, 47 |
| 2条 ···················· 5, 8 | 16条(2) ···················· 45, 47 |
| 2条(a) ···················· 5, 8, 30 | 16条(2)(a) ···················· 47 |
| 2条(b) ···················· 9 | 16条(2)(b) ···················· 20, 48 |
| 2条(c) ···················· 9 | 17条 ···················· 35, 49, 50 |
| 2条(d) ···················· 9 | 18条 ···················· 35, 53, 67 |
| 2条(e) ···················· 7, 10 | 18条(1) ···················· 52, 53, 54, 81 |
| 2条(f) ···················· 10 | 18条(2) ···················· 53, 54, 55 |
| 3条 ···················· 12 | 18条(3) ···················· 47, 53, 54, 55 |
| 3条(1) ···················· 12 | 19条 ···················· 35, 82 |
| 3条(2) ···················· 12 | 19条(1) ···················· 49, 50, 58 |
| 4条 ···················· 14, 142, 214 | 19条(2) ···················· 58 |
| 4条(a) ···················· 15 | 19条(3) ···················· 52, 57, 59, 60 |
| 4条(b) ···················· 15, 84 | 20条 ···················· 35 |
| 5条 ···················· 16 | 20条(1) ···················· 62 |
| 6条 ··· 17, 26, 54, 84, 118, 171, 178, 212, 227, 236, 273 | 20条(2) ···················· 29, 62 |
| | 21条 ···················· 35, 55, 64, 77 |
| 7条(1) ···················· 19, 20, 105, 169 | 21条(1) ···················· 64, 65 |
| 7条(2) ···················· 19 | 21条(2) ···················· 20, 64 |
| 8条 ········ 23, 26, 40, 41, 43, 53 | 22条 ···················· 35, 66, 68 |
| 8条(1) ···················· 24 | 23条 ···················· 35, 66, 67 |
| 8条(2) ···················· 24 | 24条 ···················· 29, 35, 68, 77 |
| 8条(3) ···················· 24 | 25条 ········72, 73, 145, 156, 196, 201 |

26条 …………………………… 74, 155, 201
27条 …………75, 76, 152, 155, 201, 208, 232
28条 ………………… 78, 79, 141, 192, 228
29条 ……………… 34, 35, 80, 140, 170
29条(1) …………………………………… 81
29条(2) …………………………… 20, 82
30条 ………………… 84, 88, 100, 179
31条 …………………… 87, 91, 97, 103, 255
31条(a) ……………… 88, 90, 111, 115, 187
31条(b) ………………………………… 89, 187
31条(c) …………………………… 29, 91, 187
32条 ……………………………………… 93
32条(1) …………………………………… 93, 94
32条(2) …………………………………… 94, 187
32条(3) …………………………………… 94
33条 ……………… 87, 96, 97, 149, 169
34条 ………………………… 99, 100, 179
35条 ………………… 102, 103, 125, 160
35条(1) …………………………… 103, 106
35条(2) …………………………………… 104
35条(2)(a) ……………………………… 104
35条(2)(b) ……………………………… 104
35条(2)(c) ……………………………… 105
35条(2)(d) ……………………………… 106
35条(3) ………………… 106, 124, 131
36条 ……………………… 107, 108, 125
36条(1) ……………………… 108, 273
36条(2) ……………………… 109, 119
37条 ……21, 98, 99, 111, 112, 125, 149, 151, 160
38条 …… 111, 113, 114, 117, 118, 120, 157, 240
38条(1) …………………………………… 114
38条(2) ………………………… 114, 182
38条(3) …………………………………… 115
39条 …… 111, 114, 117, 120, 125, 142, 157, 288
39条(1) …………6, 116, 117, 123, 125, 132, 160
39条(2) ………………… 117, 118, 160
40条 ………………… 21, 120, 122, 125
41条 ……… 15, 84, 103, 122, 123, 125, 129, 160
42条 ………………… 15, 103, 129, 160
42条(1) ……………… 128, 129, 130, 131
42条(1)(b) ……………………………… 29
42条(2)(a) ……………………… 124, 131
42条(2)(b) ……………………… 130, 131
43条 ………………… 117, 122, 129
43条(1) …… 116, 121, 122, 123, 125, 132, 133, 160
43条(2) ………………… 122, 125, 129, 133
44条 ………………… 116, 123, 134, 160
45条 …………………… 88, 124, 136
45条(1) ……………………… 103, 274
45条(1)(a) ……………………………… 136
45条(1)(b) 117, 136, 170, 241, 245, 258
45条(2) …………………… 136, 139, 164
45条(3) …………………… 137, 144, 145
46条 …… 79, 117, 136, 139, 140, 141, 144, 149, 167, 189, 239, 241, 287
46条(1) …………………………………… 139
46条(2) ………………… 73, 126, 142, 264
47条 …… 136, 137, 143, 144, 145, 149, 156, 157, 167, 189, 190, 287
47条(1) ……………………… 75, 145, 146
47条(2) ………………………… 77, 146
48条 …… 21, 98, 111, 112, 136, 149, 156, 158, 160, 165, 167, 189
48条(1) …… 73, 148, 149, 150, 151, 232
48条(2) ………………………… 151, 152
48条(3) ………………………… 151, 152
48条(4) ………………………… 77, 152
49条 …… 117, 136, 140, 148, 155, 167, 189, 201, 239, 264
49条(1)(a) ……73, 88, 144, 146, 155, 287
49条(1)(b) …… 75, 145, 146, 154, 156, 167, 287
49条(2) ………………… 21, 156, 288

49条(2)(a) ·················· 157
49条(2)(b) ··············155, 157
49条(2)(b)(iii) ················ 152
50条 ····· 117, 126, 136, 140, 151, 159, 160, 161, 162, 163, 164, 167, 189, 241, 258
51条 ····· 126, 136, 160, 166, 189, 221, 235, 264
51条(1) ······················ 167
51条(2) ··············· 73, 156, 167
52条 ·················· 136, 169, 189
52条(1) ············· 98, 111, 169, 264
52条(2) ·················170, 264
53条 ······· 15, 171, 172, 173, 186, 193
54条 ··················· 172, 173, 178,
55条 ····················· 174, 175
56条 ························· 176
57条 ······················178, 181
57条(1) ······················· 178
57条(1)(a) ····················· 29
57条(2) ······················178, 179
58条 ········· 100, 115, 181, 191, 192
58条(1) ············ 178, 181, 185, 230
58条(2) ··············· 181, 182, 183
58条(3) ············ 114, 181, 182, 183
59条 ··················· 185, 191, 192
60条 ······················186, 193
61条 ·························· 189
61条(1)(b) ······· 189, 190, 207, 245, 258
61条(2) ························ 190
61条(3) ·····················190, 196
62条 ··· 79, 189, 191, 192, 193, 195, 258
63条 ············· 189, 194, 195, 202, 203
63条(1) ················ 75, 197, 207
63条(2) ························ 77
64条 ············ 155, 178, 189, 193, 200
64条(1)(a) ··· 73, 195, 197, 201, 202, 207
64条(1)(b) ······ 75, 196, 197, 202, 207
64条(2) ·················· 21, 202, 203
64条(2)(b) ···················· 203

65条 ············ 189, 193, 206, 207
65条(1) ···················· 77, 206
65条(2) ·························· 77
66条 ············· 15, 87, 272, 273, 274
67条 ··········· 15, 87, 91, 108, 111, 276
67条(1) ············91, 115, 276, 278
67条(2) ············· 93, 94, 276, 279
68条 ················ 15, 87, 90, 91, 281
69条 ················ 15, 87, 90, 91, 284
69条(1) ·····················278, 284
69条(2) ······················ 29, 285
69条(3) ·························· 94
70条 ····· 15, 73, 87, 88, 117, 240, 276, 287, 288
71条 ····· 124, 145, 173, 178, 196, 211, 258, 264
71条(1) ·················· 173, 210, 211
71条(2) ······················214, 230
71条(3) ············· 213, 214, 217, 218
72条 ····· 73, 145, 158, 173, 178, 196, 202, 203, 216, 222, 258, 264
72条(1) ························ 218
72条(2) ························ 217
72条(3) ························ 217
73条 ····· 145, 157, 158, 173, 178, 196, 203, 216, 220, 235, 264
73条(1) ···············73, 189, 221, 222
73条(2) ················ 73, 203, 222
73条(3) ················ 221, 222, 223
74条 ····· 136, 161, 163, 165, 189, 190, 216, 244, 245, 246, 247, 248, 251, 252, 256
75条 ····· 136, 163, 189, 190, 216, 245, 247, 250, 251, 252, 255
76条 ····· 136, 163, 189, 190, 245, 247, 251, 252, 254, 255, 256
76条(1) ························ 254
77条 ····· 136, 142, 189, 190, 192, 193, 218, 237, 245, 254, 257
78条 ··············· 193, 230, 244, 260

79条 …… 161, 164, 173, 178, 218, 226, 227, 232, 245
79条(1) ……………………………… 98
79条(2) ……………………………… 230
79条(3) …………………………… 226, 230
79条(4) …………………………… 77, 231, 232
79条(5) …………………………… 226, 228, 230
80条 …………………………………… 233
81条 ……………………………… 158, 203
81条(1) …………… 158, 203, 207, 216, 235
81条(2) ………………………… 161, 236, 243
82条 ……………… 21, 142, 157, 158, 239
82条(1) ………………………… 239, 240, 288
82条(2) ………………………… 236, 240, 287
83条 ……………………………… 158, 241
84条 ……………………………… 158, 203, 243
84条(2) ………………………………… 260
85条 ………………… 15, 21, 258, 261, 262
85条(1) ………………………………… 269
86条 ……………………… 15, 21, 258, 264
86条(1) ………………………… 236, 264, 265
86条(2) ………………… 169, 187, 264, 265, 266
87条 ……………………… 15, 21, 258, 267
88条 ………………… 15, 21, 237, 258, 270
88条(1) ………………………… 261, 269, 270
88条(2) ………………………… 269, 270, 271
88条(3) ………………………………… 271
95条 ……………………………………… 3
96条 ……………………………… 15, 29, 34

● ULF
1条 ……………………………………… 3
1条(2) ………………………………… 28
1条(6) ………………………………… 8
1条(7) ………………………………… 12
2条 …………………………………… 17
2条(2) ………………………………… 52
3条 …………………………………… 31
4条 …………………………………… 39
4条(2) ………………………………… 23

5条 ……………………………… 44, 46
5条(3) ………………………………… 23
6条 …………………………………… 52
7条 …………………………………… 57
8条 …………………………………… 52
8条(2) ………………………………… 62
9条 …………………………………… 64
10条 ………………………………… 66
12条 ……………………………… 23, 68
12条(2) ………………………………… 76
13条 ………………………………… 25
13条(2) ………………………………… 23

● ULIS
1条 ……………………………………… 3
1条(2) ………………………………… 28
2条 ……………………………………… 3
3条 …………………………………… 17
4条 …………………………………… 14
5条 ……………………………………… 8
5条(2) ………………………………… 14
6条 …………………………………… 12
7条 ……………………………………… 3
8条 …………………………………… 14
9条 …………………………………… 25
9条(3) ………………………………… 23
10条 ………………………………… 73
14条 ………………………………… 76
15条 ………………………………… 31
16条 ………………………………… 78
17条 ………………………………… 20
18条 ………………………………… 84
19条(2) ……………………………… 87, 276
19条(3) ……………………………… 93, 276
20条 ………………………………… 96
21条 ………………………………… 96
22条 ………………………………… 96
23条 ………………………………… 87
24条 ……………………………… 136, 139
25条 ………………………………… 139

| | |
|---|---|
| 26条 | 139, 155 |
| 27条 | 139 |
| 27条(2) | 143 |
| 29条 | 168 |
| 30条 | 139, 155 |
| 31条 | 139 |
| 31条(2) | 143 |
| 32条 | 155 |
| 33条 | 103 |
| 35条 | 108, 109 |
| 36条 | 103 |
| 37条 | 110 |
| 38条 | 114 |
| 39条 | 117 |
| 39条(3) | 76 |
| 40条 | 120 |
| 41条 | 136 |
| 42条 | 139 |
| 43条 | 155 |
| 44条(1) | 149 |
| 44条(2) | 143, 155 |
| 45条 | 166 |
| 46条 | 160 |
| 47条 | 168 |
| 50条 | 99 |
| 51条 | 136, 139, 143, 155 |
| 52条 | 123, 136, 139 |
| 52条(3) | 155 |
| 52条(4) | 155 |
| 54条 | 93 |
| 55条 | 136 |
| 55条(1) | 155 |
| 56条 | 171 |
| 57条 | 175 |
| 58条 | 176 |
| 59条 | 177 |
| 60条 | 185 |
| 61条 | 189, 191, 201 |
| 61条(2) | 200 |
| 62条 | 189, 200, 201 |
| 62条(1) | 191 |
| 63条 | 189 |
| 64条 | 189 |
| 65条 | 186, 187 |
| 66条 | 189, 200 |
| 66条(2) | 194 |
| 67条 | 189, 206 |
| 68条 | 189 |
| 69条 | 172 |
| 70条 | 189, 200 |
| 71条 | 181 |
| 72条 | 181 |
| 73条 | 211 |
| 74条 | 226 |
| 75条 | 220 |
| 76条 | 218 |
| 78条 | 235 |
| 79条 | 239 |
| 80条 | 241 |
| 81条 | 243 |
| 82条 | 245 |
| 84条 | 254 |
| 85条 | 250 |
| 88条 | 257 |
| 91条 | 262 |
| 92条 | 264 |
| 93条 | 267 |
| 94条 | 269 |
| 95条 | 269 |
| 96条 | 272 |
| 97条 | 284 |
| 97条(1) | 276 |
| 97条(2) | 287 |
| 98条 | 284 |
| 99条 | 281 |

●時効条約

| | |
|---|---|
| 2条 | 3 |
| 2条(c) | 28 |
| 2条(d) | 28 |

3条 …………………………………………… 3
3条(3) …………………………………… 17
4条 …………………………………………… 8
6条 …………………………………………… 12
7条 …………………………………………… 20
8条 ………………………………… 117, 118, 216
10条 ………………………………………… 118
10条(2) ……………………………………… 117

● 1893年物品売買法（イギリス）
52条 ………………………………………… 140

● UCC（アメリカ）
2-716条(1) ………………………………… 140

● UNCITRAL 仲裁規則（1976年）
1条 …………………………………………… 81

2条(2) ……………………………………… 62
30条 ………………………………………… 81

● 国際物品売買契約の有効性についてのある規則の統一に関する法律 UNIDROIT 草案（1972年）
3条 …………………………………………… 23
4条 …………………………………………… 23
5条 …………………………………………… 23

● 国際物品売買についての統一法に関する条約（1964年）
Ⅶ条 ………………………………………… 78

### 訳者略歴
吉川吉樹（よしかわ・よしき）
 1976年 静岡県に生まれる
 2000年 東京大学法学部卒業
 2005年 東京大学大学院法学政治学研究科博士課程満期退学
     北海道大学大学院法学研究科助教授
     博士（法学）
 2008年 逝　去
 著　書
 2010年 履行請求権と損害軽減義務——履行期前の履行拒絶に関する考察（東京大学出版会）

### 補訳者略歴
曽野裕夫（その・ひろお）
 1964年生　北海道大学大学院法学研究科教授、前法務省民事局参事官

---

注釈　ウィーン売買条約最終草案

2015年7月28日　初　版第1刷発行

| | | |
|---|---|---|
| 著　　者 | UNCITRAL事務局 | |
| 訳　　者 | 吉　川　吉　樹 | |
| 補 訳 者 | 曽　野　裕　夫 | |
| 発 行 者 | 塚　原　秀　夫 | |

発　行　所　株式会社　商　事　法　務
〒103-0025 東京都中央区日本橋茅場町 3-9-10
TEL 03-5614-5643・FAX 03-3664-8844〔営業部〕
TEL 03-5614-5649〔書籍出版部〕
https://www.shojihomu.co.jp/

落丁・乱丁本はお取り替えいたします。
© 2015 Yoshiki Yoshikawa, Hiroo Sono
Shojihomu Co., Ltd.
ISBN978-4-7857-2315-6
＊定価はカバーに表示してあります。

印刷／広研印刷㈱
Printed in Japan